안으로 들어가라!

아우구스티누스의 내적 성찰과 사회윤리

Augustine on Inner Ethics and Social Sanctification

안으로 들어가라!
아우구스티누스의 내적 성찰과 사회윤리

2021년 1월 5일 초판 인쇄
2021년 1월 10일 초판 발행

지은이 | 문시영
펴낸이 | 이찬규
펴낸곳 | 북코리아
등록번호 | 제03-01240호
주소 | 13209 경기도 성남시 중원구 사기막골로 45번길 14
　　　　우림2차 A동 1007호
전화 | 02-704-7840
팩스 | 02-704-7848
이메일 | sunhaksa@korea.com
홈페이지 | www.북코리아.kr
ISBN | 978-89-6324-728-1(03200)

값 18,000원

이 저서는 2017년 정부(교육부)의 재원으로 한국연구재단의 지원을 받아
수행된 연구임(NRF-2017S1A6A4A01019234).

안으로 들어가라!

아우구스티누스의
내적 성찰과 사회윤리

—

문시영 지음

Augustine on
Inner Ethics and
Social
Sanctification

북코
리아

CONTENTS

CONTENTS

CONTENTS

I

안으로
들어가라!

밖으로 나가지 말라

밖으로 나가지 말라.
(De Vera Religione)

허깨비에 놀아나고 있었습니다.
(Confessiones)

1.
밖으로 나가고 있다!

SNS와 유튜브 등 소셜미디어에 '과잉연결' 되고 있다. 스마트폰 안으로 들어가는 것 같지만, 실상은 스마트폰과 소셜미디어를 통해 '밖으로' 나가고 있는 것 아닐까? 소통은 중요하고도 필요하지만, 그 와중에 내적 성찰을 위한 골방을 상실하고 있는 현대인에게 아우구스티누스는 조언한다. '밖으로 나가지 말라!'(noli fras ire)[1]

예배 중에도, '좋아요'?

전철 안, 너나 할 것 없이 들여다보고 있다. 스마트폰이다. 시선처리가 애매한 경우, 스마트폰을 들여다보는 것보다 쉬운 대안은 없다. 심심풀이에도 좋다. 이어폰까지 사용하여 뭔가를 듣기도 한다. 스마트폰 화면 속으로 빨려 들어가는 것 같지만, 스마트폰 안으로 들어가는 것은 아닌 듯싶다. 스마트폰으로 검색하고 연결되고 결국에는 스마트폰을 통해 밖으로 나간다. 검색과 연결을 통해 마음이 밖으로 나가고 있는 것 아닐까?

전철 풍경만 아니다. 교회 버전도 있다. 경건해야 할 예배시간, 성경찬송을 펼쳐야 하는 자리에서 스마트폰을 사용하는 분들을 쉽게 볼 수 있다. 성경찬송 앱을 열어서 예배에 참여하는 것이라고 항변하겠지만, 어느새 다른 곳에 연결되어 '좋아요'를 누르고 있는 모습을 두고 설교자를 탓해야 하는 것일지 혼란스럽다. 조심스럽게 물어보면, 이런 답이 돌아온다. "스마트 연결도 하고 예배에도 참석하고 있으니까 걱정 마세요." 부럽다. 그렇게만 되면 좋겠다.

솔직히, 스마트 시대의 풍경에서 누구도 예외일 수 없다. 언젠가, 글이 너무 안 풀려서 스마트 디바이스를 바꾸면 달라질 것 같은 느낌이 들었다. 당장 검색하고, 정말 무리해서 '질렀다'. 너무 답답했었던 탓이다. 글도 잘 써질 것 같았고 얽혀있던 문장들까지 풀려나갈 것만 같았다. 짐작하시겠지만, 결과가 꼭 좋은 것만은 아니다. 사용법을 배워야 했고 힘겨운 적응기를 보내야 했다. 흐트러진 마음이 문제인 것을, 디바이스를 탓하고 있는 모습이 스스로 안쓰러워보였다.

생각해 보면, 스마트시대에 정작 문제를 삼아야 할 것은 우리들 자신이다. 스마트 디지털 등등의 테크놀로지 문제이기에 앞서 마음의 문제가 아닐까? 말하자면, 인문학의 문제일 수 있겠다. 사실, 주변에 일고 있는 인문학에 대한 관심 자체는 반가운 일이다. 한 때의 유행으로 지나가버리거나 잊혀지지 않았으면 좋겠다. 속도, 발전, 혹은 성공에 대한 집착에 치여 뒷전으로 밀려났던 가치들, 즉 속도보다 방향에 대한 관심, 발전보다 깊이에 대한 성찰에 관심해야 할 필요성은 너무도 충분하다. 스마트 시대, 밖으로 나가려는 경향에 문제를 제기하고 내적 성찰의 중요성을 회복해야 한다는 뜻이다.

폰아일체 스몸비, 불통보다는 낫지만…

'한 손에 커피를 들고 다른 손으로 SNS를 확인하다가, 계단에서 균형을 잃고 쓰러지면서 발목부상을 입었다.' 지어낸 이야기가 아니라, '레알'이다. 발목 인대에 문제가 생겨서 깁스를 해서 목발을 짚고 다녔고, 깁스를 풀고 나서는 근 6개월 이상 보행에 문제가 생겨서 고생했던 기억이 난다. 어르신들께서 '삭신이 쑤신다'고 하셨던 말뜻을 몸소 체험했던 것 같다. 생각해보면, '멀티태스킹'(multitasking)의 부작용이었다.

이런 생각이 들었다. 우리말에, '~질'을 붙여서 쓰면 같은 말도 뜻이 달라진다. '갑질'이라는 말이 대표적인 경우이겠다. 갑질을 성토하라고 한다면 꽤나 길게 말해야 하겠지만, 여기에서 다루기는 그렇고, '자랑질'과 유사한 경우일 듯싶은 '지적질'에 대해 생각해보자. 멀티태스킹의 문제점을 지적해주기 바빴던 내가 정작 멀티태스킹 문제의 장본인이 되고 말았다는 점에서, 그동안의 내 의견들이 정당한 의미의 '지적'이 아닌 '지적질'이 된 것만 같다.

멀티태스킹이라는 말은 하나의 스마트 디바이스가 여러 과업을 동시에 수행하는 것을 뜻하지만, 스마트 시대를 사는 우리의 마음부터가 멀티태스킹을 하는 것일 수 있겠다. 한 손에 커피, 다른 손에 스마트폰, 그리고 계단을 오르내리는 것까지 멀티로 작동하고 있다는 점에서 말이다. 커피 들기, 계단 오르내리기, 그리고 스마트폰하기에 더하여 스마트폰 안에서도 다시 멀티태스킹이 벌어진다. 일정표를 보다가 문자도 하고 메모까지 하는 과정이 동시에 이루어지고 있다. 스마트시대를 위한 능력이겠지만, 마음이 분산되고 내면의 가치를 잃게 되는 것은 아닐지 걱정스럽다.

멀티태스킹과 더불어 주목할 것은 스마트폰을 손에서 놓지 못하는 우리의 자화상이다. 사실, '스몸비' 경험이 없는 사람은 찾아보기 힘들다. '스마트폰 화면을 들여다보느라 길거리에서 고개를 숙이고 걷는 사람을 넋 빠진 시체 걸음걸이에 빗대어 일컫는 말'이라고 설명되어 있다. 용어상으로는, '스마트폰(smart phone)'과 '좀비(zombie)'를 합성하여 '스몸비(smombie)'라고도 하며, 2015년 독일에서 처음 사용되었다고 한다.[2]

우리말로는 '폰아일체'라고도 한다. '물아일체'(物我一體)를 응용한 것 같다. 뉴스를 통해서, 해외사례를 비롯한 여러 문제적 정황들을 알고는 있지만 정작 우리 자신이 '스몸비'라는 사실에는 둔감하다. 스몸비가 되어 멀티태스킹 하다가 계단에서 넘어진 자신을 되돌아보아야 할 때인 것 같다.

멀티태스킹하는 스몸비 현상에 덧붙여서, 스마트 기기의 '슬립 모드'에 대해서도 생각해 볼 필요가 있다. 전원 버튼을 사용하는 것보다 훨씬 더 유용하게 사용되곤 한다. 지금은 거의 대부분의 기기에 보편화되어 있지만, 스티브 잡스의 영향이 크다. 한 손에 잡히는 그 화면에 들어온 '세상'을 누리게 해준 잡스는 전자제품들에 전원장치를 비롯한 버튼들이 많은 것에 불만이었다고 알려져 있다.

스티브 잡스가 컴퓨터 전원 버튼을 누르면 전원이 꺼지듯 사람의 죽음도 그럴 것 같다고 말했던 자서전 내용이 있기는 하지만, 전원버튼 이야기에는 또 다른 요소가 반영되어 있다. 디자인의 미니멀리즘도 반영된 것이겠지만, 그것보다는 전원을 완전히 끄고 다시 켜서 사용하는 것보다 슬립모드를 선호했던 것 같다. 계속해서 대기 중인 상태로 연결을 유지하려고 했던 것 아닐까?

요즘에는 보조배터리를 들고 다니는 모습까지 더해졌다. '연결 중'이라기보다 '충전 중'이라고 말해야 할 것 같다. 연결만 관심하는 것이 아니라, 저장된 음악을 듣고 동영상을 재생하는 것이 일상이 되어버린 탓에 배터리가 모자랄 지경이다. 어쨌든, 항상 '켜놓고 있음'의 상태 혹은 전원버튼을 어떤 방식으로 처리할 것인가에 관한 테크놀로지 문제라기보다 우리들 '마음'의 문제가 아닐까 싶다.

아이러니한 것은 멀티태스킹, 스몸비, 그리고 슬립 모드가 공통점을 지닌다는 사실이다. '소통'을 명분으로 한다는 점에서 말이다. 너무나 많이 들어왔기에, 새삼스럽게 소통에 대해 추가적으로 말할 필요는 없어 보인다. 분명히, 불통보다는 소통이 낫다. 일방통행보다는 공유와 참여의 가치가 더 중요하다는 점은 자명하다. 문제는 소통을 명분으로 과잉연결되고 있다는 점이다. 소통을 위한 '바른 연결'보다 '빠른 연결' 혹은 '많은 연결'에 집착하고 있는 것 아닐까?

디지털 리터러시? 디지털 디톡스?

스마트 시대를 사는 현대인을 위한 제언들은 여전히 쏟아져 나오고 있다. 이를테면, '디지털 리터러시'(Digital Literacy)와 '디지털 디톡스'(Digital Detox) 같은 관점들이 그렇다. 물론, 그 외에 여러 통찰들을 섭렵하면 좋겠지만 또 다른 과잉을 초래한다면 바람직하지 않을 것 같아서, 이 두 가지에 대해서만 이야기 해 볼 참이다.

디지털 리터러시는 인터넷 초기부터 사용되어왔으며,[3] '스마트, 소셜 넷' 시대에 더욱 절실해 보인다. '문해교육(文解教育, literacy education)'에서 사용되던 이 용어가 디지털과 스마트가 결합된 시대에 새롭게 조명되고 있는 현상은 흥미롭기까지 하다. 스마트폰 사용능력과 같은 디지털 사용능력보다 더 중요한 차원을 지닌다. 이를테면, 사용자가 어떤 특성의 기술과 기기에 의존하고 있으며 어떤 영향을 받고 있는지 자각하지 못하는 경우가 많기 때문이다.

예를 들어, '언제나 대기 중'이자 심지어 '충전 중'인 스마트기기의 사용에서 나타나는 중독현상에 대해 생각해보자. 청소년과 대학생 등을 대상으로 하는 연구에서는 대부분 스마트폰을 중독의 문제와 연관 짓는 경향을 보인다. 하지만, 두 가지를 짚어야 한다. 그 하나는, 왜 청소년과 대학생만 문제시하는 것일까 하는 점이다. 청소년과 대학생들이 자기통제에 능하지 못하거나 보호가 필요하다는 이유에서라면 이해하지 못할 것도 없겠다. 하지만 이 문제는 그 특성상 직장인과 성인을 포함한 스마트시대의 현대인 모두를 대상으로 삼아야 한다. 스마트폰이 사회병리적 현상의 원인이라면, 스마트폰을 사용하는 청소년은 물론이고 현대인 모두의 문제이기 때문이다.

다른 하나는, 스마트시대의 문제점을 부각시키는 관점을 넘어서 대안적 방향에 대한 모색이 더 많아져야 한다는 점이다. 예를 들어, '사용자(호빗)'가 '스마트폰(절대반지)'을 적절히 활용하게 하여 스마트폰 자체보다 과제를 수행하는 자신의 자존감이야말로 진정한 능력임을 깨닫게 하자는 제안은 의미가 있어 보인다.[4] 스마트미디어를 통해 자신을 드러내고 타인과 교류하며 재미를 추구하는 사용자들의 자존감을 높여주자는 제안도 흥미롭다.[5]

디지털 리터러시와 함께 '디지털 디톡스'에 대해서도 관심이 필요하다. '디지털로부터의 절연' 혹은 '디지털 중독 현상에 대한 해독(detox, detoxification)'이 핵심인 것 같다. '*The Distraction Trap*'에서, 부스(Frances Booth)는 도전적으로 질문한다. '도대체 언제부터 '항시 대기 중'이 되기를 스스로 동의한 것일까?'[6] 이 현상을 원서제목 그대로 직역하여 응용하면, '주의 산만' 혹은 '주의가 분산된 상태' 쯤 되겠다. 부스는 이것을 경미한 정도의 중독이라고 규정하면서, 스마트폰에 항상 연결되어 식사 전에 업데이트 리스트들을 체크하고 이메일의 요구를 모두 들어준 후에야 배고픔의 욕구를 해결하는 상태라고 진단한다.[7]

부스의 진단에 과장된 측면도 있지만, 현대인의 자화상을 말해준다는 사실은 틀림없어 보인다. 우리말로 『디지털 디톡스』라는 표현을 써서 번역한 데에는 나름의 설득력이 있어 보인다. '디톡스'를 통해 멀티태스킹, 스마트, 그리고 연결 자체를 벗어나려하기보다 합리적인 대안을 찾아야 함을 깨우쳐 준다.

디지털 리터러시가 맞는 것인지 혹은 디지털 디톡스가 옳은 것인지를 다루려는 것은 아니다. 스마트 시대를 살아가는 현대인에게 일상이 되어버린 모든 스마트 기기에 대한 관심 자체를 끊어버리라고 말하는 것은 비현실적일 수 있다. 그것보다는 스마트 시대에 놓치지 말아야 할 가치에 대한 이야기를 풀어내는 것이 맞겠다. 디지털 리터러시를 통해서든, 디지털 디톡스를 통해서든, 혹은 다른 관점을 통해서라도 현대인의 자화상에 대한 인식과 대안의 모색이 필요하다.

2.
'밖으로 나가지 말라'(noli fras ire)

1) 길 찾는 아우구스티누스

아우렐리우스 아우구스티누스 히포넨시스

    스마트 시대의 풍경에는 내비게이션에 대한 의존도가 높아지는 것도 포함된다. 책자로 인쇄된 지도를 펼쳐 길을 찾던 시대와는 사뭇 다른 모습이다. 비행기 운항이나 군사작전에 사용되던 내비게이션 기술이 민간에 적용되면서 여러 업체가 경쟁적으로 뛰어든 결과, 관련 시장이 커지고 기술도 향상되고 있다. 덩달아서 내비게이션에 대한 의존의 습관 역시 깊어지고 있다. 너무 의존도가 높아서 습관적으로 눌러대기도 한다. 잘 아는 길이라 해도 다른 경로가 없는지 찾아본다.

    길을 찾는다는 것, '경로탐색'은 운전자에만 해당하는 이야기가 아니다. 삶의 길을 찾는 모두의 몫이어야 한다. 우리는 스마트 시대에 밖으로 나가기에 급급하여 상실해버리기 쉬운 내적 가치에 대해 성찰하려는 길에 나섰다. 그 길을 알려주는 내비게이션이 있다면 좋겠지만, 스마트 기술로 찾아내기 어려운 길이기 쉽다. 적어도 이 길에서만큼은 스마트 기술에 의존하기보다 인문학 분야의 가이드를 만나는 것이 적절하겠다.

운전자에게 내비게이션이 있다면, 여행객들에게는 '여행인솔자' 혹은 '가이드'가 있다. 스스로 길을 찾아가는 사람에게 가이드는 여행에서 중요한 역할을 한다. 히포의 아우구스티누스(Aurelius Augustinus Hipponensis, 354~430)를 말하는 이유이다. 그가 일생 동안 길을 찾아다니며 여러 체험을 거듭한 끝에 마침내 바른 길을 찾고 그 길을 따라 삶을 살아내었다는 점에서, 우리에게 중요한 통찰을 주리라 기대된다.

본격적으로 풀어내기 전에, 표기법과 관련하여 한마디 하고 싶다. 라틴어를 사용한 사상가였다는 점에서, '아우구스티누스'라고 부르는 것이 더 적합해 보인다. 플라톤을 영어로 'Plato'라고 표기하지만, 철학 강의에서 '플레이토'보다는 그리스어를 따라 '플라톤'이라고 발음하는 것처럼 말이다. 그렇다고 해서, '어거스틴'이 아예 틀린 표현인 것은 아니다. 글자 수도 작고 발음하기도 편해서, '어거스틴'이라고 부르는 것을 문제 삼기는 어색해 보인다. 어쨌든, 설교가들은 물론이고 여러 책과 인터넷을 통해 우리에게 익숙한 이름인 것만큼은 분명하다.

아우구스티누스는 고대 그리스-로마 세계의 철학과 문학에서 최후의 대가로, 문화와 사상에 미친 그의 영향은 아무리 강조해도 지나치지 않다. 소책자를 포함하여 117권에 달하는 방대한 저서를 남긴 아우구스티누스는 다작(多作)하는 사상가였다. 인문학의 고전으로 불리는 『고백록』(Confessiones)은 아마도 서양문화권에서 성경 다음으로 많이 읽힌 책인 것 같다. 최초의 역사철학자라는 타이틀을 얻게 해준 참으로 방대한 저서, 『신국론』(De civitate Dei) 역시 그의 책이다.

'서양의 스승'이라는 칭호도 붙어있다. '서양철학이 플라톤의 각주에 불과했다면, 서양신학은 아우구스티누스의 각주에 지나지 않는다.'는 평도 얻었다. 게다가, 그에게 '은혜박사'(doctor gratiae)라는 명예로운 칭호도 부여되었다. 은혜에 대한 바른 이해를 보여주었다는 뜻이다. 오늘날과 같은 대학 시스템이 정립되지 않았던 때, 그에게 주어진 박사의 칭호는 아우구스티누스가 보여준 삶의 길찾기 노력에 대한 존중이라 하겠다.

호모 비아토르

아우구스티누스의 서지사항을 알아보는 것보다 그가 누구인가를 알아가는 것이 더 긴요하다. 무엇보다도, 그의 문제의식이 무엇이었는지를 살펴보아야 한다. 어긋나고 복잡했던 그의 삶을 두둔하고 싶은 생각은 없지만, 그가 고민했던 문제가 무엇인지를 파악하는 것이 중요하기 때문이다.

사실, 아우구스티누스는 그 자신의 뜨거운 기질로 말미암아 수많은 길에 들어서 보았다. 인간실존의 거의 모든 가능성을 겪었을 것이라고 해석하는 경우도 있다.[8] 젊은 시절을 육체적 쾌락의 노예로 살았고 청소년기에 동거생활을 통해 열여덟 살에는 아들도 낳을 정도로 자유롭게 살았다. 그의 젊은 시절을 아는 사람이라면, 아우구스티누스가 갑자기 성직자가 되어 나타난 상황에 어리둥절하거나 반신반의할 수밖에 없었을 것 같다.

하지만, 아우구스티누스를 드라마틱한 회심의 주인공으로 말하기에는 마음에 걸리는 부분이 있다. 쾌락을 즐길 대로 다 즐기고 나서 의도적으로 혹은 무심코 회심한 것은 아니기 때문이다. 아우구스티누스에게는 일생의 문제의식이 있었다. 답을 찾아야만 하는 근본적인 고민이었다. '나는 누구인가?' 이것이 그의 핵심적인 문제의식이었다.

여기에는 '사람은 왜 죄를 짓는 것일까?', '죄란 무엇이며 그 원인은 무엇일까?', 그리고 '하나님은 어떤 분이신가?'에 대한 질문들까지 포함된다. 그가 기독교적 영성 혹은 종교적 감수성이 예민한 사람이기 때문에 제기한 문제라고 한정 지으면 곤란하다. 아우구스티누스에게는 실존적 문제였으며, 인간 모두의 질문일 수 있기 때문이다.

이쯤에서, 여행 가이드 이야기로 돌아가 보자. 흥미롭게도, 아우구스티누스의 글들은 인간의 삶을 '길'(via)로, 인간을 그 길을 가는 자(viators)로 묘사한다.[9] 이러한 뜻에서, 라틴어 'homo viator'를 '여행하는 존재'라고 옮기는 것보다는 '길 찾는 존재로서의 인간'이라고 번역하는 것이 좋겠다. '길 찾는 존재'로서 여러 길을 겪어 본 끝에, 바른 길을 발견한 아우구스티누스가 그 길을 따라 순례의 삶을 살아냈다는 사실을 읽어내자는 취지이다.

2) 밖으로 나가는 길

길 찾은 가이드

우리의 내적 성찰을 안내해줄 '가이드' 혹은 '멘토', 아우구스티누스는 '밖으로 나가려는 집착'을 문제 삼는다. 생뚱맞아 보일 수 있겠다. 하지만, 이 말의 참뜻을 깊이 성찰하는 과정에서 인문학의 묘미를 맛볼 수 있으리라 기대된다. 길 찾기에 나서면서, 밖으로 나가는 길에 들어섰던 아우구스티누스는 충고한다.

밖으로 나가지 말라.[10] *자신과 멀리 떨어진 곳으로 가고 싶은가? 멀리 갈수록 자신을 상실하고 만다.*[11]

아마도, 문장의 뜻을 파악하기가 그리 간단하지 않아 보일 것 같다. 누군가는 '지도 밖으로 행군하라!'고 권했고 속담에서도 '우물 안 개구리'가 되지 말라고 하지 않았던가? 맞다. 정해진 틀에서 과감하게 벗어나 상상력을 펼쳐야 비전을 가질 수 있고 꿈을 펼칠 수 있다. 내가 가진 편협한 생각을 버려야 하는 것도 맞다. 게다가, 자폐되는 것보다는 소통하는 것이 훨씬 좋지 않을까? 이렇게 반론할 여지는 충분하다.

도대체, '밖으로 나간다'는 것은 무엇인가? 아니, 그 이전에 밖으로 나간다는 표현에서 '밖'이란 무엇인가? 신체 밖을 말하는 것인가? 공동체의 외부환경을 말하는 것인가? 혹은 관심 밖으로 밀려났다고 말하는 경우처럼, 관심받지 못하는 영역을 지칭하는 것은 아닐까?

거꾸로, 이렇게 질문해보면 어떨까? '왜, 밖으로 나가지 말라고 했을까?' 아우구스티누스가 굳이 밖으로 나가지 말라고 했던 이유부터 살펴보자는 뜻이다. 섣불리 몇 문장으로 대답하려는 것 자체가 더 큰 위험을 낳을 수 있지만, 글의 흐름을 위해서는 밖으로 나간다는 것의 뜻과 밖으로 나가지 말아야 할 이유부터 살펴보자.

'좋아요' 때문에?

'밖으로 나가지 말라'에서 '밖'은 물리적 의미에서의 신체 즉 몸을 기준으로 삼는 말이 아니다. 외부환경을 뜻하는 것이라고 단정 짓기도 어렵다. 이항대립이라는 말처럼, 밖은 나쁘고 안은 좋다는 식의 이분법이 아니라는 뜻이다. 관심의 방향 혹은 성찰의 유무를 따라 사용하는 말이라고 해두는 것이 좋겠다. 밖으로 나가려 한다는 것은 자신에 관한 내적 성찰보다 다른 사람들의 모습에 민감하거나 혹은 나에 대한 다른 사람들의 반응에 집착하는 경향을 뜻한다.

예를 들어보자. SNS를 하면서 팔로워 숫자에 집착하고 '좋아요'에 목매는 현상이 대표적이다. '좋아요'를 받는 실적이 많아지는 것을 궁극의 목적으로 삼고 있는 경우라면, 반드시 성찰이 필요해 보인다. 남들이 나에게 주는 평가에 민감한 것을 두고 뭐라 하려는 것이 아니다. 남들이 눌러주는 '좋아요'에 관심하는 것이 나쁘다는 뜻도 아니다. 그 와중에, 자신의 진정성을 놓치거나 '좋아요'만을 목적으로 삼는 과정에서 진실을 왜곡하게 된다면 그것처럼 위험천만한 것도 없다. 나의 진정성, 나의 내적 가치를 상실하게 되는 것이니까 말이다.

이렇게 생각해보자. '좋아요'가 과연 본질적으로 좋은 것에 대한 반응일까? 유명한 맛집이 정말 맛있는 집일지 의구심이 남는 경우는 한둘이 아니다. 소개되기만 하면 몰려드는 현상은 '입소문' 혹은 바이럴 마케팅(viral marketing)의 시대를 살고 있음을 확인시켜 준다. TV에 나오기만 하면 모두 진실일 것이라는 착각, 혹은 SNS에서 소문난 것이면 덮어놓고 좋은 곳일 것이라 생각하고 기꺼이 찾아가보는 마음의 성급함부터 체크해야 하는 것 아닐까?

스마트폰을 전혀 알지도 못했고 사용하지도 않았던 시대의 인물이지만, 아우구스티누스는 폰아일체 스몸비 상태의 현대인을 향하여 진단과 충고를 전해준다. 밖으로 나가지 말라고 충고한다. 차단하라는 것이 아니라, 성찰하라는 뜻이다. 자신의 내적 가치가 상실되지 않도록 말이다. 그것도 근원으로부터 성찰하는 단계로 나아가라고 권한다.

사실, 아우구스티누스 자신이 밖으로 나가려고 무척이나 애를 썼던 사람이었기에 더 절실하게 충고하는 것일지도 모르겠다. 자신의 내면에 대한 성찰을 생략하거나 상실한 채, 보이는 것에 민감하게 주목하면서 그것이 전부인 듯 착각하며 살았던 자신의 모습을 진솔하게 털어놓는 아우구스티누스를 통해 우리의 자화상을 살펴야 하겠다.

3) 탕자에 비유된 자화상

탕자에서 성자로?

우리의 멘토이자 가이드인 아우구스티누스가 '밖으로 나가지 말라'고 권하는 데에는 이유가 있다. 이것은 아우구스티누스 자신의 쓰라린 경험에서 우러난 멘토링이라 할 수 있다. 일반적으로 알려진 아우구스티누스는 '탕자'(蕩子)가 '성자'(聖者)로 변화된 인물이다. 성경 복음서에서 모티브가 된 탕자(prodigal son)의 이미지는 아우구스티누스 자신이 『고백록』에서 사용한 표현이라는 점에서 딱히 거부하기는 어렵지만, 대책 없는 탕자로 허랑방탕했다는 뜻을 넘어선다.

사실, 예수께서 말씀하신 탕자의 비유에 '돌아온'이라는 수식어가 있듯이 아우구스티누스가 돌아올 것임을 예견하게 한다는 사실이 흥미롭기까지 하다. 물론, 돌아오지 않는 탕자도 있기는 하다. 하지만, 아우구스티누스의 경우는 밖으로 나가는 길에서 돌아온 탕자였다. 다만, 아우구스티누스를 탕자에서 성자로 변화된 사람이라고 말하는 것은 신중해야 한다. 대책 없는 쾌락중독자로 살다가 어느 날 갑자기 기독교인이 되었다는 뜻만 가진 것은 아니기 때문이다. 그것은 일종의 비유이자 상징이다.

아우구스티누스를 이해하는 데에는 탕자의 관점에서 접근하는 것 말고도 다양한 길이 있다. 심지어, 아우구스티누스와 프로이드(Sigmund Freud)를 비교하는 경우도 있다.[12] 자아에 대한 분석에서 프로이드와 아우구스티누스 사이의 공통점과 차이점을 말하는 것은 흥미로운 시도일 듯싶다. 과연 적절한 것이었는가에 대한 평가는 접어두더라도, 아우구스티누스가 고전으로서의 영향력을 어느 정도나 발휘하고 있는지를 보여주는 예라고 하겠다.

사실, 아우구스티누스에 대한 이해는 다양한 반향을 불러 일으켜 왔다. 아우구스티누스의 방대한 저작들과 그의 사상에 대한 다양한 해석, 그리고 그 해석들이 축적된 역사의 두터운 층은 '선행연구에 대한 검토'라는 이름을 섣불리 적용할 수 없을 정도이다. 심지어, 같은 책에 대해서도 같은 문화권에서 다양한 번역본을 출간하고 있을 정도이다.

아마도, 『고백록』이 가장 대표적인 경우가 되겠다. 외국에서는 물론이고, 우리나라에도 이 책의 번역본은 정말 많다. 아니, '너무 많다'고 해야 할 것 같다. 앞으로도 어떤 번역본이 또 나올지 알 수 없다. 기존의 번역들에 문제가 있다고 디스하려는 것은 아니다. 다양한 번역본이 나오는 것을 두고 나쁜 현상이라는 폄훼하는 것도 아니다. 그만큼 영향력이 크다는 뜻으로 받아들이는 것이 좋겠다.

번역에 대한 이야기들과 함께, 놓치지 말아야 할 것이 있다. 아우구스티누스의 시대와 오늘 사이의 시간적 간격은 물론이고 라틴어를 사용한 사상가와 한국적 맥락에서 연구하는 내용적 간격 또한 무시할 수 없다. 아우구스티누스 연구의 한계를 말하려는 것이 아니다. 시간적, 내용적 간격을 인정하면서 현대인을 위한 인문학적 통찰 얻기에 관심해야 한다는 뜻이다.

무엇보다도, '아우구스티누스의 유산'(Augustine's legacy)을 놓쳐서는 안된다.[13] 그가 남긴 사상적 유산은 결코 작지 않다. 다양하고도 깊이 있게 광범위한 영향력을 여전히 발휘하고 있다. 아우구스티누스의 통찰은 철학자와 신학자는 물론이고, 기독교 신앙인을 포함하여 현대인 모두를 일깨우는 유산으로 남아있다. 스마트시대의 인문학으로 그 잠재력을 드러내고 있다. 아우구스티누스에게 관심해야 할 이유가 여기 있다.

『고백록』, 아우구스티누스 대표저작

아우구스티누스 『고백록』(Confessiones)은 『삼위일체론』(De Trinitate), 『신국론』(De civitate Dei)과 함께 아우구스티누스의 3대 저작으로 꼽힌다. 『고백록』은 문학적으로, 철학적으로, 신학적으로 걸작이다. '참회'라는 말로 번역되기도 하지만, 실정법을 위반한 전과자가 옥중에서 회상하는 글을 쓴 것도 아니고 범죄자가 죄를 자백한다는 뜻이 아니라는 점에서 적절하지 않다.

라틴어로 본다면, '더불어(con) + 말하다(fateri)' 정도에 해당한다. 영혼을 죄악에서 건져내신 하나님의 은혜를 찬양하면서 하나님과 더불어 말하며 하나님의 은혜를 찬양하는 책이라는 뜻에서, '고백'이라는 단어가 적절해 보인다.[14] 루소의 글(1782), 톨스토이의 글(1879)과 더불어 '3대 『고백록』'으로 평가받기는 하지만, 아우구스티누스의 『고백록』은 고유하고도 다른 요소를 지닌다. 물론, 아우구스티누스 당시 로마의 지식인들 사이에는 일종의 전기(biography) 형태의 글이 유행했고 진리에의 회심을 다루는 경향이 있었다. 이러한 경우들과 달리, 아우구스티누스의 '고백'은 하나님 앞에서의 영혼의 자기기록(autobiography)으로 읽는 것이 좋겠다.

참고로, 아우구스티누스에게는 노년에 자신의 저술들을 살펴보면서 바로잡을 부분들을 기록할 기회가 있었다. 『재고록』(Retractationes)에서 아우구스티누스는 『고백록』을 집필연대순으로 주교가 된 이후 여섯 번째 책이라고 말하면서, '13권으로 된 나의 『고백록』은 사람들을 움직여 그들의 마음과 사랑을 하나님께 돌리는 도구'라고 기록했다.[15]

이러한 자료들을 종합하여 정리하면, 『고백록』이 단숨에 써 내려간 단행본이 아님을 알 수 있다. 히포의 주교가 된 2년 후 397년 집필을 시작하여 4년에 걸쳐 401년 완성(47세)한 것으로 전해진다. 단행본을 출판하려는 계획으로 써내려간 글이 아니라, 4년간 조금씩 써두었던 글을 모아서 '인간영혼에 안식을 주시는 하나님의 영광'이라는 부제를 붙여 출판한 것으로 알려져 있다.

총 13권 273장으로 구성된 『고백록』은 386년 32세 어간에 체험한 회심을 정점으로 삼아 회심 이전의 삶과 현재의 모습, 그리고 이러한 아우구스티누스 자신의 내러티브가 속한 근본 내러티브로서의 창세기에 대한 주해로 구성되어 있다. 흐름을 따라, 『고백록』을 2분법 또는 3분법으로 이해하기도 한다. 두 부분으로 나누는 학자들은 1권에서 10권까지를 아우구스티누스 개인의 회고로, 11권에서 13권까지 시간과 영원에 대한 통찰 및 창세기 주해로 구분한다.

세 부분으로 나누는 경우도 있다. 1권부터 9권까지 아우구스티누스는 386년에 체험한 자신의 회심을 정점으로 삼아, 살아온 시간들을 회고하며 구원의 은총을 찬양한다. 10권에서는 회심의 주체인 자아와 기억에 대한 성찰을 통해 시간과 영원에 대한 철학적이고 신학적인 통찰을 제시한다. 그리고 11권에서 13권에서는 창세기 주해를 통하여 구원의 원천이신 하나님께 대한 찬양을 표현하면서 창조신앙을 고백한다.

　앞에서, '탕자' 이야기를 꺼냈던 것과 연관을 지어보자. 『고백록』에 기록된 아우구스티누스의 삶은 '돌아온 탕자'에 비견될만한 행로를 보여준다. 허랑방탕하다가 밑도 끝도 없이 돌아왔다는 뜻이 아니다. 밖으로 나가려던 경로가 실패로 귀결된 이후에 올바른 경로를 찾아 돌아온 과정을 기록한 것으로 읽어야 한다.

　사실, 아우구스티누스의 '고백'에는 방황하고 탐닉하며 허비했던 삶에 대해 깊은 통한이 구구절절 넘쳐난다. 스스로를 탕자에 비유에 대입하면서 진리의 길에서 '탕자의 자화상'을 가지고 있었던 것이라고 해석할 수 있겠다. 어긋난 길에서 진리를 구하려는 어리석음의 날들에 대한 '고백'으로 읽어야 한다는 뜻이다.

　이러한 흐름을 따라 『고백록』을 읽으면서, 보충하여 함께 읽어야 할 책이 있다. 아우구스티누스의 동료이자 제자였던 포시디우스(Possidius)가 쓴 『아우구스티누스의 생애』(Vita Augustini)는 회심 이후의 아우구스티누스를 이해할 수 있게 하는 중요한 책이다. 그리고 아우구스티누스 연구의 대가로 평가되는 브라운(Peter Brown)의 『아우구스티누스』(Augustine of Hippo) 또한 아우구스티누스 이해에 필수적이다. 아우구스티누스의 생애를 탕자에서 성자로 전환된 모든 과정에 걸쳐 읽게 해주며 그 말의 참뜻이 무엇인지를 보여주는 책이기 때문이다.

아우구스티누스의 생애, 이렇게 요약

　『고백록』은 아우구스티누스 자신의 삶을 연도별로 치밀하게 회고하여 기록한 책이 아니지만, 개괄적으로 풀어내는 것도 도움이 되겠다. 아우구스티누스 자신이 말했고 대부분의 해석자들이 인용하듯이, 『고백록』은 아우구스티누스가 주교로 서품을 받은 400년 경, 약 10여 년 전(386년)의 서른 둘 나이에 겪은 자신의 회심과정을 떠올리며 자신을 이끌어 주신 하나님의 은혜를 찬양하기 위해 쓴 책이다.[16]

　　스물아홉 살 되던 383년, 명예를 얻기 위해 로마로 향했던 아우구스티누스가 5년 후 그리스도인이 되어 북아프리카로 돌아왔을 때, 그의 회심과 변화에 많은 사람들이 궁금해 했다. 로마황실이 임명한 밀라노의 공무원교육원 교수직을 '내려놓고' 돌아온 이유는 무엇일까? 요즘으로 하자면, 유튜브나 인터넷 강의에서 스타강사가 될 수 있었을 것이고 혹은 고위관료가 될 수 있었을 인재가 모든 것을 버리고 돌아온 이유를 궁금해하는 사람들에게 답을 줄 필요가 있었다.

　　이것을 풀어낸 『고백록』의 내용을 간추려보자. 아우구스티누스는 354년 북아프리카 타가스테, 지금의 알제리로 추정되는 지역에서 태어났다. 초등교육 이후 고향에서 약 30킬로미터 떨어진 마다우라에서 공부했다. 365년에서 369년의 학생 시절, 장래가 촉망되는 소년이었으나 가정형편상 공부를 잠시 쉬기도 했다.

　　이후 371년에 카르타고에서 수사학을 공부할 때, 청소년 아우구스티누스는 아주 크게 방황했다. 그의 나이 18세에 얻은 아들, '아데오다투스'의 생모와 사실혼 관계에 있었다. 그리고 종교적 혹은 지성적 명분에서, 마니교에 심취했다. 심하게 어긋나고 있었다. 어머니 모니카의 기대에 어긋났다는 뜻도 있지만, 진리의 길에서 벗어나고 있었다.

　　이후, 고향에서 수사학을 가르치던 아우구스티누스는 375년에 카르타고에서 수사학 교수로 활동했다. 로마에 간 것은 383년으로 짐작된다. 로마에서 수사학 교수로 명성을 쌓았던 것으로 보인다. 그의 명성과 함께 마니교 친구들이 인맥을 동원한 결과, 로마황실의 교수로 파견을 받아 밀라노에서 수사학을 가르칠 수 있었다. 학자로서, 성공한 셈이다. 황실소속의 공무원 신분이었고, 잘만하면 다른 사람들의 경우처럼 로마의 지방장관 정도는 기대할 수 있었던 자리였다고 한다.

어머니 모니카에게는 성공의 길을 달리는 아우구스티누스에 대한 근심의 그늘이 걷히지 않고 있었다. 모니카의 신실한 신앙을 따라 아우구스티누스가 어려서부터 기독교에 관심하기는 했던 것은 사실이다. 그러나 방황하고 있었다. 심지어, 마니교에 심취했다. 기독교에 대한 반항심이 작용한 탓도 없지는 않았을 것 같다. 밀라노에 소재한 황실교육원 교수로 재직할 때, 암브로시우스를 만난 것은 이러한 아우구스티누스를 변화시키기 시작한 중요한 전환점이었다. 마니교의 오류를 깨달아 가기 시작한 시점이기도 했다.

아우구스티누스에게서 유의해야 할 것은 기독교 신앙에 대한 그의 성찰적 고민이다. 사실, 아우구스티누스가 처음부터 기독교에 무지했거나 무관심했던 것은 아니다. 어머니 모니카의 영향도 지대했고, 아우구스티누스 자신이 병치레를 겪으면서 죽을 고비에서 살아남았을 때 기독교신앙에 헌신할 기회도 있었다. 하지만, 밀라노 정원에서의 회심에 이르기 전까지 번번이 연기되곤 했다.

유별나서도 아니고, 체질적으로 기독교와 맞지 않아서도 아니었다. 혹은 지식인의 교만 때문도 아니었다. 당시 기독교의 실망스러운 모습들이 그의 결단을 연기시키는 이유였다. 예를 들어, 아우구스티누스는 기독교에 관심하면서 성경을 통해 지혜를 추구하려 했지만 실망했다. 당시 무명작가들에 의해 번역된 아프리카의 라틴어 성경은 속어와 은어로 가득차 있었으며 교회에 나타난 율법주의적 경향이 아우구스티누스를 실망시

켰을 수 있다.[17]

아우구스티누스의 마음도 열리지 않았다. 이 틈을 파고든 것이 마니교였다. 아우구스티누스의 문제의식, 즉 무엇 때문에 악을 행하는가라는 문제를 두고 깊이 고민해왔던 터에 마니교가 답을 주는 듯싶었다. 율법주의적이고 미신적이던 당시의 기독교에 비해, 마니교의 설명법은 지적 호기심에 불타오르던 청년 아우구스티누스에게 매력적이었다. 마니교가 기성 교회의 권위적인 분위기와 구약의 투박함을 부정했다는 점은 기독교에 혼란을 느낀 아우구스티누스의 마음을 끌었다.[18]

게다가, 교회가 꽉 차기는 했지만 성도들이 세상의 길을 따르고 있는 모습은 그의 방황을 더욱 부채질했다.[19] 청년 아우구스티누스에게 실망스러웠을 듯싶다. 하나님의 은혜로 마침내 회심하기까지, 아우구스티누스로서는 기독교에 대해 심각한 회의를 가졌을 것 같다.

아우구스티누스 당시의 '종교'란 예전(liturgy) 혹은 제의(cult)에 대한 추종을 뜻하는 것이었으며, 그가 회심했다는 것은 기독교 예전과 제의를 수용하고 기독교의 도덕을 따르기로 결단하는 것을 뜻한다.[20] 쉽지 않은 과정이었다는 점을 짐작할 수 있겠다. 오늘날의 교회와 그리스도인에게 주는 시사점이 적지 않아 보인다.

진리를 향한 굴곡진 여정을 거쳐, 아우구스티누스는 마침내 386년 밀라노 숙소의 정원에서 결정적인 회심을 한다. 이후에 밀라노 교외 카시치아쿰(Cassiciacum)에 머물면서 세례 받을 준비를 하며 경건생활을 한다. 밀라노에 돌아와 아들 아데오다투스, 그리고 동료이자 후배인 알리피우스와 함께 암브로시우스에게 세례를 받았다.

아우구스티누스는 고향으로 돌아가 수도생활을 하고자 로마 남쪽의 오스티아 항구에서 배를 기다리고 있었다. 그곳에서, 어머니 모니카가 별세한다. 이후 로마에 몇 달간 머물며 집필활동을 하다가 마침내 고향으로 돌아간 아우구스티누스는 수도원을 세운다. 아마도 388년일 것 같다. 아들 아데오다투스가 이 어간에 병으로 죽은 것으로 알려져 있다.

391년, 아우구스티누스는 히포 교구에서 성직자로 추대된다. 요즘처럼 정규 신학교육과정이 있던 때가 아닌 탓에, 회중에 의해 성직자로 선출 내지는 추대되는 경우들이 많았다. 이후 395년에는 주교로 선출되어 교회를 위해 헌신한다. 그에게 주어진 칭호 중에 '히포의 아우구스티누스'는 히포 교구에서 열정적으로 목회하던 그의 모습을 담아낸 것이라 하겠다. 불후의 명작,『고백록』은 이 기간에, 특히 397~400년 사이에 집필된 것으로 짐작된다.

410년, 로마가 외부인들의 침공을 받아 위기에 처한다. 영원할 것처럼 군림하던 제국이 무너져 내리고 있었다. 430년에 별세할 때까지, 아우구스티누스는 무너져 내리는 로마를 바라보아야 했다. 시간이 지나면 쇠망할 한시적인 가치들을 넘어 영원불변하는 참 진리의 소중함을 후세에 일깨워주고 싶은 간절함이 짙어졌을 것 같다.

『고백록』 내러티브

따지고 보면, 아우구스티누스만큼 한 사람의 삶이 송두리째 파헤쳐진 경우는 거의 없다. 물론, 아우구스티누스 스스로 죄를 폭로하고 하나님의 은혜를 찬양한 것이기는 하지만, 정도가 심하다 싶을 정도이다. 현대인의 관점에서, 프라이버시 침해일 수 있고 개인정보 유출의 심각한 사례이겠지만, 철저한 자기고발을 통해 은혜의 가치를 드러내고자 했던 아우구스티누스의 모습을 놓치지 말아야 한다.

여기에서, 짚어 둘 것이 있다. 아우구스티누스가 자신의 지나간 죄를 강조하는데 급급한 나머지 하나님의 은혜보다 자신의 죄를 과장하여 드러내는 '부정적 자기과시'에 빠진 것이라고 할 수 있을까? 혹은 '작가사냥' 하듯 아우구스티누스를 읽어내려는 것은 과연 도움이 될까?

『고백록』을 읽는 동안, 아우구스티누스의 심리에 대한 분석 혹은 추측성 이야기들을 만들어 내는 것은 바람직해 보이지 않는다. 오히려, 그것이 곧 나의 이야기인 것처럼 읽을 수 있다면, 아우구스티누스의 참모습을 만날 수 있겠다. 하나님의 은혜를 힘입어 변화된 존재로서의 아우구스티누스를 읽어내야 한다는 뜻이다.

이러한 이야기들을 담아낸 『고백록』은 하나의 '내러티브'이다. 구조상으로, 『고백록』은 전체 13권으로 구성되어 있으나 처음 아홉 권은 아우구스티누스 자신의 과거에 대한 회고와 하나님의 은혜에 대한 감사의 고백으로 가득 차 있으며, 10권부터 13권은 창세기 주해에 해당한다. 어떤 경우에는 창세기 주해를 『고백록』의 전체흐름과 어울리지 않는다는 이유로 9권까지만 다루기도 하지만, 옳지 않다.

창세기 주해 부분은 하나님의 은혜에 대한 찬양이며, 『고백록』 전체의 주제와 어긋나는 것은 아니다. 오히려 『고백록』의 전제이자 근거로 읽어야 할 내러티브이다. 10권부터는 『고백록』의 근본관점이 무엇인지를 보여준다. 아우구스티누스는 이 부분에서, 자신의 사적 경험에 지나지 않았을 죄에 대한 고백을 모든 사람들의 고백으로 승화시킬 근거를 마련하고 있다.

따라서 『고백록』은 전체로서, 하나의 내러티브로 읽어야 한다. 『고백록』을 통해 관심 가져야 할 부분은 아우구스티누스의 인생경험을 말해주는 사적 내러티브가 아니라, 그의 삶에 관심을 가지고 그를 인도하신 하나님의 은혜에 관한 내러티브이다. 아우구스티누스가 고백하는 하나님은 창세기의 창조주인 동시에 아우구스티누스 자신을 선한 길로 인도하는 구원자이다. 창세기 주해를 별도의 이야기인 것처럼 생략해버리지 말아야 하는 이유가 여기 있다. 고백록의 흐름을 유지하기 위해서라는 명분으로 9권까지만 읽을 것이 아니라, 다 읽어야 한다는 뜻이다. 한 권의 책으로 말이다.

특히, 10권부터 13권은 아우구스티누스의 개인적인 체험에 대한 근거가 되는 것으로서, 독자들로 하여금 그리스도인의 정체성에 대해 성찰하게 해준다. 아우구스티누스는 독자들의 관심을 인간과 하나님과의 관계에 대한 성찰로 이끌어간다. 다른 표현을 쓰자면, 수평적이고 확장적인 성찰로부터 수직적이고 집약적인 성찰에로의 전환이라 할 수 있겠다.

다만,『고백록』전체의 구조상 아우구스티누스의 내러티브가 자신의 인생체험을 소개하는 과정에서 연대기적 순서에 입각한 관점이 아니라는 점, 그리고 개인의 내러티브와 창세기 주해의 내러티브라는 두 이야기가 긴밀하게 연관되어 있으며 명쾌하게 분리되어 드러나는 것은 아니라는 점 등은 충분히 고려해야 한다.

우려 되는 것은『고백록』이 종교적 배경을 지니고 있다는 점에서 선입견을 가질 수 있다는 점이다. 그것도, 기독교라는 시민적 지탄의 대상이 되는 종교에 대해서 말이다. 기독교에 대한 '알러지'와 '안티'를 특징으로 하는 현대인에게 어느 정도나 어필 할 수 있을 것인지, 우려스럽다.

그럼에도 불구하고 아우구스티누스를 읽고자 하는 것은 그의 관심과 삶이 현대인과 무관하지 않기 때문이다. 인문학의 고전이라는 뜻에서 말이다. 아우구스티누스에게서 종교를 떼어낼 수 없는 것은 분명하지만, 그것만으로 아우구스티누스를 통해 현대인의 모습을 반추하는 시도 그 자체를 거부할 이유인 것은 아니다. 아우구스티누스의 시대에 적용된 인간 그 자체에 대한 성찰에 오늘의 삶과는 연관될 것이 없는 소리로 몰아세우기에는 너무도 값진 교훈이 담겨있다.

사실, 두툼한 하드커버로 출판되는 『고백록』은 결코 녹록하지 않은 책이다. 처음 얼마간 내가 책을 보고 있었지만, 얼마 지나지 않아 '책이 나를 보고 있는' 정황은 얼마든지 연출될 수 있다. 게다가, 『고백록』 자체는 읽는 사람에 따라 재미없을 수 있다. 판타지에 사용되는 문학적 장치들을 동원한 것도 아니고 웹툰처럼 흥미를 끌어내는 전개도 아니다. 아우구스티누스 자신이 수사학 전문가였기에, 나름의 문학적 재능이 빛나는 문체였을 것이라고 예측은 되지만, 솔직히 딱딱한 책이다. 하지만, 의미는 충분하다.

베스트셀러의 꿈을 가지고 출판한 것은 아니었지만 결과적으로 당시의 베스트셀러가 되었던 것을 보면, 저력이 있는 책인 것은 분명해 보인다. 무엇보다도, 『고백록』을 통해 아우구스티누스가 남을 디스하기보다 자신을 고발하고 있다는 점이 무척이나 중요하다. 밖으로 나가던 자신의 모습을 고발하면서, 현대인을 향하여 절박하게 가이드하고 있다는 점에서 의미가 있어 보인다.

더 중요한 것이 있다. 아우구스티누스가 『고백록』에서 밝힌 자신의 옛 모습들은 끊임없이 '길 찾아 나선 자'의 흔적이다. 그 특징은 '밖으로 나가는 것'이었다. 고향을 떠나 더 큰 도회지로 '나가는' 길을 걸었고, 다시 로마로 '나가는' 길을 추구했던 아우구스티누스는 '밖으로 나가는 길'에 관심했었다. 지리적으로 옮겨가는 것을 하는 말이 아니다. 회심하기 전까지, 아우구스티누스의 마음이 밖으로 나가는 모습으로 채워져 있었다. 『고백록』은 그것을 고발한다.

4) 허깨비에 놀아난 오류의 날들

밖으로 나가지 말라, 왜?

답을 하기 전에, 고려해야 할 것이 있다. 아우구스티누스가 관심한 '길'은 무엇을 찾아가는 길일까? 아우구스티누스는 당시 철학자들이 '행복'을 철학의 궁극목적으로 삼았던 점에 착안하여, '행복을 찾아가는 길'에 관심했다. 아우구스티누스에게서 행복은 모든 모색의 궁극적 목적이다. 모두가 행복을 원하며, 행복하게 살고 싶지 않은 사람이 없다.[21]

그의 문제의식, '인간은 왜 죄를 짓는가? 죄의 원인은 무엇인가?'의 질문은 죄와 악을 극복하고 행복에 이르고자 하는 관심과 상통한다. 말하자면, '행복'을 방해하고 인간을 불행에 찌들게 하는 요소들을 극복하려는 관심이다.[22] 그것도, 실존적 체험을 통하여 추구해 나아가는 것이라는 점에서, 아우구스티누스의 충고는 아주 절절하다.

이러한 뜻에서, 행복에 대한 질문은 아우구스티누스에게 본질적인 문제의식에 속한다. 인간이란 무엇이며, 죄의 원인은 또한 무엇인가를 묻는 그의 근본질문의 다른 표현이다. 인간이 끊임없이 죄를 짓는 탓에 늘 불안하고 안식할 수 없는 상태에 놓여있음에 대한 실존적 자기고백이기 때문이다. 죄로 인한 불안의 상태를 극복하고 진리를 향하여 나아가는 길을 찾겠다는 아우구스티누스의 관심은 당시의 인문학이 다루었던 '행복'의 개념으로 풀어낼 수 있겠다.

이것은 아우구스티누스가 로마시대 독자들에게, 그리고 오늘의 우리에게 '밖으로 나가지 말라'고 말했던 이유를 이해하는 데 중요한 요소이다. 밖으로 나가는 방식으로는 '나는 누구이며, 죄란 무엇인가?'에 대한 바른 답을 찾을 수 없다는 충고이다. 그것은 결과적으로 참된 행복에 이를 수 없다는 강조이기도 하다.

오류에 빠진다!

'밖으로 나가지 말라'는 충고의 가장 큰 이유는 그 길이 결국 '오류'에 빠지게 하며 진리에서 멀어지게 할 뿐 아니라, 불행으로 이끌기 때문이다. 아우구스티누스가 육체의 쾌락에 탐닉하고 세상을 유물주의적 관점에서 물체적으로 설명하려 했던 마니교에 놀아났을 때, 그는 진리의 길에서 멀어졌다. 물체적인 세계가 전부인 것처럼 생각했던 시절, 그의 삶은 왜곡되고 말았다. 진리의 길에서 어긋나 허상을 따라 살았고, 실체가 아닌 그림자를 실체인 것처럼 착각하며 살았다. 감각적이고 관능적인 것을 탐하고 그것이 인간을 행복으로 이끌어 주는 것으로 생각하며 살았던 나머지, 삶의 질서가 왜곡되고 허위에 빠지고 말았다.

아우구스티누스는 자신의 과거를 '밖으로 나가서 물체적 가치관에 집착하여 진리 아닌 물체적 허깨비에 휘둘렸던 시절'이라고 회상한다. '밖으로 나가지 말라'고 충고하는 취지는 자신의 삶의 체험에 기인한 것으로서, 오류에 빠져 진리로부터 멀어질 뿐 아니라 삶의 내용까지 저급한 것으로 왜곡시키지 말라는 교훈을 주려는 것이었다.

여기에서, 아우구스티누스가 '나가지 말라'고 충고하는 '밖'의 의미는 포괄적으로 이해되어야 한다. '육체', '감각', 혹은 '욕망'이라는 표현도 사용하지만, 그것은 우리의 신체를 직접적으로 뜻하는 것이라기보다 육체를 포함한 '물체적' 지평에 매몰되었던 자신의 과거를 지탄하는 뜻으로 읽어야 한다. 특히, 감각적 쾌락에 대해 말하는 부분에서 아우구스티누스는 '부분적인 것'이라는 표현을 사용한다.

> 네가 육체의 감각을 통해 알 수 있는 것은 부분적인 것에 지나지 않
> 는다. 전체를 알지 못하고 있다. 물론 부분적인 것들이 너를 즐겁게 해
> 줄 수 있다. 어느 정도는 말이다.[23]

그야말로, '어느 정도'일 뿐이다. 육체와 직접적으로 관련된 것이 아닌
경우에도 다르지 않다. 예를 들어, 교만은 위대함을 추구하며, 잔학함은 권
력을, 나태함은 편안함을 추구하고 감각적인 것들은 관능적인 쾌락을 추
구한다. 그것들은 지속적이지 못하며 영원할 수 없다.[24] 다시 말해, '밖으로
나간다는 것'의 공통점은 바른 길이 아니며 진리에 근거한 행복을 향한 길
이 아니다.

특히, 자신의 옛 삶을 '허깨비'에 놀아나던 시절이라고 회상하는 부분
에 주목할 필요가 있다. '마니교'(Manichaeism)에 빠졌던 시절이다. "3세기에
'빛의 사도'를 자칭하는 마니(Mani: 210?~276)가 페르시아에서 창시한 이원론
적 종교운동이며 기독교, 조로아스터교 등 여러 요소를 혼합한 이단으로
서, 조로아스터교(Zoroastrianism, 拜火敎)에서 파생된 것으로 알려져 있다."[25]

아우구스티누스 당시, 로마제국에서 마니교의 세력이 확산되고 있었
다. 빛과 어둠, 선과 악, 영혼과 육체 사이의 이분법은 아우구스티누스에게
도 매력적이었다. 청소년기 이후 지속적으로 방탕하고 문란하게 지내왔던
아우구스티누스로서는 성적 쾌락에의 탐닉을 비롯한 자신의 방황을 정당
화시켜줄 근거로 삼을 수 있겠다고 여겼던 것 같다. 문란하게 살면서 짓는
죄는 아우구스티누스 자신의 탓이 아니라, 악한 신의 강요에 의한 것이라
고 말할 명분을 주는 것처럼 들렸을 듯싶다.

물론, 이 시기의 아우구스티누스가 대책 없이 마니교에 심취했다기보다 또 다른 이유가 있었을 것이라는 추정도 가능하다. 이를테면, 기성교회에 대한 불만 내지는 목회자들에 대한 반감 등이 작용했을 수 있다. 기독교를 전혀 몰랐다기보다 기존의 기독교에 실망하거나 지성인의 눈으로 보기에 부족함이 많아 보였을 가능성도 크다.

게다가, 당시 로마 지도층을 휩쓸고 있었던 마니교의 위력을 등에 없고 싶었던 마음도 있었다. 로마의 지식인들과 권력가들 상당수가 마니교에 빠져 있었고, 그들을 통해 권력에 접근할 길도 열려 있었다. 실제로, 아우구스티누스가 밀라노의 공무원교육원에 황실파견 교수로 임명된 배경에도 마니교도였던 권력층의 비호가 있었다.

어쨌든, 아우구스티누스가 마니교에 빠져 혼란을 겪었던 시기에 기본적인 문제의식조차도 대충 타협하려 했던 것으로 보인다. 예를 들어, '하나님은 어떤 분이신가?'라는 질문에 대해 이 시기의 아우구스티누스는 하나님을 '커다란 물체적 실체'로 간주했다. 개념상, 신이란 완벽한 조화와 균형을 지닌 존재이므로, 육체까지도 포함하는 존재이어야 한다는 오류에 빠져들고 있었다.[26]

이러한 생각은 하나님께서 우주를 구성하는 요소들에 따라 스스로를 잘게 나누어 작은 것에는 작게, 큰 것에는 크게 현존한다는 오해로 이어졌다.[27] 이후, 플라톤 철학을 통해 비물질적 실체에 관심하게 되고 성경을 통해 기독교로 회심하기까지, 이러한 생각은 아우구스티누스 자신의 근본적인 문제의식을 잠정적으로 해소시켜 줄 타협점으로 인식되고 있었다.

아우구스티누스는 이 시기의 삶을 물체적 '허깨비'에 놀아났던 오류의 시간들이었다고 고백하면서, '밖으로 나가지 말라'고 충고한다. '밖으로 나가는 길'은 부분적이고 한시적이며 진리의 길에서 어긋나는 오류의 길이라는 점, 그리고 그 길을 통해서는 행복에 이를 수 없다는 실존적 확신을 반영하고 있다. 나는 누구이며 죄란 무엇이고 하나님은 어떤 분이신가를 고민하던 아우구스티누스가 어긋난 길을 찾아가고 있던 셈이다.

사실, 우리 삶에서 '허깨비'에 놀아나는 경우들이 적지 않다. 아니, 많은 경우에 '허깨비'일 위험성이 높다. 우리 스스로 지어낸 것일 수 있고 혹은 잘못된 판단에서 오는 결과일 수 있다. 또한, 우리가 인식하는 것이든 혹은 그렇지 않은 것이든 간에 우리 주변에 '밖으로 나가서' 마주하는 것들에는 의외로 '허상'이 상당히 많다. 잘못된 생각, 이기적인 욕심, 그리고 탐욕에 이끌리는 모습들이 여기에 해당한다.

더 중요한 것은 우리들 대부분이 그것들이 허깨비인 줄 알면서도 놀아나고 있다는 점이다. 그것들이 주는 쾌락을 행복으로 착각하면서 그 안에 머물고 싶어 하는 경우들이 그렇다. 아우구스티누스를 응용하자면, 밖으로 나가려는 집착이 '허깨비'를 진리인 듯 착각하게 만들었고 심지어 허깨비인 것을 알게 되더라도 여전히 머물고자 하는 경향이 문제라 하겠다.

5) 빠른 길? 바른 길!

빠른 길 찾기?

'길 찾기' 이야기로 돌아가 보자. '내비게이션'은 운전자에게만 아니라, 걸어서 움직이는 경우에도 유용하다. 포털에서 길 찾기를 검색하는 것도 다르지 않다. 검색하면, '빠른 길 찾기'라는 단어가 제일 먼저 뜬다. 빨리 가고 싶은 마음이야 모두에게 공통적이지만, 어느 정도나 빠른 것일지에 대해서는 의구심이 들기도 한다.

사실, 빠른 길이라고 해서 그것이 꼭 적합한 혹은 바른 길이라고 장담하기는 어렵다. 도로상황이나 여타의 요소들을 충분히 반영하지 않은 채 경로계산을 잘못한 경우에는 빠른 길이 아닐 수 있기 때문이다. 게다가, 빠른 길이란 '목적지에 빨리 도착할 수 있는 길'이겠지만, '빨리 검색할 수 있는 길' 혹은 '쉬운 길'을 뜻하기도 한다.

아우구스티누스 경우, 처음에 그가 원했던 길이 빠른 길 혹은 쉬운 길이었다. 사실, '밖으로 나가는' 길이야말로 가장 빠르게 찾아내는 경로이다. 혹은 '쉬운 길'이다. 우리들 대부분이 '밖으로 나가는' 경향을 지니고 있으며 '빠르게 가는 길,' 그리고 '쉽게 가는 길'에 매력을 느끼고 있다는 점에서, 아우구스티누스의 충고를 곱씹어 보아야 할 듯싶다.

길 찾아 나선 아우구스티누스에게서 밖으로 나가는 길은 쉽고 빨리 찾을 수 있는 길이었다. 감각적 쾌락을 찾아가는 길은 쉽게 만족을 줄 수 있는 '빠른 길'이었다. 하지만, '빠른 길'이 반드시 바른 길인 것은 아니었다. 밖으로 나가는 길, 즉 빠른 길에 나선 시절의 아우구스티누스는 진리에서 멀어지고 있었으며 참된 행복의 길에서 어긋나고 있었다. 요컨대, '빠른 길'보다 '바른 길'이 중요하다.

바른 길 찾기!

'속도가 아니라 방향'이라는 명제는 우리에게 많은 것을 생각하게 해준다. 책 제목으로도 사용된 이 문구는 아우구스티누스의 성찰을 이해하는 데에도 도움이 된다. 바른 방향을 찾는 것이 중요하다는 교훈이기 때문이다. 밖으로 나가지 말라는 교훈은 크게 두 가지 겹치는 의의를 지닌다.

특히, 밖으로 나가기 쉬운 현대인을 향한 중요한 권고를 담고 있다.

하나는, 바른 길을 찾으라는 충고이다. 밖으로 나간 길에서는 진리를 찾을 수 없었다. 밖으로 나가는 길이 손쉽고 빠른 길이지만 그 길이 바른 길은 아니라는 사실을 뼈저리게 체험한 아우구스티누스가 우리에게 이 사실을 자신의 육성으로 충고해 준다. 길을 잃은, 혹은 길을 찾고 있는 현대인에게 아우구스티누스의 충고는 쉽고 빠른 길보다 바른 길이 중요하다는 사실을 일깨워준다.

다른 하나는, 방향을 점검하라는 교훈이다. 밖으로 나가는 경향이 집착의 단계로 고착화된 현대인을 향한 고발이자 바른 방향성의 제시라 할 수 있다. 아우구스티누스는 현대인으로 하여금 밖으로 나가려는 집착에 사로잡힌 자신의 모습을 성찰하도록 이끌어 준다. 분명, 인간의 자존감은 안에서 나온다. 명품을 온몸에 두르고 있다고 해서, 성형을 거듭한다고 해서, 그것이 반드시 자존감 내지는 자기효용성을 높여주는 결정적인 요소가 되는 것은 아니다.

안타깝게도, 우리는 밖으로 나가는 경향으로 인해 중요한 것을 상실하고 있다. 성찰하는 삶의 가치 말이다. 모든 것을 검색으로 대신하고 연결 자체로 만족하는 모습을 넘어서야 한다. 검색을 넘어 성찰해야 한다. 또한 소통은 필요하지만, 성찰 없는 소통은 큰 문제를 낳을 수 있다. 아우구스티누스 읽기의 요점이 여기에 있다. '내적 성찰 없이, 밖으로 나가려는 경향과 집착을 극복하라.'

3.
골방을 회복하라

골방을 잃어버린 자화상

어린이를 위한 '그림으로 읽는 지혜동화'의 『자기를 잃어버린 사람』편에 나오는 이야기이다. 동화작가로서는 어떤 의도를 가지고 썼을지 궁금하지만, 응용적으로 읽어도 나쁘지 않을 것 같다. 아주 짧은 글이지만, 몇 줄로 간추리면 어린이에게만 아니라 현대인에게도 유용한 내용이라는 점에서 말이다.

파이블은 공부도 열심히 하고 아는 척도 잘 하지만 기억력이 별로 좋지 않았습니다. 어느 날, 자기 전에 종이에 이렇게 써놓았습니다. '겉옷은 책상 위에,' '구두는 침대 밑에,' 그리고 마지막으로 '나는 침대 위에.' 다음 날 아침, 파이블은 쪽지를 꺼내 소리 내어 읽었습니다. '먼저, 겉옷은 책상 위에.' 책상 위에 겉옷이 놓여 있었고 파이블은 옷을 찾지 않고도 입을 수 있었습니다. '구두는 침대 밑에,' 파이블은 침대 밑을 들여다

보고는 거기 있는 구두를 꺼내어 신었습니다. 그리고 '나는 침대 위에.'
마지막 줄을 소리 내어 읽고 침대를 바라본 파이블은 놀라서 얼굴이 하
얗게 되었습니다. '침대 위에 내가 없다니!'[28]

어린이 동화처럼, 우리는 정작 중요한 것을 잃어버리고 있는 것은 아닐까? 폰아일체 스몸비 상태에 있는 현대인이 정작 자기 자신을 놓치고 있는 것은 아닐지 성찰이 필요해 보인다. 나 자신에 대한 성찰보다 남의 이야기와 남의 평가에 집착하는 모습, 그 이면에는 중요한 상실의 그림자가 놓여있는 셈이다.

사실, 폰아일체 스몸비 현상은 디지털 산만으로 이어지고 그 결과로 우리는 읽기, 고독, 기억력, 잠, 여행하기, 창의력, 듣기, 배우기, 관계 등을 상실하게 된다.[29] 무엇보다도, 성찰을 상실하고 만다. 물론, 디지털 형식의 읽기와 배우기를 얻었다고 항변할 수 있겠지만, 무언가 중요한 것을 잃게 만들었다는 점은 분명해 보인다. 내적 성찰을 상실해버렸다는 점, 바로 그것이다.

참고할 것이 있다. 『자아를 잃어버린 현대인』이라는 책에서, 메이(Rollo May)는 현대인이 '텅 빈 공허감'을 안고 살아간다고 지적한다. '자기가 느끼고 있는 것이 무엇인지를 규정하지 못하고 있으며, 자신의 욕망이나 바라는 바가 무엇인지를 알지 못하고 있다'는 주장이다.[30] 눈을 '밖으로' 눈을 돌리면 전쟁의 위협과 경제적 혼란이 이어지고 있지만, 내면의 상태가 더 큰 문제라는 그의 통찰에 주목할 필요가 있어 보인다. 전쟁, 불황, 정치적 위기가 불안을 낳은 것처럼 보이지만, 오히려 불안 때문에 이런 일들이 일어난다는 진단 또한 우리에게 많은 것을 시사해 준다.[31]

아우구스티누스가 말한 것처럼, 이렇게 되는 가장 큰 원인은 밖으로 나가려는 경향에 있다. 어느 시대이건 간에 사람은 밖으로 나가려는 경향을 지니고 있다. 고대사회로부터 문제시되었던 부분이다. 그리스철학자들은 이렇게 경고했다. '눈과 귀는 나쁜 증인이다.' 감각을 통해 얻는 지식은 정확성이 떨어질 뿐 아니라, 진리의 인식에 걸림돌이 된다는 것이 철학자들의 문제의식이었다. 사실, 감각적 지식은 일관성을 보장하지 못한다. 건강할 때 맛이 있었던 음식도, 감기에 걸리면 맛이 없다고 느껴지기도 하며, 어두운 곳에서 볼 때 멋있었던 물체가 밝은 곳에서 보면 전혀 다르게 보이는 것처럼 감각은 진리를 보증하지 못한다.

들려오는 이야기들은 어떤가? 예나 지금이나, '설'(쎄게 발음해서, '썰'이라고 하는)에 휘둘리기 쉬운 것이 우리들이다. '내 귀가 의심스럽다'고 말하는 경우들이 적지 않다. 귀로 듣는 '설'이 음모이거나 조작된 것일 위험은 얼마든지 있다. 검증된 이론 혹은 '팩트'가 아니라면, 문제가 있다는 뜻이다. 철학자들이 이성적이고 합리적인 접근이 중요하다고 말해왔던 이유가 여기에 있다.

소통에 관해서도 다르지 않다. 소통은 중요하고 절실하다. 다만, 소통하되 진리와 팩트에 근거해야 하며 성찰적이어야 한다. '밖으로 나가서' 남들의 관심을 받으려 하다가 정작 자신에 대한 성찰을 놓치고 있다는 점에서, 현대인의 자화상은 아우구스티누스가 진단한 것과 크게 달라 보이지 않는다.

네 골방에 들어가라!

현대인이 잃어버린 많은 것을 상징하는 복음서의 교훈을 소개하고 싶다. '골방'의 상실이다. 내적 진실 혹은 진정성, 나아가 초월을 향한 경건의 자리를 상실하는 것처럼 위험한 것도 없다. 그것은 인간의 모든 것을 잃는 것과 다르지 않으며 인문학적 진실의 상실이라 해도 지나치지 않다. 사실, '골방'이라는 표현은 신약성경에서 왔다. 마태복음 6장 5~6절에서, 예수께서 진실 없이 외식하는 바리새인들을 두고 교훈하셨다.

> 너희는 기도할 때에 외식하는 자와 같이 하지 말라 그들은 사람에게 보이려고 회당과 큰 거리 어귀에 서서 기도하기를 좋아하느니라 내가 진실로 너희에게 이르노니 그들은 자기 상을 이미 받았느니라. 너는 기도할 때에 네 골방에 들어가 문을 닫고 은밀한 중에 계신 네 아버지께 기도하라 은밀한 중에 보시는 네 아버지께서 갚으시리라.(마6:5~6)

이것은 기도를 위한 특별한 장소를 강조한 것이라기보다, 근본적 관점의 문제를 제기한 것으로 읽어야 한다. '골방'은 특정한 장소이기 전에 상징성을 지닌다. 내면의 진리를 확인하는 자리, 절대자에게 기도하는 자리, 그리고 우리들 자신의 정체성을 확인하는 자리라는 점에서 그 상징성은 결코 작지 않다. 특히, 밖으로 나가려는 집착이 강한 시대에서 각자의 골방을 회복하는 노력이 절실해 보인다.

생각해보라. 골방이 아닌 곳, 광장이나 길거리에 드러난 인간의 모습은 시민적 도덕성으로 무장되어 있는 것처럼 착각을 불러일으키는 경우들을 우리는 너무도 자주 경험한다. 비판의식이 탁월한 사람이라면 으레 도덕성이 뛰어날 것처럼 보이지만, 그의 '민낯'이 드러나는 순간, 남들의 추악함을 비판하는 사람이 반드시 탁월한 도덕성을 지닌 사람이라고 동일시하기 어려운 경우들이 적지 않다. 시민의 광장에서도 민낯을 부끄럼 없이 드러낼 수 있는 사람, 과연 몇이나 될까?

응용해보자. 스마트 기반의 SNS를 통해 세상과 연결되고 다른 이들의 관심에 만족해하는 것 자체를 두고 나쁘다고만 할 수는 없다. 문제는, 남들과 외부의 관심에 집착하여 자신의 모습을 성찰하지 못하는 경우이다. 더구나 우리들 스스로 골방을 잃어버린 자인 것 자체를 인식하지 못한 채로 살아간다. 밖으로만 나가려 한다. 가장 경건해야 할 시간조차 스마트폰을 통해 밖으로 연결되고 있음 그 자체에서 안정감을 얻는 모습이 그렇다. 하지만, 남들에게 인정받고픈 마음에, 인정받기를 구걸하게 된다면, 이것처럼 어리석은 일도 없다.

더 큰 문제는, 스스로 남들에게 인정을 받고 있다는 착각에 빠져 사는 경우들이 생긴다는 사실이다. 결과적으로, '자기 의'(自己 義, self-righteousness)에 빠지게 되기 때문이다. 관심종자의 차원을 넘어서, 잘한다고 칭찬 받고 싶은 마음, 모범이라고 인정받고픈 마음, 그것을 자랑하려는 마음이 지나치면 문제가 커진다. '나만큼만 살면 되는데, 남들이 문제'라고 몰아세우는 것은 지독한 자기과시일 뿐이다.

이러한 뜻에서, '밖으로 나가지 말라!'에서 '밖'이란 골방을 잃어버리게 하는 모든 것이라고 규정할 수 있겠다. 자아를 상실하게 하는 모든 과정, 내면의 진실에 대한 성찰을 생략하게 하는 모든 현상, 그리고 보여주고 싶은 것만 말하고 유명하게 보이는 것을 진실인 듯 착각하게 하는 모든 것이 문제라는 뜻이다.

내적 성찰을 회복하라!

처음으로 돌아가 보자. 멀티태스킹 이야기, 폰아일체 스몸비에 대한 이야기, 그리고 전원버튼에 대한 이야기로 시작했다. 디지털 리터러시가 필요하고 디지털 디톡스 혹은 주의산만의 극복이 필요하다는 점도 생각해 보았다. 솔직히, 스마트폰을 '버려라'고 말하는 것은 비현실적이고 무책임해 보인다. 시대역행적인 주장인 것 같다. 중요한 것을 놓치지 않도록 성찰해야 하고, 대안을 모색하는 것이 현실적이지 않을까?

우리들 대부분이 '폰아일체 스몸비' 상태에 놓였다는 것은 부정할 수 없는 '팩트'이지만, 해석이 중요하다. 바른 대안을 찾기 위해서 말이다. 이 부분에서, 인문학적 성찰에 주목할 필요가 있겠다. 복잡하게 인문학에 대한 '썰'을 풀어낼 마음은 없다. 인간의 가치와 삶의 의미에 관한 성찰로 이어져야 한다는 점, 인간을 바람직한 인간 되게 하는 길과 인간에 대한 진정한 존중의 길을 찾아야 한다는 점, 그것에 주목해야 한다.

대안을 모색한다고 해서, 그것이 모든 문제를 다루어 줄 것이라고 기대하는 것은 곤란하다. 스마트, 멀티태스킹, 그리고 연결의 문제를 통해 우리시대의 자화상을 찾아보는 것조차 버겁다. 모든 문제를 다루려 하기보다는 특히 유의하고 싶은 것이 있다. '옳지 않은' 혹은 '바르지 않은' 연결이다. 예를 들어, 중독을 유발하는 연결은 옳지 않다. 흔히, 자기 통제력을 상실하게 하고 강박증에 시달리게 하며 마침내 약물치료 등을 받아야 하는 상태를 가리켜 중독이라고들 한다. 만일 스마트폰 그 자체에 의존하여 중독에 빠지게 된다면, 혹은 스마트폰을 통한 연결이 주는 쾌락에 지배되어 결과적으로 중독된다면, 바른 연결이라 할 수 없다.

해악을 끼치는 연결 또한 바르지 못한 연결이다. 스스로에게 해가 되고 이웃과 사회에 해가 되는 경우라면, 정당화될 수 없다. 중독까지는 아니라 하더라도, 이웃을 해치는 연결, 죄를 짓게 하는 연결, 그리고 합리적이지 못한 연결은 옳지 않다. 새삼스럽게 연결의 윤리가 필요하다는 말을 하려는 것이 아니다. 잘못된 연결의 결과가 부도덕하고 해악을 끼치는 것으로 귀결되는 경우들에 주의해야 한다는 이야기를 하고 싶은 셈이다.

　무엇보다도, 연결을 통해 소통하는 과정에서 진정한 의미의 자신에 대한 성찰을 놓치고 있는 것은 아닐지 짚어보아야 한다. 내 안에 있는 가치들보다 밖으로 나가서 남들의 반응에 목말라하며 밖에 있는 일들에 더 관심하고 있는 것은 아닌지 스스로 되돌아보아야 할 시점이다. 밖으로 나가는 일에 과잉상태는 아닐지, 그것부터 성찰이 필요해 보인다. 성찰 없는 소통은 빠를 수 있으나 바르지 못하다.

안으로 들어가라

그대 자신 속으로 들어가라.
(De Vera Religione)

마음속으로 돌아가라. … 마음으로 돌아오라.
(In Evangelium Ioannis tractatus)

1. 겉돌고 있다!

2. '안으로 들어가라'(in te ipsum redi)
   1) 안으로 들어가는 길
   2) 근원에서 성찰하다
   3) 진리의 빛을 보다
   4) '죄인'을 마주하다
   5) 호모 인테리오르(homo interior)

3. 마음을 지키라

1.
겉돌고 있다!

> 밖으로 나가는 길에서 방향만 바꾸면 되는 것일까? 안타깝게도, 안으
> 로 우리는 안으로 들어가기를 주저하고 있다. 성찰의 필요성을 느끼면서도
> 안으로 들어가기를 버티고 있다. 한 마디로, 겉돌고 있다. 내면성 자체에
> 관심하고 살펴보라는 뜻에서, 아우구스티누스는 우리들에게 권한다. '안
> 으로 들어가라'(in te ipsum redi)[1]

심지어, '자동전투' 중?

휴일, 가족들과 식사를 마치고 카운터에서 계산을 기다렸다. 분주하
게 폰을 만지던 매니저가 '미안하다'며 계산을 진행했다. 스마트 페이를
활성화시켜 카운터에 내밀었을 때, 잠시 내려놓은 그의 폰을 볼 수 있었
다. '자동전투' 중이었다. 게임에 몰입한 탓에 카운터에서 기다리던 우리
에게 잠시 소홀하다가, 우리를 발견하고는 이내 자동전투 모드를 켜 놓은

것 같다.

신기하게도, 계산하는 중에도 게임은 계속되었다. 호기심이 생겼다. 검색해 보았다. 'RPG류 모바일 게임에서 자동전투 버튼을 누르기만 하면 손을 쓰지 않고 잠시 덮어놓거나 보기만 해도 자동으로 전투가 되는 시스템'이라고 한다. 자동전투가 되는 동안 스마트폰을 보지 않아도 되고 잠시 내려놓은 사이에 웹서핑 등 다른 작업을 할 수 있다는 등 장점이 소개되었다.[2]

게임 문외한이 보기에, '신세계'였다. '멀티태스킹'이라는 단어도 떠올랐다. 기능적 요소라기보다 우리의 마음상태를 반영하는 것 같다. 스마트 기기를 통해 동시다발적으로 여러 임무를 수행하고 싶은 마음 혹은 그 가능성을 보여주고 있다. 현대인의 자화상이 아닐까 싶다. 여기에는 스마트폰을 통한 연결이 끊김 없이 '계속'되기를 바라는 마음도 담겨 있다. 멀티태스킹을 통해서라도, 계속해서 게임 점수가 관리되고 상향되기를 바라는 마음 말이다.

한편에서는 자동전투에 대한 시선이 곱지 않다. 자동전투에 대해 반감을 갖는 이들은 마치 동영상을 보는 것이나 다름이 없다고 한다. 게임에 필수적인 상호작용이 없다는 의견인 것 같다. 하지만, 그것 역시 '보는 재미'를 준다는 점에서 나름 의미가 있다는 항변도 있다. 그렇지만, 자동전투에 이의를 제기하는 대개의 경우는 게임의 의미가 퇴색되어 결과적으로 질리게 되거나 게임에 대한 불감증까지 우려된다는 의견이었다.

아이러니하게도, 자동전투가 없는 게임을 찾아보기 어려울 정도로 보편화되는 추세를 보인다고 한다. 이의를 제기하는 사람들의 목소리에 관심이 가는 것도 사실이다. 상호작용이 요구되는 게임을 동영상처럼 지켜보는 것은 어딘지 어색하다는 생각도 든다.

어쨌든, 스마트폰에서 '돌아가고 있는' 자동전투 장면을 보면서, 정작

전투 안으로 들어가지 않은 채 '겉돌고 있는 것' 아닐까 하는 생각도 든다. 매장을 관리하는 것이 중요하다는 것을 알고 있으면서도 여전히 게임에 끌리고, 심지어 계산하면서도 쉬지 못해서 자동전투를 돌리고 있다는 점에서 말이다. '겉돌다'를 사전에서 찾아보면, 뜻이 더 분명해지는 것 같다. "사물이 한데 섞이지 않고 따로따로 되다, 대화의 요점이 서로 잘 맞지 않다, 다른 사람과 잘 어울리지 못하고 따로 지내다, 바퀴나 나사 따위가 헛돌다."[3]

밖으로 나가지 말고, 안으로 들어가라는 아우구스티누스의 충고와 연관지어 보자. 충고를 들었지만, 여전히 겉돌고 있는 것 아닐까? 밖으로 나가기를 즐기고 그것이 쉽고 편한 길이라는 이유로, 여전히 안으로 들어가기를 주저하고 있는 것은 아닐까? 혹은 안으로 들어가기가 어색하고 익숙하지 않아서, 그리고 안으로 들어가려 시도해보다가 이내 포기하는 모습일 수 있겠다. 이것 역시 현대인의 자화상이 아닐까 싶다.

밖에서 안으로

안으로 들어간다는 것은 무슨 뜻일까? 이 질문을 다루기 위해 참고할 것이 있다. 패션용어 중에, '인사이드 아웃'이라는 말이 있다. 안쪽을 노출시킨 옷을 말하는 것 같다. "호주머니는 안에 붙지만, 바느질 자국이 밖으로 나오는 스타일이다. 겉과 속을 뒤집어 입게 하여 감춰진 안팎의 아름다움을 표현시킨 것"이라고 한다.[4] 안과 밖 모두 '패셔너블'하다는 자신감의 표현인 것 같다.

같은 이름을 쓰는 애니메이션이 있다. '인사이드 아웃'(Inside Out, 2015)이라는 작품이다. 요즘 추세가 그렇듯이, 어린이를 위한 것이라고 하기는 버거워 보이면서도 나름 어린이를 타깃으로 하는 특징을 보인다. 포털사이트가 제공하는 영화소개에는 대략의 내용을 다음과 같이 요약하고 있다.

'모든 사람의 머릿속에 존재하는 감정 컨트롤 본부, 그곳에서 불철주야 열심히 일하는 기쁨, 슬픔, 버럭, 까칠, 소심 다섯 감정들. 이사 후 새로운 환경에 적응해야 하는 '라일리'를 위해 그 어느 때 보다 바쁘게 감정의 신호를 보내지만 우연한 실수로 '기쁨'과 '슬픔'이 본부를 이탈하게 되자 '라일리'의 마음속에 큰 변화가 찾아온다. 라일리가 예전의 모습을 되찾기 위해서는 '기쁨'과 '슬픔'이 본부로 돌아가야만 한다! 그러나 엄청난 기억들이 저장되어 있는 머릿속 세계에서 본부까지 가는 길은 험난하기만 한데… 과연, 라일리는 다시 행복해질 수 있을까? 지금 당신의 머릿속에서 벌어지는 놀라운 일! 하루에도 몇 번씩 변하는 감정의 비밀이 밝혀진다![5]

군이 애니메이션을 소개하는 이유가 있다. 감정의 중요성을 강조하려는 것이 아니다. 내면의 중요성을 말해주는 것 같다. 밖으로 나가려는 집착이 두드러진 시대에, 안으로 들어가야 할 이유를 보여준다. 내면의 소중함, 내면의 가치, 혹은 내적 성찰의 필요성에 대한 인식은 밖으로 나가는 길 대신에 취해야 할 대안이다.

안으로 들어가려는 것 자체가 용기가 있는 선택이기는 하지만, '겉돌고 있다면' 안으로 들어간다고 해서 나아질 것은 없다. 안으로 들어가 진정성을 찾으려하지 않는다면 밖으로 나가는 길에서 방향만 바꾼 것과 크게 다르지 않다. 안으로 들어가, '스스로를 문제 삼고' 자신의 '민낯을 마주할' 용기와 결단이 필요하다.

2.
'안으로 들어가라'(in te ipsum redi)

1) 안으로 들어가는 길

길 찾기, 경로탐색

내비게이션이 일상화된 스마트시대, '빅 데이터'(big data)에 '인공지능'(AI)까지 들먹이면서 경쟁적으로 길찾기 도우미로 나선 여러 도구들에 공통점이 있는 것 같다. 길을 놓치면 우회로를 알려주는 과정에서, 길을 다시 찾는 과정에 적용된 멘트는 공통적이다. '경로를 재탐색합니다!'

아우구스티누스 이야기를 연결해보자. 우리의 여행 가이드, 아우구스티누스는 안으로 들어가기를 권한다. 밖으로 나가는 길, 그 길은 빠르게 찾을 수 있고 손쉬운 길이지만 바른 길이 아니기 때문이다. 길을 찾아 나선 아우구스티누스는 밖으로 나가는 길을 대신할 다른 길을 찾는다. 하지만, 그것은 내비게이션의 '경로재탐색'과 같은 것이라 할 수 없다. 우회로를 찾아내는 것이 아니기 때문이다.

사실, 우리들 대부분은 밖으로 나가기 쉽다. 솔직히, 그 길이 가장 먼저 눈에 들어오는 선택지일 가능성이 크다. 손쉽게 채택할 수 있는 길이기도 하다. 내적 성찰의 가치를 처음부터 인식하는 경우를 찾아보기는 그리 쉽지 않은 것 같다. 게다가, 경험적이며 감각적이고 한시적인 것들에 대한 시선이 우리를 사로잡는 경우는 얼마든지 있다. 밖으로 나가는 길이 우리 주변에 항상 널려 있다.

그런 탓에, 우리들 대부분은 '밖으로부터의 설명법'에 익숙하다. 자기 성찰은 거의 없고 '좋아요'를 비롯한 남들의 반응에 민감한 경우들이 여기에 해당한다. 밖으로부터의 설명법 혹은 밖으로 나가려는 경향은 정말 쎈 것 같다. 정작, '안으로부터의 설명법'은 많이 낯설다.

아우구스티누스는 자신의 실존적 체험을 바탕으로, 단순한 방향전환 내지는 우회로 탐색 정도가 아닌 근본적인 전환을 우리에게 권한다. 밖으로 나가는 길에서는 아무리 좋은 우회로를 찾아내더라도 결국 같은 결과에 이르게 되고 만다. 허깨비에 놀아나고 오류와 허위에 도달하게 된다는 점에서 말이다. 아우구스티누스가 '안으로 들어가라!'고 충고하는 결정적 이유이다.

안으로 들어가는 경로

스마트시대의 인문학을 펼쳐가면서, 우리는 아우구스티누스의 가이드를 따라가고 있다. '밖으로 나가지 말라!'는 것은 인간의 경향성 내지는 집착에 대한 아우구스티누스의 진단이다. 밖으로 나가서는 진리에 이를 수 없으며 잃는 것이 많다는 이유였다. 문제는 밖으로 나가지 않는 것 자체로 완결이 아니라는 사실이다. '밖으로 나가지 말라'는 문장 다음에 오는 말이 있다. '안으로 들어가라!' 내적 성찰에 관심하라는 것은 밖으로 나가려는 집착에 대한 아우구스티누스의 처방이다.

> 밖으로 나가지 말라. 그대 자신 속으로 들어가라.[6] … 마음속으로 돌아가라. 여러분 자신과 멀리 떨어진 곳으로 가고 싶은가? 멀리 갈수록 여러분 자신을 상실하고 만다. … 돌아오라. 마음으로 돌아오라. 육체를 벗어나라.[7]

이것은 진리를 찾아 나선 길에서 단순한 방향전환 그 이상의 의의를 지닌다. 일반적으로, 아우구스티누스의 이러한 관점을 '내성법'(內省法, introspection)이라고 한다. 안으로 들어가서 자기성찰 통해 내면의 진실을 찾아내고 바른 의미를 추구해야 한다는 뜻이다. 내성법을 심리학의 방법론이라고 하는 경우도 있지만, 아우구스티누스의 시대는 심리학을 별도의 분과학문으로 다루기 이전이었다. 오히려, 넓은 의미의 '인문학 고유의 접근방식'이자 통찰이라 하겠다.

아우구스티누스 이전에도 유사한 관점이 있기는 했지만, 내적 성찰에 대한 본격적인 관심은 아우구스티누스의 것이라 해도 지나치지 않다. 특히, 내성법은 그 자체로 특정 분과학문의 방법론으로 국한된다기보다 '내면성'에 대한 관심이라고 할 수 있다. 내면성 개념은 아우구스티누스가 처음 말한 것으로 평가되며, 자아의 내적 영역을 향한 관심을 뜻한다. '안으로 들어가라!'는 충고는 '밖으로의 길'에서 방향을 전환하되, 의미와 가치의 영역이라 할 '안으로의 길'을 권하는 것이라고 하겠다.

사실, 아우구스티누스가 기여한 것이 여럿이지만, '안으로의 길'을 빼놓으면 그의 문제의식을 바르게 이해하기 어려울 정도로, 내적 성찰은 중요한 열쇠이다. 실제로, 그의 대표적인 저술 『고백록』의 총 13권 273장 전체를 관통하는 가장 중요한 핵심은 '마음'이다.[8] 그리고 마음이라는 단어만으로는 담아내기 어려운 내적 가치 모두를 아우르는 관심이 내성법에 담겨있다.

다른 말로 하자면, '내면성'(interioritas)이다.[9] 내면성은 플라톤 철학에서 촉발된 것이기는 하지만, 아우구스티누스를 통해 본격적인 이슈로 자리 잡았다. 내면성에 관한 여러 주장들이 있지만, 아우구스티누스에게서 내면성은 '주관성'과 다르다. 혹은 기억(memoria)과 동일시되는 것도 아니다. 아우구스티누스에게서 내면성이란 내면 안에 있는 특성이자 자신도 깨닫지 못하는 심층이라 할 수 있다.[10] 길 찾아 나선 호모 비아토로, 아우구스티누스가 밖으로 나가는 길에서 돌이켜 안으로 들어가 마주한 내면성이야말로 길 찾기의 답이었다.

스스로 문젯거리

밖으로 나가지 말고 안으로 들어가라고 권하는 아우구스티누스의 관점은 진리의 길 찾기에서 단지 방향만 살짝 바꾸면 된다는 것이 아니다. 더 심층적이고 본질적인 의미가 담겨있다. 단순한 방향전환이라고 한다면 아우구스티누스의 내성법에 딱히 주목해야 할 이유도 없다. 쉽고 간편한 선택일 수 있기 때문이다. 아우구스티누스가 충고하는 '안으로 들어가라!'는 제안은 그리 간단하지 않다.

게다가, 우리는 안으로 들어가기를 즐기지 않는다. 때로는 관심하다가도 이내 시들해지기도 한다. 안으로 들어가지 못한 채, 겉돌고 있기도 하다. 혹시 안으로 들어간다는 것의 진정한 의미를 모르기 때문 아닐까? 여러 설명이 가능하겠지만, 이렇게 제안해보고 싶다. 검색에 능한 우리의 모습에 패러디하여, 검색의 대상을 바꾸는 일이라고 하면 어떨까? '자신의 내면을 검색하는 일'이라고 말이다. 무엇이든 검색하고 마침내 찾아내고야 말듯이, 스스로를 검색해보자고 권해도 좋을 듯싶다.

이 부분에서, 우리는 소크라테스의 이름을 기억할 필요가 있다. 특히, 그의 문장이라고 기억하는 것이 있다. '너 자신을 알라.'(Nosce te ipsum) 사실, 이 경구는 소크라테스의 것은 아니다. 소크라테스 이전에 있던 현자의 말이라고도 하고 델포이 신전 현판에 적혀있던 글이라고 한다. 소크라테스가 이 말을 했다기보다 일생동안 좌우명으로 삼아 자신을 성찰했다고 말하는 것이 맞겠다. 소크라테스의 관심은 아우구스티누스에게서 중요한 출발점이 된다.[11] 아우구스티누스 고유의 새로운 문제의식으로 등장한다. 그래서 아우구스티누스는 이렇게 말한다.

나는 나 자신에게 문젯거리가 되었습니다.[12]

소크라테스의 명제가 아우구스티누스 버전으로 이어지고 있는 셈이다. 스스로에게 문젯거리가 된 자신의 기원에 관한 탐색이 그 핵심이다.[13] 이것은 아우구스티누스가 자기를 성찰하는 인간 실존의 특성에 주목했다는 것을 말해준다. 아우구스티누스에게서 인간이란 자신에 대한 성찰을 주도하는 존재로서, 인간이 스스로를 문제거리로 삼은 방식으로 도달한 영역이 내면성이다.

아우구스티누스에게서, 내성법을 통한 내면성에 대한 관심은 내적 가치를 소중히 여기며 내면의 진실에 집중하게 한다. 보이는 세계가 전부가 아니며, 보이는 것들을 향하여 밖으로 나가는 것이 최선의 길은 아니라는 점을 깨닫게 한다. 그리고 내적 진리를 찾아가는 진정한 여행길에 들어서도록 이끌어준다.

길 찾는 존재, 'homo viator'로서의 아우구스티누스에게서 그의 시선이 '밖'에서 '안'으로 돌려진 사건은 방향전환 그 이상의 의미를 지닌다. 이것을 두고 '안으로의 전향'이자 '자기로의 귀환'이라고 해석할 수 있겠다.[14] 무엇이 진리이며 어떻게 살아야 의미가 있는 것일지, 그리고 인간이란 무엇인지에 대하여 알고자 한다면, 밖으로 나가서는 안 된다는 충고이다. 동시에, 안으로 들어가서 답을 찾으라는 권면이자 초청이다.

2) 근원에서 성찰하다

왜, 아우구스티누스?

아우구스티누스를 가이드로 삼아 떠나는 길에, 생각나는 일이 있다. 늘 배우려는 자세로 글을 읽어 교정을 보고 의견을 주던 조교가 졸업을 앞두고서야 '질문이 있다'고 했다. "교수님, 제가 교수님의 여러 글을 읽고 교정을 도와드렸는데요. … 교수님 글의 대부분은 아우구스티누스에 관한 것들이네요? 무슨, 특별한 이유라도 있는 걸까요? 궁금했습니다." "글쎄, … 아우구스티누스를 연구하는 것이 그냥 좋아." 대답이 궁색했던 것으로 기억된다. 꾸준하게 아우구스티누스를 연구하기는 했지만, 정작 그 이유를 성찰할 기회는 없었던 것 같다.

만일, 다시 누군가에게 그 때와 동일한 질문을 받게 된다면, 이렇게 답해주고 싶다. "아우구스티누스 안에 내 모습이 있는 듯싶어서, 아우구스티누스를 읽고 글을 쓰면서 나 자신을 되돌아보고 성숙을 추구하고 싶었던 것 아닐까 싶구나." 이렇게 답을 해주고 싶은 데에는 나름의 이유가 있다. 아우구스티누스의 실존적 고민과 내적 성찰을 통해 나의 현주소를 점검하고 삶의 성숙을 추구하려는 마음, 아마도 그런 것이 가능할 듯싶다는 생각 때문이다.

아우구스티누스만큼 위대한 인물이라는 뜻은 아니다. 솔직히, 그만한 경지에 오를 능력도 없다. 턱없이 부족하다. 다만, 아우구스티누스 안에 내 모습이 있는 것 같다. 그것이 아우구스티누스를 읽고 글을 써온 이유였다. 이 책에서도 독자 여러분께 같은 마음으로 아우구스티누스를 소개하고 있다는 점, 기억해주시면 좋겠다.

만일, 독자 여러분 중에서 아우구스티누스가 기독교 신학자라는 것 때문에 부담스럽거나 선입견을 가지실 분이 계신다면, 이렇게 말씀드리고 싶다. 아우구스티누스의 문제의식과 관심 자체가 인문학의 고전이며, 따라서 기독교인만을 위한 것이라고 한정지을 이유는 없다고 말이다. 생각해보면, 아우구스티누스는 354~430년을 살았던 인물이다. 분명, 우리시대와는 적지 않은 갭이 있다. 1,600년 이상의 시차가 있다. 하지만, 아우구스티누스의 진단법은 오늘에도 유효하다. 그의 고민과 문제의식은 현대인에게 통찰을 주기에 부족하지 않다.

근원에서 사유한

실존주의 철학자 야스퍼스(Karl Jaspers)가 아우구스티누스를 근원에서 사유하는 철학자들의 명단에 포함시킨 것은 매우 중요한 의미를 지닌다.[15] 야스퍼스의 설명에 따르면, 그리스의 가장 위대한 사상가를 플라톤이라고 할 수 있다면 아우구스티누스는 가장 위대한 라틴 사상가이다. 아우구스티누스에게는 근원에 대한 체험이 있었고,[16] 그것이야말로 아우구스티누스를 성숙시키는 원동력이었기 때문이다.

아우구스티누스가 밖으로 나가지 말라고 충고하는 것은 오류와 허깨비 문제에 대한 지적과 함께 더 심층적인 요소를 일깨워 준다. 안으로 들어가야만 진정한 자신을 발견할 수 있으며 내면의 심층 안에서라야 나는 누구인가에 대한 답을 찾을 수 있다는 충고라 하겠다. 이러한 뜻에서, 아우구스티누스는 근원에 대해 사유하고 근원으로부터 성찰하는 길을 우리에게 제시해주는 셈이다.

야스퍼스의 해석은 아우구스티누스에 대한 관심의 필요성과 함께 또 다른 통찰을 준다. 스마트시대의 인간에 관한 인문학적 성찰은 대증요법을 넘어, 근원에 대한 성찰이어야 함을 말해준다. 이렇게 보면, '안으로 들어가라'는 아우구스티누스의 어드바이스는 단순한 경로재탐색 내지는 우회로 탐색이 아니다. 결정적 방향전환이다. 근원에 대한 성찰의 필요성을 말해준다.

3) 진리의 빛을 보다

플라톤을 만나다

안으로 들어가라는 아우구스티누스의 충고는 근원에 대한 성찰과 관련된다. 그의 충고는 자동전투에 노출된 채로 마음까지도 복잡한 현대인에게 내면성에 관심하도록 이끌어 준다. 내면성이란 무엇이며, 또한 왜 그토록 중요하다고 하는 것일지, 아우구스티누스의 가이드를 좀 더 따라가 보자.

아우구스티누스가 먼저 다룬 것은 진리의 가능성이다. 이 부분에서는 철학의 영향을 살펴보는 것이 좋겠다. 키케로의 『호르텐시우스』(*Hortensius*)는 아우구스티누스로 하여금 철학에 눈뜨게 하였고 지혜에 대한 열정을 점화시킨 기폭제였다.[17] 특히, 아우구스티누스에게서 플라톤의 영향이 지대했으며 키케로의 철학은 아우구스티누스에게 철학적 사유에 이르는 가이드로 충분했다. 키케로는 아우구스티누스를 철학에 이르게 한 파이프라인 혹은 도관(conduit)이었다.[18] 이 도관을 타고 신플라톤주의가 아우구스티누스와 교부들에게 전달된다.

내면에 대한 아우구스티누스의 관심에서, 플라톤은 특히 중요하다. 플라톤 철학은 아우구스티누스로 하여금 내적 가치에 주목하도록 이끌어 주었다. 진리의 인식은 감각을 통한 외적 접근을 통해서는 불가하다는 생각은 플라톤의 흔적이다. 또한 '선이란 영혼 안에 있는 것'이라는 관점도 플라톤 전통에서 나왔다. 더욱이, '너 자신을 알라'는 철학의 근본문제가 '너의 영혼을 알라'는 뜻으로 해석되는 것 역시 플라톤의 영향이다. 그리고 영혼은 신적이고 영원하며 궁극적인 것과 연관이 있는 것으로 이해되었다.[19]

하지만, 아우구스티누스의 내적 관심은 플라톤의 그것과 같지 않다. 아니, 플라톤을 넘어선다. 케리(William Cary)에 따르면, 내면성 개념 자체가 플라톤 철학의 흔적이기는 하지만, 아우구스티누스의 고유한 관점으로 발전된 측면을 놓쳐서는 안 된다. 적극적으로, 새로운 것의 발명이라고까지 할 수 있다. 라틴어 'inventio'의 뜻에 난제를 해결할 개념의 발명이라는 내용도 포함되어 있다는 점에서, 아우구스티누스의 내면성 개념은 새로운

발명이라고 할 수 있다는 뜻이다.[20]

아우구스티누스가 발명 혹은 발견한 내면성이란 추상적인 개념이 아니다. 무엇인가를 담아낼 수 있는 영역이다. 물리적 의미는 아니다. 상실되거나 숨겨진 것들과 같은 것들이 발견되는 영역이라는 뜻에서, 내적 공간이라고 할 수 있겠다. 하지만, 내면성은 문자 그대로 상자의 안쪽을 뜻하는 것이 아니다. 공간적 의미에서 읽으면 안 되는 비물체적 개념이다. 신체보다는 영혼과 특별한 관계를 지닌다. 그것은 하나의 메타포라고 할 수 있다. 신플라톤주의 형이상학이 아우구스티누스에게 영향을 준 셈이다.

베리타스 룩스 메아

내면성(혹은 내향성, inwardness)에 대해서는 다양한 관점이 있으나, 『고백록』에서는 그 안에 들어가 살펴보고, 무엇인가를 찾아볼 수 있는 여유로운 공간(물리적 의미가 아닌 메타포로서의) 혹은 그러한 차원으로 설명된다.[21] 아우구스티누스가 일종의 저장고와 같다고 말했던 '기억'에 대한 설명이 여기에 해당되겠다. 물론, '기억'='안'(내면성)이라는 등식이 성립되는 것은 아니다. 하지만, 기억은 내면성을 말해주는 아주 중요한 예가 된다.

아우구스티누스가 '기억'에 관심한 것은 안으로 들어가는 길에서 만난 가장 큰 계기이다.[22] 기억이라는 표현을 사용하기는 했지만, 그것은 우리 두뇌의 특정한 기능을 말하는 것으로 한정지으면 안 된다. 오히려, 내면세계의 중심이 되는 것으로서의 마음 전체를 지칭한다고 볼 수 있다. 좀 더 정확하게 표현하자면, 내적 인간으로서의 자신을 뜻한다.

내가 알고자 하는 것은 기억하는 나 자신인 마음입니다.[23] *… 기억력*

이라고 하는 것은 정말로 위대합니다. … 바로 그것이 내 마음이요 나
자신입니다.[24]

기억은 『고백록』이 내적 성찰을 통해 발견한 내적 자아의 대표적인
예라고 할 수 있다. 아우구스티누스는 위대한 기억의 능력 안에서 자신을
발견하고자 했다. 스스로에게 문젯거리가 된 자신의 모습을 찾아가는 내
적 성찰의 과정에서 기억이라는 위대한 능력에 마주한 셈이다.

여기에서, 짚어둘 것이 있다. 플라톤에게 나타난 내적 자아의 개념이
플로티노스를 거쳐 아우구스티누스에게 영향을 준 것은 분명하다. 하지만
아우구스티누스는 그들을 답습하지 않았다. 정확하게 말하자면, 아우구스
티누스는 기독교의 관점에서 플라톤과 플로티노스를 재조명하고 재평가
했다.

특히, 플로티노스는 아우구스티누스에게서 중요한 전환점이다. 밖으
로 나가는 길에서 안으로 들어가는 방향전환의 중요한 계기였다. 아우구스
티누스 자신이 플라톤주의 철학이야말로 기독교에 가장 가까운 사상이라
고 평가했을 때, 그가 염두에 둔 것은 플라톤주의자 플로티노스에 대한 관
심이었다. 플라톤주의 철학자들의 글을 읽으면서, 아우구스티누스는 내면
세계에 대한 관심을 키워갔다.

아우구스티누스는 플로티노스의 관점을 성경의 창조론을 도입하여
교정한다. 창조주와 피조물의 분명한 구분이 그것이다. 인간은 하나님께
서 지으신 존재이므로 하나님일 수 없다. 여기에서, 플라톤의 동굴에 비유
에 나온 빛의 조명은 아우구스티누스에게서 새로운 차원으로 발전한다.
영원한 진리의 등불이신 하나님께서 위로부터 우리의 눈을 향해 빛을 조
명해주실 때, 진리를 인식할 수 있다고 아우구스티누스는 생각했다. '내면

의 빛'이 필요하고, 그 빛은 피조물로서의 인간에게서 스스로 빛나는 것이 아닌 하나님께서 비춰주시는 빛이라는 뜻이다. 그래서 아우구스티누스는 말한다. 'veritas lux mea'(진리는 나의 빛!) 내적 스승의 가르침을 통해서라야 진리를 인식할 수 있다는 생각이다.[25] 플라톤을 넘어서는 아우구스티누스의 고유한 관점이다.

이마고 데이

아우구스티누스가 내적 성찰에서 주목해야 할 또 하나의 설명이 있다. 회심 이후에 집필한 『삼위일체론』(De Trinitate)에 나타난 '하나님의 형상'(Imago Dei) 개념이 그것이다. 아우구스티누스는 인간이 창조될 때부터 우리 안에 '하나님의 형상'을 심어놓으셨다고 생각했다. 라틴어, '이마고 데이'로 표현되는 '하나님의 형상'에 대해서는 신학적으로 다양한 논의가 이어져 왔다. 그 모든 이야기를 요약하기란 쉽지 않다. 사실, 우리의 주된 관심사에 속하기는 하지만, 간단하지 않고 쉽지 않은 주제이다. 이 단어를 아우구스티누스의 것으로 말하기도 어렵기는 하다.

중요한 것은 아우구스티누스가 하나님의 형상으로서의 인간에 대한 이해에 깊이 관심했다는 사실이다. 중세철학의 대가로 평가되는 질송(Étienne H. Gilson)이 말한 것처럼, "삼위일체 하나님을 향한 보다 깊은 유비에 도달하려면 외적 인간으로부터 내적 인간으로 들어가야 한다. 그리고 그 흔적들을 넘어 우리 자신 안에 있는 창조주의 형상을 찾아 나서야 한다."[26] 인간이 하나님과의 유사성을 지닌 존재로 창조되었고 특히 영혼 안에 그 흔적이 가장 내밀하게 남아있기 때문이다. 모든 작품에는 작가의 특성을 알려주는 흔적들이 남아있는 것과 유사한 이치라 하겠다.[27]

이러한 해석들은 우리에게 중요한 포인트를 알려주는 듯싶다. 무엇보다도, 아우구스티누스에게서 하나님의 형상은 밖으로 나가는 길에서 찾아낸 것이 아니라 안으로 들어가는 길에서 확증된다는 사실에 주목해야 한다. 이것은 사변을 통해 삼위일체 하나님께 도달하려는 노력이 아니라, 내적 인간에 대한 성찰을 통해 삼위일체 하나님을 향하여 다가서려는 모색이라 할 수 있다. 특히, 아우구스티누스의 『삼위일체론』에서 내적 인간에 대한 내성법 혹은 내적 성찰이 일관되고 강력하게 적용되고 있다는 점에 주목할 필요가 있다.

하나님의 형상을 지닌 존재로서의 인간 즉 삼위일체의 흔적을 지닌 존재로서의 인간에 대한 발견, 그것은 아우구스티누스가 밖으로 나가지 않고 안으로 들어가는 길에서 발견한 결정적 가치였다. 물론, 신학적으로 이 부분에 대한 다양한 논의들이 보완될 수 있고 그래야만 하겠지만, 우리의 인문학적 관심사를 유지한다는 측면에서는 내적 성찰을 통해 인간의 가능성을 발견한 그 사실만으로도 충분해 보인다. 내면성에 대한 인식 및 내적 성찰의 중요성을 재확인해주는 부분이기 때문이다. 아우구스티누스가 안으로 들어가라고 말하는 이유를 필요충분하게 설명해주는 요소가 '이마고 데이'라는 뜻이다.

4) '죄인'을 마주하다

죄, 그것은 무엇?

밖으로 나가던 길에서 돌이켜, 안으로 들어가는 것 자체는 의의가 크다. 문제는, 밖에서 안으로 들어간 곳에서 또 다른 당혹감을 마주할 수 있다는 점이다. 안으로 들어가서 만나는 우리의 마음도 밖에서 마주하는 대상들 못지않게 복잡하기는 마찬가지이기 때문이다. 안으로 들어가라고 했던 아우구스티누스의 충고는 이내 의구심에 휩싸이고 만다.

하지만 우리의 가이드, 아우구스티누스에게 볼멘소리를 늘어놓기보다 그의 진의를 좀 더 살펴볼 필요가 있다. 아우구스티누스가 몰랐을 리 없다. 마음에 발을 디디어 놓은 것 자체가 완성이 되는 것은 아니라는 사실을 아우구스티누스는 잘 알고 있었다. 그럼에도 불구하고, 안으로 들어가라고 말하는 것은 자신이 겪었던 실존적 체험의 본격적이고 더 깊은 영역으로 우리를 이끌어가려는 의도이다.

안으로 들어가서, 아우구스티누스는 우리의 내면이 진리의 처소일 가능성을 발견하는 데 머물지 않는다. 아우구스티누스가 안으로 들어가라고 했던 것은 문학적 장치가 아니다. 현학적인 설명법도 아니다. 인간이 처한 실존적 현실의 발견을 추구했기 때문이다. 아우구스티누스는 내적이고 실존적인 '팩트'를 향하여 나아간다. '죄의 흔적'을 지닌 존재로서의 인간을 마주하는 단계로 말이다.

아우구스티누스가 마주한 '안'은 '하나님의 형상'으로서의 인간이 빛의 조명을 받아 진리에 다가설 수 있는 요소로만 가득하지 않았다. 기억의 위대함을 발견할 수 있기는 하지만, 그것이 전부가 아니었다. 아우구스티누스가 플라톤 철학을 힘입어 밖으로부터 안으로 들어온 것 자체는 무척이나 소중한 전환이다. 하지만, 아우구스티누스는 인간 내면의 밝은 가능성에만 집착하지 않았다. 추하고 더러워서 용서받고 치유되어야 할 것들이 내면에 있음을 아우구스티누스는 주목했다.

정말 중요한 부분이다. 아우구스티누스가 그토록 고심해왔던 문제의 답을 찾아낼 단초이기 때문이다. 스스로에게 문젯거리가 된 자신에 대한 성찰에서, '죄란 무엇이며 어떤 해결책을 찾아야 하는 것일까?'의 문제로 나아가는 단초 말이다. 앞질러 말하자면, 아우구스티누스의 내적 성찰에서 죄에 대한 발견은 그의 인문학을 관통하는 결정적 요소이다. 죄에 대한 내적 성찰과 은혜에 의한 초월을 말해주기 때문이다.

배 서리

　기억의 창고에서, 아우구스티누스는 청소년 시절의 '배서리'를 찾아낸다. 아우구스티누스는 이 기억을 통해 인간 내면의 또 다른 측면을 발견한다. '서리'라는 말 자체가 그렇듯이 장난삼아 하는 행동 내지는 성장과정에서 있을 법한 이야기쯤으로 지나칠 수 있기는 하다. 이 부분에서, 아우구스티누스가 지나치게 민감함 것은 아닐까 싶을 생각이 들기도 한다.

　그러나 아우구스티누스는 인간의 내면에 죄짓는 것 그 자체를 즐기는 경향이 있음을 고발한다. 배를 먹고 싶어서 행한 짓이 아니었다. 훔쳐 온 배를 맛만 보고 나머지를 전부 돼지우리에 던져버렸다. 게다가, 친구들과 어울려 그런 짓을 저질렀고 주인에게 들킬 것 같은 스릴을 느끼는 묘한 쾌감을 즐기고 있던 자신의 모습을 발견했다. 아우구스티누스가 이 기억에 대해 언급한 내용을 참고하면 그의 의도가 무엇인지 짐작이 간다.

　내가 도둑질을 할 때 그 도둑질 자체를 사랑한 것이 아니었습니까?
　내가 느낀 쾌감은 그 배에 있었던 것이 아니라 그 죄악을 범하는 데 있었고 그 죄악은 나의 나쁜 친구들과 함께 저지르는 것이었습니다.[28]

인간 내면에 죄의 경향성이 있고, 동료와 함께 함으로써 커지는 스릴과 쾌감을 누리는 사악함이 있다는 사실, 그것이 요점이다. 이것은 아우구스티누스의 내면성에 대한 관심 혹은 내적 성찰에서 결코 놓쳐서는 안 되는 요소이다. 기억의 창고가 진리의 가능성으로만 가득한 것이 아니라, 참회해야 할 수많은 기억들 역시 가득하다는 이야기는 인간이 처한 양면성을 말해준다.

군이 기억의 시간적 순서대로 하라고 하면, 젖먹이 시절의 기억부터 소환될 수 있겠다. 『고백록』을 집필하던 당시, 아우구스티누스는 자신이 목회하던 교구에서 젖먹이가 자기 어머니의 젖을 다른 아이에게 먹이는 모습에 질투하는 장면을 보면서 자신의 유아기 기억을 소환한다. 아마 자신도 그랬을 것처럼 생각했던 것일 수 있고 어린이를 천진난만하다고 하면서 죄 없는 듯 다루려 해서는 안 된다는 이야기이겠다. 아우구스티누스에 따르면,

> 당신 앞에서는 죄 없는 자가 하나도 없사오니, 이 세상에서 하루를 살았던 어린아이라도 그러합니다… 내가 죄악 중에서 잉태되었고… 내가 어디서나 죄 없었던 때가 있었겠습니까?[29]

유아기의 기억만 아니다. 사실, 『고백록』에는 진리의 가능성에 대한 이야기보다 죄의 기억들이 더 많이 소개되고 있다. 청소년기와 유아기의 기억들을 이야기하는 것은 그것이 전부라는 뜻이 아니라, 아우구스티누스의 삶에 깊게 뿌리를 내린 죄의 기억들을 소환하는 상징성을 지닌다. 더구나, 『고백록』을 집필하는 당시의 아우구스티누스로서는 자신의 지나온 삶 전체에 허락하신 하나님의 용서와 은혜를 말하는 것은 결국 자신이 그토

록 뿌리 깊은 죄인임을 고백하는 것과 다르지 않다.

이너 라이프, 이너 에틱스

『고백록』에서만 문제가 되는 것은 아니다. 안으로 들어간 길에 마주한 죄인의 모습을 반증하는 저작으로, 『절제론』(De Continentia)을 살펴보자.[30] 아우구스티누스는 안으로 들어가는 길에 마주한 죄인의 모습을 풀어내면서 현학적인 겉치레로 죄를 숨기기 급급한 아우구스티누스 자신과 모든 인간을 고발한다. 물론, 이 저작의 목적은 아우구스티누스가 첫 줄에서 밝힌 것처럼, 절제의 덕에 관한 것이기는 하다.

> 절제라는 영혼의 덕을 완전하게 적절하고 가치 있게 다루기란 어려운 일이다.[31]

어렵다는 이유 중에는 학술적 논의의 어려움도 포함되겠지만, 부정할 수 없는 현실이자 극복하기는 더욱 힘겨운 주제라는 뜻이 담겨 있다. 인간의 마음이 처한 정황을 반증해준다. 『절제론』을 통해 아우구스티누스는 인간 내면의 어둡고 추악한 모습에 주목한다. 특히, 인간 내면에서 나오는 '육체의 욕망'에 대한 싸움을 다루면서, 아우구스티누스는 모든 인간이 욕망과 절제 사이의 집요한 싸움에 직면해 있다고 말한다.

『절제론』 도입부에서, 아우구스티누스는 성경을 인용하여 내적 성찰과 성화의 가치를 강조한다. '안을 깨끗이 하라. 그리하면 밖에 있는 것도 깨끗해지리라.'(마23:26) '안으로 들어가는 것이 사람을 더럽히는 것이 아니라, 입으로 나오는 것이 사람을 더럽히느니라.'(마15:10~20)

성구들을 인용함으로써 아우구스티누스는 '마음으로부터 나오는 것'에 주목하도록 권한다. 겉으로 드러나 실행된 악행이 문제인 것은 분명하지만, 그 이전에 내면의 죄를 문제 삼아야 한다는 뜻이다. 나아가, 악행을 실행하지 않은 상황에서도 악행 이전에 악한 생각이 먼저 생겨나고 결국 그것이 사람을 더럽히는 것임을 주목하도록 이끈다.[32]

생각해보면, 도덕의 문제에서 외적 행위에 대한 교정과 제어가 중요하다고 간주하기 쉽다. 현대윤리학을 응용하자면, 행위(doing)에 주목하는 의무론적 경향에 문제가 있다는 생각과 일맥상통할 것 같다. 아우구스티누스가 보기에, 외적 행위의 교정 자체도 쉬운 일은 아니겠지만, 내적 질서부터 세워야한다. 인간의 행위는 내적 동기와 의도에서 나오는 것이기 때문이다.[33]

동의(consensio)의 개념은 이 문제를 풀어내는 중요한 통로이다. 아우구스티누스는 '마음의 경향성'(declinatio cordis) 즉 악행에 대한 내적 동의부터 문제 삼아야 한다고 보았다.[34] 동의했다는 것 자체가 죄책감을 갖게 하는 데 충분하다는 뜻이다. 죄에 동의했다는 것 그 자체가 죄라는 것이 아우구스티누스의 관점이다. 구체적인 죄로 실행되지 않았다 하더라도 죄짓기로 동의한 그 자체에 대해 죄책을 귀속시켜야 한다는 뜻이다.

만(William E. Mann)에 따르면, 바로 이러한 특징들 즉 도덕의 문제가 일차적으로 행위자의 의식상태와 관련되어 있음에 주목한다는 뜻에서, 아우구스티누스의 윤리를 '내적 윤리'(inner-life ethics)라고 부를 수 있다.[35] 만이 『절제론』 해설의 첫머리에 제시한 마태복음 5장 27~28절은 아우구스티누스의 내적 윤리의 특성을 보여주는 결정적인 성구이다.

또 간음하지 말라 하였다는 것을 너희가 들었으나, 나는 너희에게 이르노니 음욕을 품고 여자를 보는 자마다 마음에 이미 간음하였느니라.

이 구절에 대해서는 율법과 복음의 관계를 고려할 뿐 아니라 문자주의적 해석에 빠지지 않는 신중한 해석이 요청된다. 만의 해석에 따르면, 이것은 산상설교가 요구하는 도덕적이고 영적인 완전을 추구하도록 권하는 것과 다르지 않다. 음욕을 품는 것은 '마음에'(in corde) 간음한 것으로 간주된다. 유혹을 극복하려는 노력 자체는 의미 있는 것이지만, 한 단계 더 들어가서 유혹을 받는 것 자체를 문제 삼아야 한다는 취지이다.

실제로, 아우구스티누스는 죄를 두 가지 관점에서 보라고 말한다. '겉으로 드러난 죄'(당분간 숨겨져서 들키지 않았을 뿐인 것까지 포함하여)와 '마음으로 짓는 죄'의 구분이 그것이다. 인간은 행위로 죄를 짓는다. 그리고 습관화된다. 이것 자체가 문제이지만, 아우구스티누스가 보기에 그것이 전부가 아니다. '마음으로 짓는 죄'부터를 문제 삼아야 한다는 뜻이다.

성적 절제가 절실했던 아우구스티누스의 입장에서, 성적 유혹을 받게 되는 것은 자연적 혹은 생리적 현상이 아니다. 마음에(in corde) 있는 죄이다. 아우구스티누스가 꿈속에 나타나는 성적 쾌락의 이미지를 문제 삼았던 부분에서도 마찬가지이다.[36] 꿈속에서 성적 유혹을 받는 것 자체는 과거로부터 습관화된 죄의 잔재이며, 생리적 현상으로서의 꿈의 문제라고 변명해서는 안 된다는 뜻이다.

아우구스티누스가 보기에, 이렇게 변명하는 것은 방임과 다름이 없다. 깨어있을 동안에는 제어할 수 있는 욕망을 꿈속에서 고삐가 풀린 채 활개를 치도록 방임하고 있다는 뜻이다. 꿈속에서의 죄까지 문제삼는 것을 과하다고 대꾸할 수 있겠지만, 아우구스티누스의 요점은 분명하다. 죄란 마음에 있는 것이며, 꿈속에서 이루어지는 죄에 대해서도 민감하게 반응해야 한다는 뜻이다.[37] 내면의 문제가 중요하다는 이야기를 하는 셈이다.

말하자면, 아우구스티누스는 '이너 라이프,' '이너 에틱스'에 주목했다. 내적 삶이 중요하고 삶의 내적 동기가 중요하다는 뜻에서, 내적 윤리를 강조한 것으로 해석할 수 있는 부분이다. 아우구스티누스가 길 찾아 나선 모두에게 '안으로 들어가라'고 말하는 이유를 확인할 수 있는 셈이다. 진리의 가능성도 안에서 찾을 수 있고 죄의 위험성도 결국은 안에서 나오는 것이기 때문이다.

거짓말, 안의 문제다

'이너 라이프, 이너 에틱스.' 즉 내적 성찰의 중요성에 대한 강조는 '거짓말'에 대한 아우구스티누스의 관점에서도 다르지 않다. 아우구스티누스가 일상에 흔하게 퍼져있던 거짓말에 대해서까지 관심했다는 것 자체가 중요해 보인다. 거짓말을 삶의 문젯거리로 인식하고 그 원인을 찾고자 했다는 점에서 흥미로운 부분이다.

대부분의 경우, 거짓말의 '컬러'를 구분하곤 한다. 악의의 거짓말(black lie)과 선의의 거짓말(white lie)을 구분하면서, 하얀 거짓말에 대해 관대한 것이 사실이다. 흥미롭게도, 아우구스티누스는 그것조차도 금한다. 아우구스티누스에 따르면, 좋은 뜻에서 한 거짓말이라 해도 유익하지 않으며 정죄되어야 한다.[38] 선의라고 하지만 거짓 자체가 문제이기 때문이다. 예외가 있기는 하다. 모세 시대 산파들의 거짓말을 비롯해 성경에 나오는 선의의 거짓말이다. 구속사적 신비에 속하는 것이기 때문이다.[39]

거짓말에서 주목해야 할 것은 의도성 문제이다. 아우구스티누스가 보기에, 거짓말이란 속이려는 의도에서 나온다.[40] 이러한 전제에서, 거짓말은 최소한 여덟 가지로 구분된다.[41] ① 신앙이나 교리에 관계된 거짓말, ② 해를 끼치기 위해 하는 거짓말, ③ 어떤 사람에게는 유익이 되나 나쁜 사람에게는 해가 되게 하는 거짓말, ④ 속이고 싶은 충동에서 나온 거짓말, ⑤ 간사한 아첨의 거짓말, ⑥ 도둑에게 돈 있는 곳 모른다고 하는 경우처럼, 돈 주인 등 누군가에게 유익을 주는 거짓말, ⑦ 남을 돕기 위해 하는 거짓말, ⑧ 손을 안 씻겠다는 사람에게 별 문제는 없을 것이라고 말하는 경우처럼 사실에 맞지 않게 하는 거짓말 등이다.

사실, 이렇게까지 구분해야 하는가 싶기도 하고 사소한 문제처럼 보이는 거짓말을 진지하게 다룰 필요가 있을지 의구심이 들 수 있겠다. 하지만, 거짓말은 그 자체로 죄가 되기 때문에 허용할 수 없다는 선언은 가볍지 않다.[42] 발언자의 의도, 즉 속이려는 의도가 문제라는 뜻이다.[43] 진리에 입각해야 한다는 점, 그리고 내적 의도를 중시해야 한다는 사실을 강조한 것으로 볼 수 있겠다.

이처럼, 아우구스티누스가 거짓말 문제에 대해 풀어낸 이야기들은 안으로 들어가 마주하는 인간의 모습에 항상 밝은 것들로 충만하지는 않다는 사실을 일깨워 준다. 인간은 내면의 가치들을 지닌 존재이지만, 동시에 내면의 가치들이 인간 스스로의 선택에 의해 왜곡되고 비뚤어진 상태에 있다는 사실을 암시해준다.

이것은 중요한 의미를 지닌다. 안으로 들어가는 것으로 내적 성찰의 모든 과정이 종결된다면 정말 쉽고 편하겠지만, 실제로는 그렇지 않다. 아우구스티누스는 더 깊은 성찰의 세계로 우리를 이끌어간다.

5) 호모 인테리오르(homo interioir)

홈인테리어?

'안으로 들어가라'는 아우구스티누스의 충고를 들으면서 생각나는 것이 있다. 요즘 '집방'이라 불리는 방송 프로그램들이 있다. '먹방'이 먹는 것에 관한 방송이라면, 집을 고치거나 리모델링하는 방송이다. '인테리어'의 라틴어, 'interior'에 관해 살펴볼 참이다. 아우구스티누스는 '안으로 들어가라'고 말하면서 '내적 인간'(homo interior)에 관심하라고 권한다.

어느 강연에서 들었던 것처럼, 라틴어 'homo interior'를 영어의 'home interior'와 혼동해서는 곤란하다. 내적 인간, 그것이야말로 아우구스티누스 인문학의 핵심이자 상징이다. 밖으로 나가는 경향의 반대말이자 대안이며 처방전이다. 인간의 본질은 밖으로 나가는 길에 있는 것이 아니라, 안으로 들어가는 길에서 찾을 수 있다는 생각이다.

여기에서, 질문이 생긴다. 아우구스티누스의 관점은 결국 심리학 내지는 정신의학인 것일까? 마음에 관한 성찰이라는 점에서, 그렇게 넘겨짚을 우려가 있는 것은 사실이다. 심리학의 요소가 전혀 없다고 단정할 수도 없다. 하지만, 마음이라는 단어를 사용했다는 것만으로 심리학이라고 말하는 것은 무리가 있다. 마음이란 심리학은 물론이고 현대 정신과학 및 종교들의 관심사인 동시에 성경에 기초한 기독교사상의 중심개념이라 할 수 있기 때문이다.[44]

사실, 마음에 대한 표현이 다양하다는 것은 마음을 정의 내리는 방식의 다양성을 말해준다. 마음을 한마디로 정의하기 어렵다는 반증이기도 하다. 개념 혹은 단어들이 무척이나 다양하다. 영어만 해도, 'mind', 'sense', 'heart', 'soul', 'spirit', 'brain', 'mental' 등등. 정말 다양하다. 흥미롭게도, 이 모든 단어를 문맥에 따라서 '마음'이라고 번역하는 것이 적절한 경우들이 꽤 많다.

문맥을 따라 번역해야겠지만, 대략 이렇게 종합하면 좋겠다. "'mind'는 다른 사람이나 사물에 대하여 감정이나 의지, 생각 따위를 느끼거나 일으키는 작용이나 태도이다. 'sense'를 쓰는 경우에는, '본래부터 지닌 성격이나 품성, 옳고 그름이나 좋고 나쁨을 판단하는 심리나 심성의 바탕'이다. 'feeling'은 '어떤 일에 대해 가지는 관심,' 이성이나 타인에 대한 사랑이나 호의의 감정'으로, 'will'은 '어떤 일을 생각하는 힘 혹은 자유의지와 자율능력'으로 옮길 수 있겠다. 그리고 'heart'는 몸의 일부로서 생각, 감정, 기억 따위가 생기거나 자리를 잡는 공간 혹은 위치를 뜻한다."[45]

고전어에서는 히브리어 '루아흐', 그리스어 '아니마', '프시케'를 생각해 볼 수 있겠다. 각각의 배경까지 생각하면 간단하지 않다. 예를 들어, "신체의 일부(내장)로 생각하던 히브리적 흔적도 있는 것 같다. 그리고 히브리적 사유에서 영혼은 육체와 분리된 그 무엇이 아니라 생명을 지닌 실체를 의미한다. 영혼은 그 무엇인가에 대한 갈망을 안고 경계를 뛰어넘어 존재한다. 그리고 마음이 몸과 뗄 수 없이 결합된 원리라는 히브리적 사유는 종교에서만 아니라 다양한 분야에서 수용된다."[46]

이런 예도 들 수 있겠다. 우리말에, '심보가 고약하다'는 표현이 있다. '심보를 그렇게 쓰니까 그렇지!'라는 말도 다르지 않다. '심보'라는 말, 은근히 재미있다. 국어사전에는 '마음을 쓰는 속 바탕'이라고 되어있다. 영어로는 'disposition'으로 옮기는 모양이다. 주로 네거티브로 사용된다. '놀부 심보'라는 표현이 그렇다.

그렇게 보면, 마음이라는 개념이 적절해 보이기는 하다. 인간의 정신과 육체적 생명을 유지하고 통일시키는 중심기관으로서, 인간의 가장 깊숙한 곳에 자리 잡고 있다. 마음은 육체, 정서, 의지, 지성의 힘의 원천이며 마음 안에는 개인의 특징을 결정하는 사상, 계획, 태도, 두려움, 그리고 희망이 머문다. 무엇보다도, 마음은 인간이 하나님과 만나는 장소이다.[47]

마음 이외에도 자아, 자신, 내면, 인간 등의 개념이 엄밀하게 사용되는 것이 아닌 채로 혼용될 여지는 있어 보인다. '호랑이 굴에 들어가도 정신만 차리면 산다' 내지는 '정신일도 하사불성'(精神一到 何事不成)에 사용되는 '정신'으로, 혹은 다른 경우에는 심령 혹은 영혼이라는 개념으로도 사용될 수 있겠다. 흔히 말하는 인격의 3대 요소, 즉 지(知), 정(情), 의(意)를 포괄하는 인격으로서의 인간을 말하는 것도 포함될 수 있을 것 같다.

이 모든 것을 포괄하여, '내면세계' 혹은 '내면성'이라고 표현하는 것이 아우구스티누스의 의도에 더 가까워 보인다. 정신, 영혼, 마음을 비롯하여 지성, 오성, 이성, 감정, 감성, 의지 등 각각의 사상가들에 따라 강조하는 개념이 달라지기는 하지만, 그 모든 것을 아우르는 개념일 수 있다는 점에서 말이다.

이분법일까?

아우구스티누스의 인문학은 몸과 마음, 안과 밖을 절대적으로 구분하여 설명하는 이분법이 아니다. 밖으로 나가는 경향 때문에 간과한 본질적인 것을 발견하도록 이끌어 간다. '폰아일체 스몸비'의 현대인으로 하여금 연결 안에서 검색을 넘어 성찰을 향하도록 이끌어 준다. 이분법을 넘어서 인문학적 성찰 특히 내적 성찰의 중요성에 관심하게 한다.

문제는 내적 성찰에 대한 반론 혹은 질문들이 적지 않다는 점이다. 제기될 수 있는 여러 질문 중에서 꼭 다루어야 할 것은 '사변화인가? 내면화인가?'의 문제이다.[48] 아우구스티누스의 의도가 무엇이었는가에 대한 이해를 위해 꼭 필요한 질문이다. 앞질러 말하자면, 아우구스티누스가 추구하는 '안으로의 길'은 '사변화'(思辨化)를 뜻하지 않는다. 생각에 빠져들어가서 생각만으로 채워가라는 충고가 아니다.

어느 공개강좌에서, '안으로 들어가라'는 주제로 아우구스티누스를 소개했을 때 받은 황당스러운 질문이 기억난다. "안으로 들어가라고 하시는데요, 그것도 문제입니다. 제 주변에, 너무 안으로 들어가서 우울증에 빠진 분들이 계십니다." 질문을 받고 정중히 반문했다. "안으로 들어간다는 것이 무엇이라고 생각하시나요?" "생각에 빠지는 겁니다. 생각이 너무 많아서 헤어 나오지 못하고 결국에는 우울해지는 현상이라고 봅니다." 질문자의 대답이었다. 틀렸다. 그것도 아주 많이 틀렸다. 그래도 정중하게 우회적으로 답을 해주었다. "안으로 들어간다는 것은 나르시시즘 혹은 유령주의와는 다릅니다. 더구나, 생각에 사로잡혀 우울함에 빠지라는 것이 아닙니다. 내적 성찰을 통해 더 높은 차원의 진리를 추구하는 것이라는 사실을 기억해야 합니다."

생각이 많아서 우울증에 걸렸다는 말, 생각할수록 말도 안 된다. 생각이라는 형식과 안으로 들어가는 시늉만 있을 뿐, 잘못된 생각과 잘못된 방향을 향하고 있다는 것이 문제라고 하겠다. 내면의 진실을 넘어설 초월의 길에 대한 생각에서 빗나가거나 차단되어 결과적으로 어긋나 버린 것은 아닐까 싶다. 반면에, 내면의 '허접함'을 자신이 잘 알기 때문에 밖으로 나가서 자신을 모르는 사람들에게 포장하고 과시함으로써 위안을 얻으려 했던 것이라면, 결과적으로는 내면성을 상실하는 것과 다르지 않다.

안으로 들어간다고 해서 나르시시즘에 빠지라는 뜻이 아니다. 분명히 아니다. 그렇지 않아도 마음 아픈 사람들에게 더 큰 고통을 안겨주기 위해 안으로 들어가라는 뜻은 더더욱 아니다. 안으로 들어가서 안에 묶여 있게 된다면, 그것은 하나의 역설이다.

앞에서 살펴보았던 표현을 기억할 필요가 있다. 밖으로 나가는 길이 '막다른 길'이라고 할 수 있다면, 안으로 들어가는 길에서도 '막다른 길'이 있다. 나르시시즘 혹은 안으로의 길에 집착하고 있다면 더욱 그렇다. 밖으로 나가지 말라고 했던 근본의도가 자아상실의 극복이라는 점을 기억하는 것이 좋겠다. 안으로 들어가서 우울함에 빠져 헤어나지 못하는 것은 자아상실을 초래하는 것이기 쉽다. 그것은 형식상으로만 안으로 들어간 것일 뿐, 길을 잃어버리기는 밖으로 나가는 것과 다르지 않다.

이너 프라이버시

안으로 들어가기를 권하는 아우구스티누스의 교훈을 어떻게 특징지을 수 있을까? 어떤 단어 혹은 개념을 사용하든 간에, 마음을 지칭하는 경우들은 공통적으로 '안으로' 들어가기를 권한다. 마음에 관심하는 것 자체가 안으로 들어가는 노력일 수 있다. 안으로 들어가서 마주하는 영역 전체를 마음이라고 말할 수 있겠지만, 그것을 심리학의 영역이라고 단정하기보다 '내적 성찰'이라고 말하는 것이 바람직해 보인다.

안으로의 길이 사변화의 위험성을 넘어서는 것이라는 관점에 덧붙여 생각할 것이 있다. 아우구스티누스의 인문학이 기독교를 배경으로 하고 있다는 점이다. 혹은 기독교적 인문학의 특성을 분명하게 말해준다. 아우구스티누스의 내적 성찰은 플라톤의 그것과 같지 않다. 물론, 아우구스티누스에게서 플라톤주의가 지니는 영향력은 무척이나 크다. 하지만, '플라톤에게 세례를 주었다'는 해석이 있을 정도로 아우구스티누스는 플라톤주의 철학을 넘어서 기독교 인문학을 펼쳐낸다.

내적 자아의 개념은 '기독교인이 된 플라톤주의자'(Christian Platonist) 아우구스티누스에 의해 발명되어 서구 기독교에 영향을 주었다.[49] 물론 이 부분에서, 아우구스티누스를 플라톤주의자로 볼 것인가 혹은 기독교사상 가로 보아야 할 것인가에 관한 논쟁이 여전히 진행 중이다. 분명한 것은, 아우구스티누스가 플라톤 철학에 관심했지만 거기에 머물지 않았다는 사실이다.

과연, 무엇이 아우구스티누스에게서 주목해야 할 요소일까? 케리(Philip Cary)가 말한 것처럼, 아우구스티누스는 '사적인 내적 자아'(private inner self)개념을 발명함으로써 서양문화의 중요한 요소로 자리를 잡게 했다.[50] 여기에 사용된 '사적'이라는 수식어는 사사화된 것이라는 뜻이 아니다. 오히려, '사적'이라는 표현에 기독교적 배경과 연관 지을 단초가 담겨 있다. 이것은 플라톤철학과의 결정적인 차이를 보여준다.

플라톤에게서는 내적 자아가 '개별화'의 원리로 상정되었지만, 아우구스티누스는 개별화의 문제를 심화시켜 '내적 프라이버시'(inner privacy)로 전환시켰다.[51] 내적 자아는 하나님으로부터 멀어져 죄를 지었다는 뜻에서 사적인 것이 된다.[52] 이것은 내적 성찰에 대한 논의에서 아우구스티누스의 고유성 즉 이전의 플라톤주의자들과 구분 짓는 요소이다. 자연스러움 혹은 선한 것으로서의 내적 자아가 아니라 영원자로부터의 소외 즉 죄 짓는 자아의 발견이라고 할 수 있겠다.

아우구스티누스는 특히 플라톤철학의 계승자라로 할 수 있는 플로티노스에 관심했다. 그러면서도 플로티노스가 마음의 '신성'(神性)을 주장했던 것과 달리 '죄성'(罪性)에 주목했다. 아우구스티누스가 보기에, 인간의 마음은 세상의 욕심과 유혹을 따르고 있으며 죄성에 가득 차 있다. 특히, 밖으로 나가서 밖에 있는 것이 오류와 허깨비인 줄 짐작하면서도 그것들을 통해 행복을 얻으려는 어리석음까지 지니고 있다. 마음에는 신성이 아니라 죄성이 득실거리고 있다.

아우구스티누스의 이러한 해석에 성경이 전제되어 있다. 아우구스티누스의 내면성의 기원에서 플라톤 철학 이외에 성경, 특히 바울서신은 무엇보다 중요하다.[53] 영혼의 내향성은 신플라톤주의의 영향을 받은 것이었지만 성경을 따라 아우구스티누스 고유의 관점이 정립된다. 아우구스티누스가 안으로 들어가기 전까지 밖으로만 나가려 했던 자신의 모습을 부끄러워하면서 진리란 밖에 있는 것이 아니라 안에 있다는 사실을 깨달았다는 점은 무척이나 중요하다. 여기까지만 생각하면, 플라톤의 그것과 다를 바 없어 보인다. 내적 자아를 발견했다는 점에서 말이다. 하지만, 회심 후 아우구스티누스는 이렇게 말한다.

> 나는 그때 플라톤주의자들의 책을 읽고 비물질적인 진리를 추구하여야 한다는 것을 배웠습니다. 또한 나는 보이지 않는 당신의 진리를 창조된 사물들을 통하여 알게 됨을 깨달았습니다.[54] … 하지만, 플라톤주의자들의 책에는 경건의 표현, 고백의 눈물, 당신의 희생, 괴로워하는 마음, 상하고 참회하는 심정, 겸손, 당신 백성의 구원, 당신의 신부인 도성, 성령의 보증, 우리의 구원의 잔에 관한 언급이 전혀 없었습니다.[55]

요컨대, 아우구스티누스는 플라톤의 제자가 아니라 그리스도의 제자가 되기를 원했다. 그가 안으로 들어가라고 말하는 근본적인 이유는 플라톤 철학에 대한 소개를 위해서가 아니라 복음의 재발견을 위한 초대였다.

다시 말해, 내면성을 향한 아우구스티누스의 방향전환은 '영적 가치를 향한 전향'이다. 동방교회 전통에 따르면, 아우구스티누스는 하나님을 향한 총체적 관심으로서의 '내적 길'(inner way)에 들어선 것이라 할 수 있다.[56] 영적 방향의 전환을 통하여, 자신의 행위, 동기, 식별수준, 인식수준에 관해 되돌아보고 내적 성찰의 방식을 배울 수 있기 때문이다.[57]

아우구스티누스의 이러한 방향전환 즉 내면성에 대한 관심은 궁극적으로 기독교 영성과 연관된다. 밖으로 나가는 길에서 방향을 바꾸어 안으로 들어가는 길을 찾았을 때, 아우구스티누스는 자신의 내적 생각, 정서, 감각, 습관 등을 살펴봄으로써 하나님께서 인간에게 본래적으로 의도하신 선이란 무엇이며 덕스러움이란 무엇인지를 깨달았다.[58]

이러한 아우구스티누스의 관점을 '호모 인테리오르'라는 단어로 설명할 수 있겠다. 거기에는 중요한 배경이 있다. 성경이 그것이다. 아우구스티누스가 말하는 '안으로 들어가라'는 인문학은 '호모 인테리오르'를 지향한다. 꼭 집어서 말하자면, 바울이 말한 '속사람'을 지향한다. 안으로 들어가 성경의 진리를 통하여 내적 세계를 재조명한 아우구스티누스가 궁극적으로 지향하는 것은 자신 속으로 들어감으로써 자신과 하나님을 발견하려던 것이기 때문이다.[59]

팩트 체크

유의해야만 하는 것이 있다. 겉으로 보이는 것이 전부가 아니라는 점, 안으로 들어가야 한다는 점, 틀림없다. 여기에 더하여 한 가지를 더 깊이 생각해야 한다. 안으로 들어가면 자랑스럽고 바람직한 모습만 마주하게 되는 것은 아니라는 사실 말이다. 진리의 가능성과 죄의 흔적이라는 두 모습 모두를 실존적으로 마주했던 아우구스티누스에 유의해야 한다.

두 모습을 말할 때, 어떤 글에서는 마음과 육체를 대비시키기도 한다. 아우구스티누스가 인간의 두 요소인 '육체'와 '영혼'을 각각 '밖'(exterius)과 '안'(interius)으로 표현했다는 주장이다. 그리고 그 각각은 자체로 한정되는 것이 아니라, '같은 하나의 것' 즉 자아의 '밖'과 '안'을 뜻한다는 주장이다.[60]

이러한 해석을 참고하면서도, 안에서 발견하는 두 가지 모습에 더욱 유의해야 한다. 앞에서 살펴본 것처럼, 진리 인식의 가능성 혹은 '하나님의 형상'으로서의 인간에 대한 발견이 그 첫 번째이다. 다른 하나는 '죄인'으로서의 인간에 대한 발견이다. 안으로 들어가서 발견하는 가능성이 인간의 전부가 아니라 죄인으로서의 모습 또한 인간의 실존적 현실에 속한다는 뜻이다.

그리고 아우구스티누스가 권하는 안으로의 길에서 마주하는 두 측면은 실존적 '팩트'로 받아들여져야 한다. 미디어에서 '팩트 체크'(fact check)라는 말을 쓰는 것과 비견되는 부분이겠다. 안으로 들어가는 길에서 발견한 '안'에 대한 팩트가 체크 되어야 한다는 취지이다. 아우구스티누스의 내적 성찰은 명상종교와 달리 내면성을 절대시하지 않는다. 내적 팩트를 있는 그대로 마주한다. 안에서 발견하는 진리의 빛, 그리고 안에서 발견하는 죄의 원인, 이 두 가지 모두를 팩트로 수용한다는 뜻이다.

만일 밖으로 나간다는 것을 '몸' 즉 신체의 감각과 쾌락을 따르는 삶이라고 단정 짓는다면, 많은 것을 놓치게 된다. 몸은 분명히 나의 것이기에, 내 몸을 디스하는 것은 자기모순이자 마니교의 이원론에 가까워지고 만다. 밖으로 나간다는 것은 자아의 신체성을 부정하는 데로 이어지는 것이 아니다. 관심의 방향, 관심에 담긴 성향을 말한다.

유념할 것이 있다. '밖으로 나가지 말라'는 충고는 감각, 육체, 혹은 욕망의 문제만 지칭하는 것으로 읽으면 곤란하다. 오히려, "그대 자신을 흩어 놓지 말라, 감각적이고 물질적이며 역사적인 질서에 연연해서 그대 자신을 빼앗기지 말라, 불안과 걱정을 부추기는 소문이나 소리에 심란해지지 말라, 균형을 잃지 않도록 조심하라, 이단이나 조작주의의 그릇된 편견에 사로잡히지 말라는 뜻으로 풀이해야 한다. 요컨대, 밖으로 나가지 말라는 충고는 균형을 파괴하는 남용을 금지했다는 뜻으로 읽어야 한다."[61]

또한, 안으로 들어가는 것으로 끝은 아니다. 안으로 들어가 무엇을 성찰할 것인가에 관심해야 한다. 안으로 들어가서 마주하는 진실이 밝고 긍정적인 것만 아니라는 점을 잊지 말아야 한다. 자아가 지닌 어두운 면까지 성찰해야 한다. 안으로 들어갈 때 놓치지 말아야 하는 긴장감이 있다. 안에 있는 것은 자신감을 심어주는 것일 수 있는 동시에 자아를 부끄럽게 만드는 것일 수 있기 때문이다. 안에 들어가 마주하는 자아의 진실을 직시해야 하고, 긍정과 부정이라는 두 가지 측면이 공존하고 있다는 점을 기억해야 한다.

예를 들어, 위선과 가식의 경우가 그렇다. 추악함을 숨기면서까지 남들에게 거룩한 '척' 하는 것처럼 역겨운 일은 없다. 음탕하고 나쁜 생각을 품고 있으면서도, 겉으로는 거룩한 지도자인 것처럼 행세하는 경우들이 그렇다. 거룩한 자리에 있으면서도 거룩하지 못한 이들의 진실한 회개, 변화, 그리고 성숙을 기대하는 마음, 간절하다. 솔직히, 우리는 너무 내면의 가치를 잊고 살았다. 중요한 것은 나 자신에 충실한 내가 되는 것이요, 나 자신의 진실을 지키는 것임에도 불구하고 그렇게 살지 못하는 경우가 너무 많다.

나르시시즘?

정말 큰 문제는 치우침이다. 안과 밖, 두 관점 사이의 균형과 조화가 필요함에도 불구하고, 우리들 대부분은 밖으로 나가기에 급급하다. 밖으로 나가려는 경향과 내적 성찰의 필요성이 상호보완적으로 다루어져야 한다. 이러한 뜻에서, 아우구스티누스의 인문학은 '밖으로 나가지 말라'는 충고 이후에 '안으로 들어가라'는 제안한다.

아우구스티누스가 '밖으로 나가는 길'이 전부가 아니라는 사실을 깨닫게 하며 '안으로 들어가는 길'을 권한다는 사실 자체는 중요한 인문학적 통찰이다. 아우구스티누스 자신이 밖으로 나가는 길은 오류에 빠지는 것이었음을 깨달았기에, 밖으로 나가는 길 아닌 안으로 들어가는 길에 관심해야 한다는 것은 결정적인 대안이자 과제라 하겠다.

놓치지 말아야 할 것이 있다. 안으로 들어가는 길을 찾는 것은 생각처럼 쉽지 않다는 점이다. 안으로 들어가기까지, 우리들 대부분은 밖으로 나가기 쉽고, 밖에서 답을 찾으려는 경향을 지니고 있기 때문이다. 가깝고도 손쉬운 길로 인식된 밖으로 나가는 경향성 내지는 집착부터 극복해야 한다. 오류에 빠지거나 허깨비에 놀아가는 것을 피하기 위해서라도 그렇게 해야 한다. 굳이 예를 들자면, 스마트 현실에서 SNS를 통한 소통이 남들의 관심과 반응에 집착하기보다 나 자신의 내적 가치에 대한 성찰을 바탕으로 성숙한 소통으로 나아가야 한다는 뜻이다.

참고로, 중세사상에서 내면성이란 존재론적 근거를 말해주는 것인 동시에 심층적 의의를 지닌다. 특히, 아우구스티누스는 인간실존의 공허를 채워주는 내면의 풍요 혹은 정신적인 요소로 이해하고 내면성을 통해 자아가 완성된다고 보았다.[62] 『고백록』에 나타난 예들은 이러한 특성을 보여주는 대표적인 경우라 하겠다. 존재론적 근거로서, 인간의 내면은 하나님이 계신 곳으로 이해된다. 관계성의 근거로서, 하나님을 향하도록 지음받은 존재인 인간은 하나님을 만날 때에 비로소 평화를 얻을 수 있다는 뜻으로 인식되기도 한다.

또한 "내면성이란 하나님을 추구함으로써 가지게 되는 것으로서, 하나님께 더 가까이 갈수록 더욱 내면적이게 된다는 의미도 지니고 있다. 이 부분은 감성과 정신이라는 이원론적 구별에 의존하기보다 내면성의 '정도'라는 차원에서 이해된다."[63] 내면성이 깊어질수록 실존적 의미가 충만해진다는 뜻이다.

하지만, 내면성 자체가 종착점인 것은 아니다. 덕을 향한 여정의 시작일 수도 있고 파멸의 시작일 수도 있다. "마음이 열려 있으면 참된 성숙의 계기일 수 있으나, 자신 안에 갇히게 되면, 친밀주의(intimism) 또는 나르시시즘에 빠져들어 파멸할 수도 있다는 뜻이다.[64] 만일, 외부 실재에 더 많은 비중을 두면 유물론에 치우칠 수 있고 반대로 그것을 거부하면 영육분리론에 빠질 수 있다. 무엇보다도, 내면성에 대한 지나친 관심은 천사주의(angelism)로 전락할 수 있으며 피상성이 그 자리를 대신할 위험이 있다."[65] 이 사실을 인식하고 극복해야 할 과제가 있는 셈이다.

사실, '안으로의 길'을 말하는 것은 아우구스티누스의 전매특허가 아니다. 동양종교에서 그렇고, 아우구스티누스가 영향을 받은 플라톤과 플로티노스의 경우 또한 그렇다. 이들 대부분이 안으로의 길을 통해 내면세계에 관심하도록 제안하고 있으며 진리의 발견 혹은 깨달음의 중요성을 강조한다. 이점에서는 안으로의 길이 아우구스티누스만의 독특한 것이라고 말하기 어렵다.

하지만, 결정적 차이가 있다. 아우구스티누스가 제시하는 마음의 인문학은 깨달음 그 자체가 아니다. 깨달음을 넘어서 바른 방향의 제시에 방점이 있다. 특히, 아우구스티누스는 초월의 길을 향한다. 안으로 들어가는 것 자체로 의미가 있기는 하지만, 안에서 끝나면 안 된다는 뜻이다.

3.
마음을 지키라

건강검진 내시경처럼

건강검진에서, 내시경이라는 것이 보편화되고 있는 것은 반가운 일이다. 겉에 드러나지 않는 신체의 상태를 들여다보고 예방을 위해 관심하게 한다는 점에서 말이다. 인간 내면의 의식과 가치까지 볼 수 있게 한다면 얼마나 좋겠는가마는, 그것은 의생명과학기술의 영역이 아니라, 우리들의 몫이다.

밖으로 나가지 않고, 안으로 들어가기만 하면 되는 것일까? 안으로 들어갔을 때, 크게 실망할 수 있다. 밖으로 나가지 않았다는 것만으로, 안에서 환상적인 그 무엇이 나를 기다리고 있는 것은 아니다. 오히려, 초라하고 무능해 보일 뿐 아니라 악한 생각으로 가득 차있는 자신을 만날 수 있다. 답답한 자신의 모습을 보게 될 우려가 크다. 못난이 같고 모질이 같은 모습을 볼 수도 있다.

솔직히, 한계를 느끼지 않는 사람이 있을까? 겉으로 '쎈척'하지만, 결코 완전한 사람은 없다. 내공이 높은 사람이라고 자랑하는 경우에도, 약점과 한계를 완전하게 극복한 상태는 아니다. 미모의 배우나 탤런트가 자신에게도 외모에 콤플렉스가 있다고 말하는 경우에, '망언'을 했다는 기사들이 인터넷에 올라오는 경우를 생각해 보라. 재미있는 표현으로 그렇게 쓰는 경우이겠지만, 다른 사람이 보기에 완벽한 미모를 가진 사람도 스스로 보기에는 콤플렉스가 있는 것이 당연한 일 아닐까?

사실, 인간은 스스로를 잘 알지 못한다. '밖으로 나가서' 남들이 주는 관심에 집착하는 이유도 여기에 있다. 하지만, 남들이 진정한 '나'를 알려주지는 못한다. 그들에게 드러난 것만 보고 '좋아요'를 누를 뿐이다. 진정으로 스스로를 알고자 한다면, 안으로 들어가야 한다. 내면세계의 진실을 찾고 내적 성숙을 이루기 위해서는 남들의 관심보다 나 자신을 찾는 것이 최우선이라는 뜻이다.

아우구스티누스가 밖으로 나가지 말고 안으로 들어가기를 권했던 이유는 분명하다. 쾌락과 오류에 휩쓸리지 말고 진정한 자아를 찾아야 한다는 뜻이다. 진정한 자아를 발견할 때 자존감과 정체의식이 세워질 수 있기 때문이다. 더구나, 자신에 대한 성찰, 내면세계에 대한 관심에서 좋은 것만 마주하는 것이 아니라 무질서하게 헝클어진 부분들이 자신 속에 있다는 사실을 가볍게 여겨서는 안 된다.

만일, 안으로 들어가는 길에 관심하면서도 안에 있는 것 중 밝고 좋은 면만 보려 한다면 그것은 길 찾기의 온전한 걸음이라 할 수 없다. 있는 그대로를 보아야 한다. 어둡고 부정적인 측면이 발견된다고 해서 그것을 애써 감추려 하거나 외면하는 것은 내적 성찰을 통한 성숙에 도움이 되지 않는다. 오히려, 건강한 자극제로 삼아서 내적 성숙을 추구하는 것이 바람직하다.

건강한 자극제라는 말을 쓰는 이유는 분명하다. 안으로 들어가는 길에서 찾은 인간 내면의 모습은 항상 긍정적인 것들로만 구성된 영역이 아니기 때문이다. 혹은 안으로 들어가서 그 자리에 멈추려하거나 안으로 들어가는 것 자체에 만족 혹은 집착하는 것은 더 큰 성숙의 가능성을 차단할 위험이 있다. 안에 있는 것들 모두를 직관해야 하고 인정해야 하며 건강한 자극제로 삼는 노력이 필요하다.

'진리 가능성'과 '죄의 흔적' 사이에서

동독과 서독이 통일되기 전에 있었던 일이라고 전해진다. 베를린이 동과 서로 나뉘어져 베를린 장벽으로 구분되고 있을 때, 아마도 사상적 차이 등으로 서로 반목하던 시기였던 것 같다. 동베를린 사람들이 서베를린에 대형트럭으로 쓰레기를 한 차 가득 가져다 놓았다고 한다. 서베를린 사람들도 대형트럭 한 대를 동베를린에 보냈다. 서베를린에서 보낸 트럭에는 생활필수품을 비롯한 선물이 한 차 가득 있었고 트럭에 현수막도 걸려 있었다. '사람은 안에 있는 것으로 준다.'

'선목선과'(善木善果)임에 틀림없다. '못된 열매 맺는 좋은 나무가 없고 또 좋은 열매 맺는 못된 나무가 없느니라. 나무는 각각 그 열매로 아나니 가시나무에서 무화과를, 또는 찔레에서 포도를 따지 못하느니라. 선한 사람은 마음에 쌓은 선에서 선을 내고 악한 자는 그 쌓은 악에서 악을 내나니 이는 마음에 가득한 것을 입으로 말함이니라.'(눅6:43~46)

사실, 사람이 말하고 행동하는 것들은 안에 있는 것으로부터 나온다. 그런 탓에, '안에 있는 것'이 무엇인가에 관심해야 한다. 자존감도, 자기효능감도, 그리고 삶의 비전과 인격의 가치도 안에서 나온다. 안에 있는 것,

마음에 품은 것, 내적 가치, 혹은 내적 진실, 그것이야말로 정말 중요하다. 내면세계에 대한 관심 그 자체를 넘어서 내 안에 무엇이 있는지 성찰해야 한다.

예수께서 말씀하신 것처럼, 사악함마저도 안에서 나온다는 점을 간과해서는 안 된다. '또 이르시되 사람에게서 나오는 그것이 사람을 더럽게 하느니라. 속에서 곧 사람의 마음에서 나오는 것은 악한 생각 곧 음란과 도둑질과 살인과 간음과 탐욕과 악독과 속임과 음탕과 질투와 비방과 교만과 우매함이니, 이 모든 악한 것이 다 속에서 나와서 사람을 더럽게 하느니라.(막7:20~23)

무엇보다도, 스마트 시대에 밖으로 나가는 경향을 지닌 탓에, '골방을 잃어버린 자화상'을 가진 현대인에게 자아에 대한 내적 성찰의 절실함을 일깨워 준다. 아우구스티누스의 가이드를 따라, 우리 스스로를 성찰해야 한다. 내적 성찰에 대한 관심과 더불어, 내 안에 무엇이 있는지에 대해서까지 진솔하게 성찰하는 과정이 반드시 필요하다.

이렇게 생각해 보자. '내 속에 내가 너무 많아'를 노래하던 어느 CCM 곡이 대중가요로 뒤바뀌면서 뜻이 변경되기는 했지만, 생각해 보면 우리들 내면에 너무 많은 내가 있는 것이 사실이다. 병리현상으로서의 다중인격을 말하는 것이 아니다. 밝은 면과 어두운 면, 그리고 내가 미처 알지 못하는 내 모습까지 다양한 요소들이 내 안에 있다는 사실을 간과하지 말아야 한다. 잠언의 말씀이 새삼 떠오르는 이유이다.

> 모든 지킬 만한 것 중에 더욱 네 마음을 지키라. 생명의 근원이 이에
> 서 남이니라.(잠4:23)

여기에서, '마음을 지킨다'는 것은 여러 의미로 읽을 수 있다. 균형감각을 가져야 한다는 뜻도 포함될 수 있겠다. 내면에서 진리의 처소를 발견할 수 있다는 것 자체는 의미가 크지만, 그것이 인간의 지적 교만을 부추기는 방향으로 어긋나서는 곤란하다. 인간에게는 죄의 흔적이라는 또 다른 측면이 병존하기 때문이다.

그리고 죄의 흔적 때문에 염세적이거나 죄의식에 사로잡히는 것도 옳지 않다. 사실, 안으로 들어가 발견한 우리의 모습은 흙탕물을 담은 유리컵 같다. 가만히 두면 이내 가라앉지만, 조금만 흔들어 대면 다시 흙탕물이 되고 만다. 작은 유혹, 순간적인 시각 이미지에도 흔들리고 죄를 짓기 쉽다. 이 점을 인정하면서, 건강한 방향으로 전환시키는 노력이 필요하다. 죄를 극복하겠다는 건강한 자극으로 삼아야 한다.

3장

위를 향하라

밖으로 나가지 말라. 그대 자신 속으로 들어가라.
속으로 들어가서 그대의 본성이 가변적인 것임을 발견하거든
그대 자신도 초월하라.

(De Vera Religione)

1.
마음도 복잡하다면?

안으로 들어가서 성찰하고 깨달음을 얻으면 그것으로 다 되는 것일까? 안으로 들어가 마주한 우리의 마음은 여전히 복잡하다. 안에서, 가능성도 발견하지만 피할 수 없는 한계 또한 절감하기 때문이다. 한계를 외면하거나 좌절해야만 하는 것일까? 아우구스티누스는 조언한다. '위를 향하라!'(transcende et teipsum)[1]

'관종', 관심종자

관심종자라는 말을 줄여서 '관종'이라고 하는 모양이다. '관심을 받고 싶어 하는 사람, 그런 부류를 뜻한다'고 사전에서 말한다. 대개는 네거티브의 뜻으로 쓰인다. 관심병 환자라는 뜻으로 쓰인다는 점에서 말이다. 남들로부터 관심을 받고자 하는 욕구가 지나쳐 병적인 상태가 되는 경우에 해당한다. 누가 만든 말일지, '종자'(種子)라는 표현이 동원된 것도 흥미롭다.

영어로 'breed' 쯤에 해당하겠지만, '사람의 혈통을 얕잡아 이르는 말'이라는 점에서 부정적인 의미가 강하다.

실제로, '관종'이라고 줄여 쓰는 경우에 누군가를 '디스'하는 경우일 가능성이 크다. 남들에게 관심받고 싶어서, '튀는 행동'들을 하게 마련이고 시간이 지날수록 강도가 더 세게 나타난다는 점도 우려스러운 부분이다. 중증이 되는 경우에는 심지어 자신의 것은 물론이고 남들의 이야기까지 가리지 않고 사용하기도 한다. 무엇보다도 문제가 되는 경우는 관심받기 위해서, 혹은 튀기 위해서 자신의 '안엣 것'들이라고 할 수 있는 부분까지 거리낌없이 들춰낸다는 점이다.

안에 있는 것들, 특히 자신의 내면 깊은 곳의 이야기들은 관심받겠다는 이유로 드러내기보다 깊은 성찰을 통해 해법을 찾아야 할 영역일 수 있다. '튀어 보이려고' 하는 것까지 뭐라 할 일은 아니지만, 성찰의 대상으로 삼아야 하는 것까지 튀어 보이기 위한 수단으로 활용하는 것은 바람직하지 않아 보인다.

더구나 SNS에 자신의 일거수일투족을 올리면서 '구독'과 '좋아요'를 기대하는 것은 과연 어디까지가 진짜 그의 마음일지 의구심이 들게 한다. SNS가 소통하게 한다는 점은 긍정적이지만, 지나치다 못해 관심받기를 구걸하는 '관종'(관심종자)이 되는 것은 옳지 않다. 누군가 우스갯소리로 했던 말이 떠오른다. SNS란 '사생활(S) · 노출(N) · 서비스(S)'라는 패러디였다. SNS가 항상 밝고 긍정적인 소통의 통로인 것만은 아니다.

'연출'까지 해버리면 문제가 더 심각해진다. 음식을 먹기 전에 습관적으로 눌러대는 폰 카메라, 이것저것 되는대로 동영상에 담아내는 모습을 두고 뭐라 하는 것이 아니라 그것을 연출하는 경우에 대한 우려이다. 관심을 받고픈 집착에 해괴한 짓을 연출하게 만드는 경우들에 빠질 위험이 크다. '관종'이 되어 버리는 것 자체가 걱정스럽다기보다 진정한 자아에 대한 성찰의 기회를 놓치게 될 걱정이 크기 때문이다. 내적 성찰을 통한 성숙의 기회를 놓치게 되는 상황 말이다.

울고 있는 내면 아이?

'내면 아이'라는 말이 있다. 영어로, 'inner child'라고 쓰는 것을 번역한 모양이다. 전공자는 아니지만, 브래드쇼(John Bradshaw)의 책을 읽으면 어느 정도 감은 잡힌다. 공감도 된다. 대략 이런 내용인 듯싶다. 쉽게 분노하거나 고집 센 성격을 지닌 사람일수록 내면에는 어린 시절 받았던 상처와 아픈 기억들이 남아있다는 관점이다. 마치 어린아이처럼, 여전히 울고 싶은 모습이 어른 안에 남아있는 경우가 많다고 한다.

만일, 진정으로 변화되기를 원한다면 자신의 어린 시절로 돌아가라고 한다. 자신의 '상처받은 내면 아이'를 발견하고 여전히 울고 있는 내면 아이와 화해하고 그 상처를 보듬어주어야 한다는 것이 대략의 내용이었다.[2] 독서까지는 할 시간이 없다면, 인터넷을 통해서라도 요약된 내용들을 검색해 보면 도움이 될 것 같다.

사실, '쎈' 사람들 중에 겉으로만 '쎈' 척하는 사람들이 적지 않다. 옛말처럼, '바늘로 찔러도 피 한 방울 안 나올 것 같은 사람'에게도 어린 시절의 상처가 있고 내면 아이의 욕구불만을 해소시켜주지 못한 부분들이 내재해 있다는 생각은 꽤나 설득력이 있어 보인다. 그렇게 보면, 주변에서 마주하는 사람들 중에 '내면 아이'와 연관되는 것 같은 경우들이 적지 않겠다는 생각이 들기도 한다.

상담학 혹은 심리학을 소개하려는 것은 아니다. '건강한 자극'에 대해 생각해 보자는 뜻이다. '밖으로 나가지 말라'는 충고는 인간의 어긋한 경향에 관한 고발이었고 그 처방 혹은 대안은 '안으로 들어가라'는 것이었다. 안으로 들어가는 것으로 인간완성을 이룰 수 있다면 쉽고도 간편하겠지만, 그리 녹록한 정황이 아님을 이내 깨닫게 된다.

그리고 내적 성찰을 통하여 진리를 향한 내적 빛을 발견한다. 동시에, 내면에 죄와 악이 숨겨져 있었던 사실에 마주하고 그것들이 유혹을 받는 즉시 활성화되는 실망스러운 모습도 볼 수 있었다. 내적 성찰을 통해 하나님의 형상으로서의 가능성을 보는 동시에 죄인으로서의 인간의 한계에 마주한 것 역시 내적 성찰이 주는 통찰이다.

문제는 여기부터이다. '내면 아이'의 경우에서처럼, 인간에게 내재한 죄의 근성에 대해 어떤 처방을 내릴 것인지 고민이 필요하다. 내적 성찰을 통해 죄의 흔적들이 너무 많은 자신을 발견하고 암울해지는 절망을 선택할 경우, 길을 잃고 만다. 건강한 자극으로 인식되어야 한다는 뜻이다. 진리인식의 가능성과 함께 죄인으로서의 한계라는 내면세계의 진실 앞에서, 죄를 극복할 길을 고민해야 하는 것이 마땅하다.

물론, 브래드쇼의 이론에 전적인 찬성만 있는 것은 아니다. 특히, 울고 있는 내면 아이의 치유를 과연 성경적이라고 할 수 있는가에 대한 신학적 논란이 있는 것도 사실이다.[3] 중요한 것은, 울고 있는 내면 아이 혹은 못난이 같은 그 모습에 주눅 들거나 우울해하지 말아야 한다는 점이다. 겉보기에는 무척이나 잘난 사람들이라 해도, 그의 마음에는 대부분의 사람들처럼 단점과 약점, 그리고 한계를 느끼는 사람들일 뿐이기 때문이다. 치유되고 회복되어야 할 문제일 뿐이다.

바로 여기에 포인트가 있다. 안으로 들어갔을 때, 그곳에서 마주하는 내적 진실을 통해 진리의 발견이라는 가능성과 함께 죄인으로서의 인간의 추악함을 겸허하게 받아들이는 것이 중요하다. 그리고 그 한계를 극복하기 위한 건강한 자극을 받아들여야 한다. 산산조각나고 헝클어진 상태의 자아를 발견하되, 거기에서 좌절하지 말고 초월의 길을 찾으라는 것이 아우구스티누스가 권하는 길이다.

초연결? 초월에의 연결!

초월에 대한 생각에서 떠오르는 것이 있다. '초연결'(hyper-connected)이라는 것이 그것이다. 아마도 사람과 사람, 사람과 기기, 그리고 기기와 기기가 네트워크로 연결된 사회라고 설명하면 될 것 같다. 이를테면, 사물인터넷(IoT: internet of things), 만물인터넷(IoE: internet of everything) 등을 기반으로 구현되는 스마트 홈, 스마트 카 등이 예가 되겠다.[4]

이렇게 보면, 우리가 사는 정황은 '연결'이 중요한 사회라 할 수 있겠다. 심지어, 우리의 마음도 우리의 현실도 연결되어있다. 그 모든 연결들이 바른 연결이기를 바랄 뿐이다. 나쁜 연결의 우려는 항상 있지만, 연결 자체에 집중하는 통에, 무엇이 바르고 무엇이 나쁜 것인지 분별이 부족해 보이는 정황은 안타까운 부분이다. 이 책에서 연결 자체를 바라보는 시선이 바로 이것이다.

초연결에서, 약간의 말장난 비슷한 라임을 구성해 보면 어떨까? '초월과의 연결' 말이다. 밖으로 나가지 말고, 안으로 들어가서, 위를 향하는 길로 나아가자는 뜻이다. 내면에 있는 긍정과 부정의 요소들을 직시하면서, 한계요소를 극복하기 위해 초월을 향하여 자신을 개방하고 영원의 가치와 연결시키는 과정이 반드시 필요해 보인다.

문제는 초월을 향한 연결에 관심하지 않는 경우가 더 많아지고 있다는 사실이다. 초월과의 연결을 의도적으로 생략하고 있다는 진단이 가능하다. 과연, 초월에의 연결이란 무엇이며, 우리는 왜 초월과의 연결에 덜 관심하고 있는 것일지 깊은 성찰이 필요해 보인다. 혹은 초월을 말하는 것 자체를 두고 종교의 문제라는 선입견을 가지고 부담스러워하거나 알러지 반응을 일으키는 이유는 과연 무엇일까?

생각해 보자. 좀비영화로 주목을 받았던 어느 영화의 악역을 맡았던 배우가 오락 프로그램에 나와서 했던 이야기가 꽤나 기억에 남는다. 분노를 일으키는 모습은 물론이고 비굴한 모습까지 보여야 하는 연기자로서 어떻게 연기했는지 비결을 질문한 것 같다. 그때, 아마도 이런 취지로 답을 했던 것 같다. 다른 비결은 없고, 자신 속에 있는 악을 끄집어내는 데 몰두했다는 이야기였다. 마음속에 도사리고 있는 죄 지을 동기를 자극하고 촉발시킨 것은 아닐까 생각해 본다.

인간의 마음, 그것은 무엇일까? 수많은 시도가 있었고 나름의 관점들이 축적되어 온 질문이다. 아우구스티누스가 제시하는 마음의 인문학은 '마음 다스리기'를 비롯한 동양종교들의 관심과 다르다. 혹은 심리학적 관심 내지는 정신의학적 접근과도 같지 않다. 마음에 관한 철학적인 관심과도 다르다.

2.
'자신까지도 초월하라'(transcende et teipsum)

1) '위'를 향하여

궁극적 경로

　'위'를 향하는 길, 그것은 아우구스티누스의 길찾기에서 결정적인 방향전환이다. '위를 향한다'고 할 때, '위'는 상징적 다의성을 지닌다. 시간에서 영원으로, 한계의 인식에서 초월을 향한 개방으로의 전환을 뜻한다. 그리고 위를 향하는 과정에 개입된 위로부터의 도우심 즉 '은혜'라는 계기가 포괄적으로 담겨있다.

　위를 향하는 길에서, 가장 중요한 계기는 '회심'이다. 회심은 아우구스티누스 자신이 지어낸 이벤트가 아니라 위를 향하는 궁극적 관심이 위로부터의 도우심을 통해 완성되는 중요한 사건이다. 더구나 회심에 있어서 아우구스티누스의 관심은 그리 간단하지 않다. 그가 지적 회심을 통해 위를 향하는 것은 기본 중의 기본이다. 그리고 지적 회심에는 철학에서 회심은 물론이고 이단에서의 회심까지도 포함된다. 아우구스티누스의 지적 회심은 위를 향한다는 것의 뜻을 분명하게 보여준다.

위를 향하는 길은 그의 지적 회심에만 적용되는 것이 아니다. 아우구스티누스의 도덕적 회심에서도 위를 향하는 관심은 결정적이다. 그가 세상이 주는 쾌락, 특히 성적 쾌락에서 회심한 사건은 위로부터의 도우심을 통해서만 가능한 길이었기 때문이다. 또한 그가 당시의 기독교에 대해 지니고 있던 거부감에서 회심하는 과정 역시 위로부터의 도우심을 통해 설명되어야 한다. 탐욕의 절제를 말하는 기독교의 가치관을 수용한 것은 물론이고 세례를 비롯한 기독교 예배의 참여자가 되기로 결단한 것 역시 위로부터의 도우심을 통해서였다.

사실, 안으로 들어가 발견하는 자신의 모습이 실망스러운 것이기 쉽다. 하지만, 그것이 참된 자아를 찾기 위한 계기 혹은 자기혁신을 위한 동기가 된다면 건강한 자극이라고 할 수 있겠다. 문제는 어떤 대안을 찾을 수 있을까 하는 점이다. 아우구스티누스의 가이드를 받아 밖으로 나가지 말고 안으로 들어가라는 방향제시에 따라왔듯이, 그 다음의 길 역시 아우구스티누스를 따라가는 것이 좋겠다.

안으로 들어가 마주한 내적 진실 앞에서, 아우구스티누스가 선택한 길은 막다른 골목으로서의 나르시시즘 혹은 자아상실로서의 좌절이 아니었다. 아우구스티누스는 더 깊은 곳으로 들어간다. 정확하게 말하자면, 그것은 안으로 더 깊이 들어가는 길이라기보다 안에서 마주한 한계를 넘어서기 위한 성찰이라고 하는 것이 맞겠다.

한계상황에서

안에서 마주한 실존적 팩트 앞에서, 아우구스티누스의 새로운 고민이 시작되었다. 죄책, 자책, 회한, 그리고 분노가 생겼을 법도 하다. 그것이 대부분의 반응이요, 자연적인 현상이니까 말이다. 아우구스티누스 역시 다르지 않았을 것 같다.

안으로 들어가 자신의 부끄러운 모습을 발견했을 때, 아우구스티누스는 실망스러웠다. 열심히 살아왔노라고, 나름 출세의 길을 향하여 달려왔다고, 그리고 로마의 개방적 성문화를 따라 쾌락도 누리면서 자유롭게 살았다고 자부했던 터였다. 하지만, 솔직하게 자신을 들여다보니, 자랑스러운 것도 아니었고 잘 살아온 것도 아니었다.

다행스러운 것은, 이러한 고민이 건설적인 방향으로 전개되었다는 점이다. 그를 바른 길로 이끌어주는 고민이었다는 점에서, 건강한 고민이었다. 자신의 삶에 나타난 죄의 흔적들을 지워버리고 죄로부터 자유로워질 수 있는 길은 어디인가? 아우구스티누스의 내적 성찰이 점점 더 깊어지기 시작했다. 자신에 대한 자책과 더불어 극복을 위한 길을 찾고 있었다.

그의 질문을 변경하면 이렇게 된다. 인간은 왜, 죄를 짓는 것일까? 인간에게는 왜, 고통이 있는 것일까? 그리고 죄와 고통을 극복하는 길은 과연 무엇일까? 사실, 이 질문은 기독교의 근간이 되는 질문이다. 인간을 죄의 문제와 연관을 지어서 설명할 단초가 되는 동시에 죄로부터의 구원을 말하는 자리가 마련될 것이기 때문이다.

실존주의 철학자들의 질문과도 연관될 수 있겠다. 독일의 어떤 현대 철학자는 인간의 가장 진솔한 모습을 찾던 중에 '한계상황'이라는 표현을 사용하여 인간의 모습을 묘사했다. 말이 어려워서 그렇지, 누구나 동의할 수 있는 이야기일 듯싶다. 질병, 가난, 죽음을 피해갈 사람은 없다. 누구도 예외가 아니다.

아우구스티누스가 발견한 원인은 '죄'이다. 인간이란 육체를 지닌 존재이기에 어쩔 수 없이 육체적 쾌락을 탐할 수밖에 없다고 변명하는 것도 하나의 방법이겠지만, 아우구스티누스는 그렇게 하지 않았다. 인간이 의지적으로 죄짓기를 선택했고, 그 결과 인간은 죄인이 되어 고통스러운 한계상황에 처하게 되었다는 것이 아우구스티누스의 관점이다.

초월하라

안으로 들어가 한계를 마주한 그곳에서, 아우구스티누스는 위를 향한 빛 혹은 위에서 비치는 빛을 발견한다. 초월을 향하여 마음을 연다. 이렇게 보면, 아우구스티누스에게서 안으로 들어가는 길과 위로 향하는 길은 별개의 것이 아니다. 안으로 들어가서 내면세계의 진실에 과감하게 마주하며 인간의 한계를 직시하고 내면 가장 깊은 곳에 계신 초월자를 향하는 길이다. 여기까지 오면서 반추했던 아우구스티누스의 경구를 기억해보자.

> 밖으로 나가지 말라. 그대 자신 속으로 들어가라. 그대 자신 속으로 들어가서 그대의 본성이 가변적인 것임을 발견하거든 그대 자신도 초월하라.[5] … 마음속으로 돌아가라. 여러분 자신과 멀리 떨어진 곳으로 가고 싶은가? 멀리 갈수록 여러분 자신을 상실하고 만다. … 돌아오라. 마음으로 돌아오라. 육체를 벗어나라.[6]

'위를 향하라!' 그것이 아우구스티누스가 안으로 들어가서 마주한 한계의 정황을 돌파하기 위해 제시한 다음 단계이다. 그것은 일종의 방향제시라고 할 수 있다. 이렇게 보면, 아우구스티누스의 내적 성찰은 두 방향의 움직임을 요청한다. '먼저 안으로, 그리고 위로!'(first in then up)[7] 특히, 위를 향하는 길은 아우구스티누스의 관점에서 핵심적인 전환점이다.

처음에, 밖으로 나가는 길에서 돌이켜 안으로 들어가는 과정 자체가 간단하지 않았다. 안에서 위를 향하는 길 역시 결코 쉽지 않다. 내면세계에 대한 관심, 내적 성찰을 통한 인간의 발견, 인간의 한계에 대한 인식과 극복을 위한 모색 자체가 간단한 일이 아니다. 심지어, 위를 향하여 나아가는 길은 밖에서 안으로 들어가는 길보다 더 중요하고 어렵다.

2) 위에 계신 주 안에서, 지적 회심

지적 회심

아우구스티누스의 문제의식은 결정적인 해법에 도달한다. '스스로에게 문젯거리가 된' 아우구스티누스는 '죄짓는 존재로서의 자기발견'을 거쳐 '죄로부터의 해방'을 향하여 나아간다. '위를 향하라!' 아우구스티누스의 권고는 단순한 방향의 전환을 넘어선다. '위에 계신 주 안에서'(supra me in te) 자신의 참 모습과 한계극복의 해법을 찾았다는 자신의 체험을 함축적으로 말해준다.[8]

여기에서 질문이 생긴다. 단숨에 위를 향하게 된 것일까? 너무 섣부른 결론이거나 혹은 이미 짜여진 방식으로 이야기를 풀어내는 것 아닐까? 사실, 초월에 대하여 무관심하거나 극단적으로 알러지 반응을 일으키는 분들에게는 당연해 보이는 질문이겠다. 너무 뻔한 이야기로 들릴 수 있기 때문이다.

하지만, 아우구스티누스가 안으로 들어가 진리의 가능성과 함께 죄인으로서의 한계를 절실하게 깨달았다는 사실을 놓쳐서는 안 된다. 안으로 들어가기는 했지만, 가능성과 한계를 동시에 발견한 아우구스티누스는 한 번 더 안으로 들어간다. 가능성과 한계에 대한 발견을 바탕으로, 더 깊이 성찰한다. 한계를 극복할 수 없다면, 막다른 골목에서 결국에는 좌절해야 하는 것일까?

아우구스티누스의 성찰에 한 줄기 빛이 비취었다. 내적 조명을 받은 아우구스티누스는 자신의 가장 깊은 내면보다 더 깊은 곳에서, '내 안에 계시는 하나님 안에 있는 존재'로서의 자아를 발견한다.⁹ 내 안에서 나를 발견하는 것이라기보다 나보다 더 깊은 곳에 계신 주 안에 있어야 할 존재로서의 나를 발견한 셈이다. 내적 조명을 받아 가장 깊은 내면에 도달한 이 상태를 달리 표현한 것이 더 깊은 곳으로서의 초월이다.

이곳이 바로 아우구스티누스의 지적 회심(intellectual conversion)이 일어난 지점이다. 그토록 달려왔던 육체적 쾌락의 길에서, 마니교가 던져주는 유혹의 길에서, 아우구스티누스는 마침내 궁극적 경로전환을 감행한다. 참된 행복은 밖으로 나가는 길에 있지 않으며 안으로 들어가 위를 향하는 곳에서 발견할 수 있다는 아우구스티누스의 깨달음, 그것은 과감한 지성적 대전환이었다.

육체적 쾌락으로는 한시적이며 가변적일 뿐이다. 마니교가 주는 지적 만족감은 사실상 속임수에 불과했다. 그리고 이러한 깨달음을 도와준 플라톤주의 철학까지도 완전한 것은 아니었다. '안'으로 들어가는 길을 보여주기는 했지만, '위'를 향한 길은 열어주지 못했기 때문이다. 아우구스티누스는 마침내, 시간을 넘어선 영원의 영역에서 절대불변의 가치를 발견하고 그곳에 진리에 기반한 참된 행복이 자리한다는 사실을 인정하기에 이른다.

그의 지적 회심은 그토록 거부감을 가졌던 기독교로의 회심이요, 기독교의 본질에 대한 발견이었다. 안으로 들어가 위를 향하도록 하는 진리야말로 기독교의 본질에 속하는 것이라는 사실을 발견한 셈이다. 아니, 발견이라기보다 뒤늦게야 깨달은 것이라고 해야 맞겠다.

그라치아

놓쳐서는 안 될 것이 있다. 아우구스티누스의 가이드를 받아 진리의 길 찾기에 나섰던 우리가 간과하기 쉬운 것이 있다. 내적 성찰을 통해 초월을 향하여 나아가기만 하면 된다는 것, 그것은 착각일 수 있다. 인간이 관심하고 노력하고 추구한다고 해서 위를 향하여 나아갈 수 있는 것은 아니다.

안에서 위를 향하는 것 자체가 중요한 의미를 지닌다는 점을 폄훼하려는 의도가 아니다. 아우구스티누스가 제시한 내적 성찰의 인문학은 인간 내면에 있는 진리의 가능성과 죄의 원인에 대한 발견을 창의적으로 격상시키는 특징을 지니고 있다. 위로부터 부어주시는 '은혜'(gratia)에 주목해야 한다. 아우구스티누스의 내적 성찰이 플라톤의 그것과 구별되고 아시아 명상종교의 그것과 다른 결정적인 요소가 바로 이 부분이다.

성찰, 직관, 그리고 관조를 통해 진리의 영역을 바라보는 것은 그렇지 못한 경우들에 비해 매우 큰 가치를 지닌다. 밖으로 나가서 한시적이고 가변적인 대상에 집착하는 오류를 넘어서는 것이기 때문이다. 하지만, 내면 성찰을 통해 내적 가치를 발견하고 초월을 향한 개방을 말하는 것이 그 자체와 완결이 아니다.

아우구스티누스가 제시하려던 것은 초월을 향하는 존재로서의 인간의 위대함이 아니다. 오히려, 위를 향하여 나아가는 길에서 발견한 영원의 관점을 기준으로 가치의 질서를 조명해야 한다. 위에서부터 안에 있는 요소들을 재조명하고 바른 회복을 추구해야 한다는 뜻이다.

이러한 뜻에서, 초월을 향한 개방은 절대자를 의존하는 삶의 방식으로 교만보다 겸손을 요구한다. 교만과 겸손은 예의 바름에 국한되지 않는다. 그렇다고 해서, 인간의 자율성을 포기하라는 것은 아니다. 인간의 약함을 인정하고 위로부터의 도우심을 구하며 살아가는 삶의 정황에서, 교만을 버리고 겸손히 은혜에 의지해야 한다는 뜻이다.

안으로 들어가 위를 향하는 아우구스티누스의 여정에서 은혜의 중요성은 아무리 강조해도 지나치지 않다. 은혜를 바탕으로, 아우구스티누스는 또 한 번의 경로탐색을 시도하여 방향을 궁극적으로 전환한다. 밖에서 안으로, 그리고 안에서 위로 나아감을 통하여 아우구스티누스의 길 찾기는 마침내 최적의 경로 혹은 가장 확실한 길을 찾아낸다.

3) 아직은 마소서? 윤리적 회심

윤리적 회심

위를 향하라고 권하는 아우구스티누스의 회심은 급작스럽게 이루어진 것이 아니다. 회심은 아우구스티누스가 인생의 초반부에 강렬히 추구한 주제이지만,[10] 회심의 횟수나 특성에 대해서는 논란이 있다. 아우구스티누스 연구자들 사이에서는 네 번 정도의 다른 특성을 지닌 회심이 이루어졌다는 관점도 있고 심지어 열세 번까지도 주장하는 경우도 있다. 폭스(Robin James Lane Fox)가 말한 것처럼, 회심의 정의를 어떻게 내리느냐가 중요해 보인다. 소명(vocation)이 회심을 의미하는 것은 아니며 어떤 주제에 대한 이해가 깊어지거나 새로워졌다고 해서 회심인 것도 아니다.[11]

아우구스티누스의 회심에 대한 일반적 관점은 두 단계를 말한다. 『고백록』 VII권에서 '지적 회심'을, VIII권에서 '도덕적 회심'(moral conversion)을 각각 보여준다. 지적 회심이란 밖으로 나가던 길에서 돌이켜 안으로 들어가는 과정, 그리고 그것을 넘어 위를 향하는 길을 포괄한다. 마침내 기독교의 진리에 들어서는 것을 뜻한다. 그것은 하나님께 등을 돌렸다가(aversio) 다시 그분을 향해 돌아서는(conversio) 과정이다.[12] 요즘말로 하자면, 회심 '시즌 2'가 있는 셈이다.

문제는 여전히 쾌락을 추구하는 옛 생활에 묶인 노예상태에 있었다는 점이다. 도덕적 회심 혹은 윤리 회심이 필요했다. 새로운 삶을 향한 결단을 요청하는 것은 물론이고 기독교의 가치관과 도덕을 따르는 과정 말이다. 특이한 것은 아우구스티누스 당시에 회심하여 그리스도인이 된다는 것에 기독교 예전(liturgy)을 받아들이고 교회생활에 참여하는 것이 포함된다는 점이다.[13] 기독교 예전으로서의 세례를 받고 복음에 충실하게 살기로 결단하는 과정이 필요했다는 뜻이다.

이러한 두 요소를 모두 포함하여 아우구스티누스의 도덕적 혹은 영적 회심을 설명할 때, 하우어워스(Stanley Hauerwas)의 관점은 주목할만한 요소를 담고 있다. 그에 따르면, "아우구스티누스의 회심의 본질은 예수 이야기(Jesus narrative)를 자신의 이야기로 받아들이고 복음을 성품화하는 삶을 살기로 결단한 것을 뜻한다."[14] 요컨대, 내러티브의 전환이 중요하다. 아우구스티누스 자신의 내러티브에서 예수 내러티브로의 전환이라 하겠다.

이 과정은 간단하지 않았다. '아직 아닌' 단계가 있었다.『고백록』에서 아우구스티누스는 과하다 싶은 정도로 자신의 과거를 드러내면서 성적 탐욕에 찌들어 살았던 과거를 회개한다. 밖으로 나가서 방황하던 옛 모습에 대한 그의 회고는 육체적 쾌락에 탐닉하며 그릇된 종교인 마니교에 빠져지내면서 출세의 욕망에 사로잡혀있던 자신에 대한 진술하고도 겸허한 성찰로 이어진다.

아직은

아우구스티누스는 18세에 사실혼 관계에서 아들을 얻었다. 누미디아 출신의 여성과 사실혼 관계에서 낳은 '아데오다투스'가 그랬다. 여인과는 꽤 오랜 시간을 함께 동거했던 것 같다. 아들까지 낳았음에도, 어머니 모니카의 영향으로 아우구스티누스는 사실혼 관계가 끝난다. 이해하기 어려운 일이겠지만, 당시의 풍습이었던 것 같다.

아우구스티누스를 로마 명문가에 장가들여주고 싶었던 탓인지, 어머니 모니카는 그에게 정혼연령에 2년이나 못 미치는 소녀를 만나게 하고 약혼을 시켰다. 여러 설이 있기는 하지만, 당시 로마에서는 여성의 나이 10세가 되어야 결혼할 수 있었던 모양이다. 아우구스티누스와는 나이 차가 많았다. 더 큰 문제는 2년을 기다려야 한다는 것이었다. 그 기간을 견디지 못해 가아우구스티누스는 다른 여인을 성적 파트너로 만난다.

나는 약혼한 여자를 결혼으로 맞아들일 2년이 너무 지루해서 참고
기다릴 수 없었습니다. 그래서 나는 부인으로서가 아닌 한 여자를 얻게

되었습니다. 사실 나는 결혼이 좋아서 그런 것이 아니라 정욕의 노예가
된 탓이었습니다.[15]

스스로 보기에도 지나쳤다고 생각되었는지, 아우구스티누스가 당시
의 기억을 되살려 고백한 부분이다. 리비도는 아우구스티누스의 삶에서
집요하고도 극복하기 어려운 요소였다. 심지어 이러한 상태는 그가 안으
로 들어가 위를 향하는 길을 찾아가던 때도 크게 다르지 않았다. 리비도에
묶여 있었다는 점에서 말이다. 밖으로 나가지 말고 안으로 들어가야 한다
는 것을 깨달았지만, 그리고 위를 향하여 나아가야 한다는 것까지 알았지
만, 아직은 옛 생활에 머물러 있었다.

어느 작가는 아우구스티누스의 이러한 모습들을 두고 이렇게 말했다.
"사랑은 보편적인 것이지만 그 촉발제는 에로스, 즉 성적 충동이다. 문제는
어떻게 그 충동을 승화시켜 아주 커다란 세계로 나아갈 수 있느냐다. 『고
백록』을 쓴 아우구스티누스처럼 성적 에너지가 강한 사람들이 성자가 된
다. 충동, 본능, 욕망은 에너지인데, 승화시킬 에너지가 있어야 성자의 영
혼으로 성장할 수 있겠지."[16]

얼핏 보기에, 꽤나 설득력이 있는 말인 것 같기는 하다. 하지만, 모든
목회자가 그런 기질을 가진 것은 아니라는 점에서, 타당한 것 같지는 않아
보인다. 그러면서도, 잘못된 주장이라고 딱히 반론하기도 어려운 것이 사
실이다. 아우구스티누스의 경우에는 성적 욕망에서 오는 충동, 그리고 그
것으로 인한 자제력 상실이라는 부끄러움이 진하게 묻어난다.

『고백록』 VIII권 12장에 가서야 아우구스티누스가 회심했다는 점을
참고하면, 이렇게 추론할 수 있겠다. 밖으로 나가지 말고 안으로 들어가야
한다는 사실을 깨달았다는 점, 안으로 들어가서 진리인식의 가능성으로서

의 빛의 조명과 기억의 광대한 능력을 발견했다는 점, 그리고 인간 내면에 추하고 사악한 탐욕들이 도사리고 있음을 발견했다는 점은 다음 단계가 어떤 것인지를 짐작하게 한다. 회심하여 진리의 길에 들어설 것이라는 예측이 가능해진다.

하지만, 『고백록』은 그렇게 간단하지 않다. 혹은 아우구스티누스라는 인물 자체가 단순명료하게 직진본능을 보여줄 캐릭터가 아니었다고 하는 것이 맞겠다. 조금 더 복잡해진다. 회심 즉 진리를 향한 길에 들어서는 결단을 아우구스티누스 자신이 뒤로 미루고 있었다. 강한 에너지로서의 성욕과 자신의 악행에 대한 회심 사이에서 결단하지 못하고 있었다. 아니, 결단하고 싶지 않았다고 말하는 것이 옳겠다. 아우구스티누스의 심경이 묻어나는 묘한 기도문이 있다.

내게 절제를 주소서. 그러나 아직은 마소서.[17]

말도 안 되는 것 같아서 헛웃음이 나올 수 있는 표현이겠다. 하지만, 그것이 아우구스티누스의 진심이었다. 현실에서 누리는 성욕의 쾌감을 당장 중단시키는 것도 싫었고, 변화가 필요하다는 사실과 그 변화의 방향에 대한 관점이 세워진 것도 분명했다. 혹시라도 기도가 응답되어 즉시 성욕 자체가 제거되어 버리는 것은 아닐지 하는 불안감도 있었을 것 같다.

밀라노 숙소의 정원에서 회심하기까지, 아우구스티누스에게서 묻어나는 갈등과 혼란은 결정적인 전환을 앞둔 옛 생활 청산을 거절하는 절규에 가깝다. 무엇보다도, 아우구스티누스에게서 성욕이란 단번에 떨쳐낼 수 있는 상대가 아니었다. 나아가, 성욕을 포함한 모든 탐욕이 문제였다. 내성법을 통해 발견한 내적 진실을 외면하지 않기 위해, 이 문제는 반드시 직면해야 하는 과제라 하겠다.

알았어, 그런데…

지적 회심을 바탕으로, 아우구스티누스는 영적 회심을 향하여 나아간다. 영적 회심을 윤리 회심이라고 부르기도 한다. 지적 회심이란 진리의 발견을 말한다. 혹은 마니교의 오류에서부터 돌이켜 기독교가 제시하는 진리의 길을 발견했다는 뜻이다. 이것을 바탕으로 삼아 삶의 변화가 이루어져야 했다.

아직은 아니었다. 아우구스티누스에게서 그 과정은 쉽지 않았다. 삶의 문제들은 여전히 해결되지 못한 그대로였으며, 아우구스티누스의 표현대로 옛 습관의 누룩으로 더욱 부풀어 올랐다. 아직은 '좁은 문'으로 들어가고 싶지 않았던 탓이다. 여기에서 말하는 좁은 문은 아우구스티누스에게 구체적인 의미로 다가왔다. 세례 받기를 결심하고 약식으로 교육과 문답절차를 거쳐 세례교인이 되는 오늘날과는 많이 다른 시대였다. 그것은 삶의 전환을 위한 결단으로서, 세속적 야심(spes saeculi)을 버리고 그가 쾌락 중에서 특히 좋아하던 섹스를 포기하는 것을 포함한다.[18]

고민 끝에, 아우구스티누스는 평소 의지하던 스승 심플리키아누스를 찾아간다. 로마의 유명한 수사학자였다가 기독교로 회심한 빅토리누스의 신앙에 관한 이야기를 전해들은 것이 심플리키아누스를 만났을 그때였다. 당시로서는 기독교인이 되겠다는 신앙고백을 개인적으로 해도 문제가 되지 않았지만, 공개적으로 기독교신앙인으로 살겠다고 고백하는 과정이 필요했다. 하지만 이것은 큰 용기를 필요로 하는 일이었다.

개인적으로도, 공개적으로도 신앙고백을 못하던 아우구스티누스에게, 빅토리누스가 자신의 모든 체면을 내려놓고 회중 앞에서 공개적으로 신앙을 고백함으로써 교회에 큰 기쁨을 주었다는 소식은 충격이었다. 우유부단하여 결단을 내리지 못하고 있는 자신의 모습이 부끄럽기도 하고 심지어는 조바심을 느끼고 있었다.

이런저런 회심의 이야기를 들을수록 아우구스티누스는 더 부끄러워졌다. 일찍이 열아홉 살 때 키케로의『호르텐시우스』를 읽고 지혜에 대한 열정으로 불타올라 벌써 십이 년이라는 세월이 흘렀지만, 여전히 세상의 낙에 빠져 지혜를 탐구하는 데 게으름을 부리고 있는 자신의 모습이 부끄러웠다.

진리의 발견은 고사하고 육체의 쾌락에 젖어 살아왔지 않은가? 청년기에 접어들어 절제를 간구하던 시절에도, 기껏해야 절제의 능력을 주시되 지금은 아니라는 식으로 어리석게 살지 않았는가? 정욕을 절제하기보다는 채워야 하겠다는 마음으로 정욕이라는 병에서 너무 빨리 치유될까 싶어 두려워하고 있었다.

그 결과, 성욕을 정당화시켜주기에 딱 좋은 신성모독의 미신을 쫓아 마니교의 사악한 길을 따라 헤매고 다녔다. 아우구스티누스는 스스로를 성찰한다. 왜? 과감하게 고백하지 못한 채 여전히 옛 모습대로 살고있는 것일까? 결단을 내리지 못한 채 옛 것의 노예상태 그대로 있다는 것이 한심했다. 그때 깨달은 것이 있다. 자신의 의지가 노예 혹은 죄수 신세를 면치 못하고 있는 스스로의 모습을 발견한 것이다.

더구나, 다른 누구의 쇠사슬에 의한 것이 아니라, 스스로 만들어 낸 즉 의지의 자유로 인해 만들어낸 쇠사슬에 묶여 있었다는 것이 부끄러웠다. 돌이켜 보면, 왜곡된 의지에서 욕심이 생겼고 욕심을 반복함으로써 습관화되어 끊어내지 못하고 있는 자신의 모습이야말로 가장 불쌍한 것 아니었을까?

좀 더 정확하게 표현하면, 습관이라는 이름으로 옥죄고 있었다. 습관이라는 쇠사슬은 의지의 자유를 남용한 탓이지만, 그것은 육체와 영혼의 싸움보다 더 심각한 문제를 보여준다. 의지와 의지의 싸움이다. 새로운 삶을 향하여 나아가고자 하는 의지도 내 것이고, 여전히 옛 습관에 매여 현상유지하며 살고자 하는 의지도 내 것이라는 구도가 그것이다. 진정한 기쁨이신 하나님을 이제 막 향유하며 섬기리라 마음먹기 시작한 새로운 의지는 오랫동안 자리 잡아온 옛 의지를 다스릴 힘이 아직은 없었다.

습관이란 선한 행위(덕)에 해당할 수도 있고 악한 행위(악덕)에도 해당하지만, 『고백록』에서는 정욕과 관계된다. 무척이나 끈질긴 것이라는 점에서, 악한 행위를 지칭하는 것으로 볼 수 있다. 아우구스티누스는 불경건한 습관에 사로잡혀있던 자신의 모습을 습관의 문제와 연계시킨다. 줄줄이 연결되게 만들어진 쇠사슬이 의지를 노예화하고 말았다고 고백한다.

다른 누구의 쇠사슬에 의한 것이 아니라, 내 의지의 쇠사슬에 묶여 있었습니다. 마귀가 내 의지를 지배하여 의지로부터 쇠사슬을 만들고 그 쇠사슬로 나를 묶어 놓았습니다. 왜곡된 의지에서 욕심이 생겼고 욕심을 반복함으로써 습관화되고 그것을 끊어내지 못한 결과 필연적인 것이 되고 말았던 셈입니다.[19]

머뭇거림과 의지의 분열, 그리고 그토록 악덕에서 벗어나고싶어하던 죄를 끊지 못하던 와중에, 아우구스티누스는 자기합리화까지 시도했다. 과거의 삶을 청산하고 하나님께 헌신하기로 결단하던 때에도 여전히 탐욕의 습관을 되풀이하고 있었다. 정욕이라는 것은 그 자체로 일종의 심리적 경향성을 가진 습관이기에 그 폭력적 성향을 하루아침에 제거할 수 있으리라 기대하기 어렵다는 식으로 아우구스티누스는 스스로 변명하고 있었다.

영적 혹은 윤리 회심 직전에 심각한 내적 갈등에 휘말리고 있었다. 떨쳐내기 어려운 옛 생활에 묶여 있었고, 여전히 땅에 매여 있었다. 아우구스티누스 자신의 표현처럼, 하나님의 선한 군사가 되기 싫었다. 그 방해요소들을 즐기며 그 쾌락에서 벗어나는 것을 두려워하고 있었다. 죄와 쾌락의 짐에 짓눌려 있었다. 잠을 이기지 못해 깨어나지 못하고 결국은 다시 잠들어 버린 사람처럼 말이다.

> 하지만 나는 그 진리를 확신하면서도 '조금 더, 조금만 더, 좀 더 자도록 놔두소서.' 하며 말할 뿐이었습니다.[20]

일상에서 접하는 모습과 닮았다. 아침잠이 많은 사람을 깨워 놓으면, '알았어, 그런데…'라고 말하면서 단숨에 일어나지 못하는 단계 말이다. 다행스러운 것은, 아우구스티누스의 이러한 머뭇거림이 건설적인 갈등이었다는 사실이다. 영적 나태함에 대한 심각한 고민을 통해 하나님을 향한 영적 회심으로 나아가게 하는 동기가 되었다. 결단을 통해 옛 삶을 청산하고 그리스도에게 나아간 사람들의 이야기들이 들려왔고, 아우구스티누스의 조바심은 더욱 커졌다.

어쩌면, 아우구스티누스가 말하는 죄의 대부분은 리비도의 문제 즉 성적 욕구의 문제가 과도하게 분출되는 것과 직접적으로 관련이 있을 듯싶다. 성적 욕구는 창조의 질서에 속하는 것임에 틀림없지만, 그것이 바르게 사용되지 못하고 절제되지 못하는 것일 때 강력한 유혹으로 작용한다.

아우구스티누스의 경우, 심각한 고민거리였다. 리비도의 유혹이 습관을 통해 강화되고 있어서, 그 상태를 벗어나지 못하고 있었다.

결정적 순간

밀라노 친구의 별장에서 유숙하던 아우구스티누스는 복받쳐 오르는 마음을 가누지 못해 정원으로 뛰쳐나갔다. 진리의 길을 찾아 하나님께 돌아가야 하는 것을 알면서도 그렇게 하지 못하는 자신의 모습이 답답했다. 아우구스티누스는 정원의 무화과나무 밑에 들어가 하나님을 향하여 간청한다. '언제까지입니까? 왜 지금 당장 내 불결함이 끝나지 않는 것입니까?' 그때, 하나님은 아우구스티누스에게 은혜를 주셨다. 신기한 일이 벌어졌다. 이웃집 어린이들의 동요 속에 들려온 소리가 있었다.

집어 들고 읽어라. 집어 들고 읽어라.[21]

이 소리를 어린이들의 소리가 아닌 은혜의 초청으로 받아들이고 성경 말씀을 읽는 순간 모든 것이 확실해졌다. 알리피우스가 있는 곳으로 급히 돌아간 그곳에 정원으로 뛰쳐나가기 전 펼쳐 둔 성경말씀이 한 눈에 들어왔다.

방탕과 술 취하지 말며 음란과 호색하지 말며 쟁투와 시기하지 말고 오직 주 예수 그리스도로 옷 입고 정욕을 위하여 육신의 일을 도모하지 말라.(롬13:13-14)

그것은 일찍이 어머니 모니카를 통해 들어왔던 성경의 내러티브에 속하는 것이었고, 암브로시우스의 설교를 통해 감지했던 내러티브에 들어있었던 진리였다. 마침내 아우구스티누스에게 들려진 영적 목소리였다. 그때 들려온 성경말씀은 아우구스티누스를 근본적으로 변화시켰다.

안으로 들어가 위를 향한 곳에서, 아우구스티누스는 인간의 구원과 행복에 관한 진리가 밖에 있는 것이 아니라 위에서부터 오는 것임을 확신할 수 있었다. 시간적인 것들을 영원할 것처럼 집착하고 육체적인 쾌락을 진정한 행복인 듯 탐닉하던 모든 과거를 털어버리고 참된 길을 마침내 찾았다. 영원, 사랑, 용서, 그리고 복음. 그것이 아우구스티누스가 위를 향하여 나아가는 길에서 발견한 진리였다.

4) 돌이키게 하셨나이다

도미네

아우구스티누스는 밖으로 나가려는 집착을 극복하고 안으로 들어가는 길을 찾았다. 안에서 자신의 모습을 발견하는 것까지는 대부분의 명상가들에게도 가능한 일이리라 보인다. 문제는 그 다음이다. 내적 성찰에 안주하거나 그것을 절대시하고 그 안에 자폐되는 것은 옳지 않다. 아우구스티누스를 아우구스티누스 되게 한 결정적 요인은 그가 안에서 위를 향하여 나아갔다는 사실이다. 인문학적 성찰을 내적 영역에 제한하지 않고 초월을 향한 개방으로 확장시키고 영원을 향하여 나아가는 모습을 보여준다.

아우구스티누스가 제시하는 초월의 길은 3인칭 화법이 아니라 실존적 고백을 통해 모색된다. 내적 성찰의 막다른 길에서 어쩔 수 없이 초월을 선언하는 것이 아니라, 구체적이고 인격적인 만남을 통해 초월을 제시한다는 뜻이다. 가장 대표적인 예를 들자면, 그의 표현에서 찾을 수 있겠다. 『고백록』에는 '주여!'라고 호격으로 제시되고 당신이라는 친숙한 존재로 드러난다.[22] 이것은 형이상학적 혹은 실존철학적 추론과 발견이 대상으로서의 초월자를 넘어서는 영역에 해당한다.

아우구스티누스에게서 'Domine'(主)라는 말은 『고백록』의 근원적 표현이자 그의 온몸을 관통하며 외침이 되어 끓어오르는 말이었다. 일반명사로서의 'Deos'(神)가 아니라, '주여'(Domine)라고 밖에 부를 수 없는 존재임을 깨닫는 단계로 나아간 사실이 중요하다.[23]

아우구스티누스는 그의 회심의 길에서 인격으로서의 초월자를 만난다. 자신의 내면에 꿈틀거리는 죄와 사망의 흔적들을 넘어서는 길을 위에서 비치는 초월의 빛에서 발견했다는 뜻이다. 아우구스티누스가 『고백록』 VIII권에서 기록한 회심의 정황을 면밀하게 살펴보면, 그의 회심이 논리정연한 추론의 결과이기보다 인격적 만남을 통한 초월의 길이었음을 알 수 있다.

주께서

우리가 잘 알고 있듯이, 내부 최악의 적은 바로 자기 자신이다. 외적 전투는 생동적이고 절박하지만, 내적 전투에서 성공적으로 승리하지 못하면 정상적인 싸움을 벌일 수 없다. 내적 차원이 더욱 근본적이며 기초적인 것이기 때문이다.[24] 나아가, 내적 삶은 지속적인 싸움이다. 내적 삶은 단번에 얻을 수 있는 것이 아니라 끊임없이 계속되어야 하는 싸움이다.[25]

사실, 위를 향한다는 것은 굉장한 결단을 필요로 한다. '내려놓음'이라는 표현이 유행하기도 했지만, 자발적으로 내려놓는 것보다 더 중요한 것은 은혜에 의해 이끌려야 한다. 그것은 인간의 노력으로 달성할 수 있는 경지가 아니다. '내려놓음'을 디스하려는 것이 아니다. 마음을 비우는 단계보다 더 어렵고도 중요한 것이 위를 향하는 것이라는 사실에 주목하기 위함이다.

놓치지 말아야 할 것이 있다. 아우구스티누스의 회심이 갑작스러운 신비체험이 아니라는 점이다. 자신도 통제할 수 없는 엑스타시에 빠진 것이라기보다 이미 이룩한 지적 회심의 완결판을 만난 것이라 하는 것이 옳겠다. 이러한 영적 회심은 아우구스티누스의 자기노력을 통해 갑자기 깨달은 것이 아니다. 주어가 숨어있는 언어이기에, 라틴어 문장에는 각별히 주의할 필요가 있다. 그 맥락에서, 『고백록』 전체를 대변하는 문장이 있다. 괄호에 넣은 부분이 숨은 주어이다.

(주께서) 나를 주께로 돌이키게 하셨나이다.[26]

이 문장은 겸양의 모습을 드러내기 위한 수사학적 장치가 아니다. 문제의 핵심을 정리한 이 문장에는 아우구스티누스의 모든 삶이 자신의 것이 아니라는 고백이 담겨있다. 주어는 아우구스티누스가 아니라 진리 그 자체이신 하나님이다. 지적 회심도, 영적 회심도 아우구스티누스의 스스로 지어낸 능력에 의해 실행한 것이 아니었다. 지적 회심도, 영적 회심도, 그리고 삶의 모든 과정에서 주어는 아우구스티누스가 아닌 하나님이었다. 굳이 '은혜'라는 말을 사용해야 한다고 주장하는 이유가 여기 있다.

신비한

아우구스티누스의 일화로 알려진 에피소드이다. 아마도 삼위일체에 관한 신학적 난제를 다루고 있었던 것 같다. 머리를 식히기 위해 나간 해변 산책길에서, 어린이가 모래밭에 작은 구멍을 파놓고 조개껍질로 연거푸 바닷물을 퍼다 붓는 모습을 보고 뭘 하려는 것인지 묻자 답이 돌아왔다.

> *"바닷물을 몽땅 떠서 여기에 옮길 거예요."*
> *"그렇게 해서는 안 될 걸? 바닷물 전부를 옮길 수는 없을 거야."*

어린이의 모래장난이겠거니 하고 잠시 눈길을 돌리는 사이, 어린이는 사라졌고 아우구스티누스는 깨달았다고 한다. 고민하던 신학적 난제가 인간의 이성으로는 풀어낼 수 없는 문제라는 사실을 말이다. 『황금전설』이라는 전승집에 있다고 알려진 이야기 한 토막이다.[27]

아우구스티누스의 신비한 체험은 해변의 어린이 이야기로 끝나지 않는다. 그의 생애에서 결코 빼놓을 수 없는 요소이다. 어찌 보면, 결정적 요소였다고 할 수 있다. 특히, 위를 향한다는 것은 신비하고 거룩한 세계를 향한다는 것이다. 밖에도 없고, 안에는 한계만 느껴지는 정황에서, 마침내 찾은 길이 '위를 향하는' 초월의 길이었다. 그것은 내적 성찰이 더욱 충만해지는 길이며 삶의 의미를 회복하는 길이다.

인간의 진정한 행복을 위해서는 밖으로 나가서는 안 되며, 오히려 안으로 들어가야 한다. 그리고 죄인으로서의 인간을 발견해야 한다. 하지만, 거기에 머물러서는 안 된다. 시간의 굴레를 넘어 영원을 향하여 나아가야 한다. 그 방향은 동서남북에 있지 않다. 위를 향해야 찾을 수 있다. 시간까지도 창조하신 영원하신 하나님을 만나야 한다는 것이 아우구스티누스의 요점이다.

분명히, 위를 향하는 길은 신비의 길이다. 인간이 완전하게 파악할 수 있는 길을 넘어선다. 그것은 시간의 영역을 넘어선 영원의 존재를 향한 여정이다. 밖으로 나가는 길을 통해서는 도달할 수 없는 길이다. 안으로 들어가서 진술한 자신의 모습을 발견할 때, 위를 향할 가능성을 얻을 수 있다. 죄인이라는 사실 앞에 진실해질 때, 죄인을 용서하시며 구원하시는 예수 그리스도를 만날 수 있기 때문이다.

말하자면, 내적 성찰은 궁극적으로 인간으로 하여금 위를 향하게 한다. 한계상황에 갇혀있는 인간에게 진정한 행복을 위한 길을 제시해준다. 영원을 향하여 나아가게 함으로써, 시간의 존재로서의 인간의 한계를 극복하고 영원에 관심하게 한다.

위를 향하여 나아가는 길, 혹은 초월에의 개방은 우리들의 관념의 문제를 넘어선다. 철학적 관점에서 초월을 향한 개방성을 말하는 것은 가능하지만, 아우구스티누스가 말하는 초월의 길은 인식과 선택의 문제를 넘어선다. 초월에 관심하는 것 자체로 의미가 있기는 하지만, 초월을 향하여 나아가는 길에서 반드시 '은혜'를 힘입어야 하는 과정이 남아있다.

은혜박사

앞장에서 살펴본 『절제론』을 한 번 더 기억해주시기 바란다. 마니교 논박이라기보다 펠라기우스 논쟁을 이해할 통로가 된다. 아우구스티누스는 마니교를 논박하면서 육과 영은 한분이신 선하신 하나님에 의해 창조된 것이며 그것들 자체로는 선한 것이라고 주장한다.[28] 이 부분은 아우구스티누스의 마니교논박의 주된 논점이다. 여기에서 한 걸음 더 나아가, 아우구스티누스는 절제란 육체에 대한 적대적 공격이 아니라 건강한 징계라고 읽어야 한다고 강조한다.[29]

펠라기우스 논쟁의 흔적이 묻어나는 부분이 여기부터이다. 아우구스티누스는 절제의 덕이 본질적으로 하나님의 은혜의 선물이라는 점을 강조한다.[30] 하나님께서 도움을 주시지 않는 것처럼 보일 때에라도, 하나님께서는 치료하시는 섭리를 통하여 인간이 자신의 능력만으로는 얼마나 무능한 존재인지를 깨닫게 하시는 은혜를 주신다. 이것은 펠라기우스가 윤리적 성숙을 강조하면서 은혜를 부정한 것과는 전혀 다른 방식이다.

요컨대, 아우구스티누스에게서 절제는 하나님께서 주셔야만 가능한 '은혜의 선물'이다. 하나님께서 주시는 절제의 은혜를 통해서만 사악한 무절제의 교만을 이겨낼 수 있다는 뜻이다.[31]『절제론』첫 부분에서부터 아우구스티누스는 이 점을 분명하게 말한다.

절제의 덕을 선물로 주시는 주께서 이 막중한 짐에 눌려있는 우리의 연약함을 도와주실 것이다. 주께서는 그의 신실한 백성들이 절제를 실천하고자 할 때 절제의 덕을 허락해 주신다.[32]

절제가 '덕'인 것은 분명하지만, 그것은 인간의 초인적 노력으로 완성되는 도덕적 공로의 몫이 아닌 은혜의 선물이라는 뜻이다. '은혜의 선물'이라는 표현은 절제를 위한 아무런 노력도 필요 없이 은혜만 구하면 된다는 뜻이 결코 아니다. 분명히, 절제를 위해 외적 행위에 대한 규제와 습관화 노력이 필요하다. 하지만, 그것만으로 절제가 완성되는 것은 아니다.

극단적인 소리로 들릴 수 있지만, '죄짓는 꿈'조차 꾸지 않을 정도로 영혼을 정결케 하시는 은혜에 대한 인식이 필수적이다. 굳이 꿈까지 문제 삼아야 하는가를 묻는다면, 아우구스티누스는 수면상태의 의식까지도 선하게 제어하시도록 하나님의 은혜를 의지해야 한다는 말이라고 답할 것 같다. 마치, 솔로몬이 꿈에 하나님 뵌 것처럼 가장 내밀한 마음의 영역 및 심지어 꿈에서조차 하나님의 도우심을 의지해야 한다는 뜻이다.[33] '은혜박사'(doctor gratiae)로서의 아우구스티누스의 면모가 드러나는 부분이다.

> 이 세상을 사는 동안에는 죄에 대해 용감하게 대항하는 자의 경우에서조차 '죄의 흔적'이 집요하게 드러난다는 것을 알아야 하며, 매일 기도하기를 '우리의 죄를 사해주소서'라고 해야 한다.[34] 하늘나라에서나 완전한 평화가 있을 것이다. '우리가 창조주에게 절대적으로 붙어있을 때에라야 우리의 싸움이 그치게 될 것이다.'[35]

내적 변화의 은혜를 구해야 한다는 것이 아우구스티누스의 핵심이다. 아우구스티누스가 염두에 둔 것은 절제하는 행위 그 자체가 아니라 내적 변화이다. 절제가 필요한 것은 분명하지만, 그리고 외적 행위에 있어서 바람직한 질서가 세워져야 하는 것 역시 틀림없지만, 그것만으로 완성되는 것은 아니다. 외형적 행위보다 인간 내면에 관심해야 한다는 취지이다.

아우구스티누스의 관점에 대해 몇 가지 비판이 제기될 수 있겠다. 예를 들어, 꿈에서 짓는 죄까지 문제를 삼아야 한다는 주장은 지나치게 극단적이고 비현실적이라는 반론이 가능하겠다. 이러한 비판과 관련하여 아우구스티누스를 일방적으로 옹호할 생각은 없지만, 아우구스티누스를 귀담아 들어야 할 부분 또한 분명히 있다.

사실, 정신의학자들이 꿈에 대한 분석을 통해 리비도(libido)의 문제에 관심했던 것과 아우구스티누스의 그것 사이에는 차이가 있다. 아우구스티누스의 관점은 꿈이란 자연적 경향성을 넘어 죄의 처소일 수 있다고 말함으로써 내적 성찰의 철저성을 추구했던 것이라 평가할 수 있겠다.

무엇보다도, 내적 변화를 위한 은혜중심적 관점을 제시했다는 사실에 주목할 필요가 있다. 이것은 펠라기우스에 대한 아우구스티누스의 태도에서 분명하게 드러난다. 적극적으로 해석하자면, 아우구스티누스의 내적 윤리는 펠라기우스의 'doing'에 대한 관심을 'being'에 대한 관심으로 전환시켰다. 내적 성찰을 통한 내적 변화의 추구를 위해 절제가 중요하지만, 그것을 넘어 은혜에 의한 도움이 필수적이라는 사실을 강조했다는 뜻에서 말이다.

말하자면, 아우구스티누스를 '은혜박사'라고 부르는 데에는 그에게서 은혜에 관한 중요한 원칙과 신학이 정립되었다는 뜻이 담겨있다. 대부분의 경우, '은혜'라는 말을 너무 쉽게 쓰는 경향이 있다. 하지만, 은혜에 관한 아우구스티누스의 성찰은 헤프게 혹은 대충대충 확립된 것이 아니다. 은혜박사라는 호칭을 말하면서 아우구스티누스를 다루는 것은 '은혜만능주의'가 아니다. 아우구스티누스의 생애와 그의 관점은 '은혜중심주의'라는 사실을 간과해서는 안 된다.

5) 늦게야 사랑하나이다

아주 늦은 것은 아니지만

위를 향한 길은 '찾아낸 길'이라기보다 '선물받은 길'이라고 하는 것이 맞다. 아우구스티누스의 길 찾기는 위를 향한 길에서 종착점에 도달하고 있다. 하지만, 이것은 애써 찾은 결과였다기보다 이미 알고 있던 길을 수없이 거부하다가 선물로 받아들였다는 뜻으로 읽는 것이 맞겠다. 그에게 기독교는 멀리 있지 않았으며 마치 문화적 환경과도 같이 항상 기독교 가까이에 머물고 있었다. 주저하거나 거부하거나 혹은 신뢰하지 않았을 뿐이다. 이것을 말해주는 아우구스티누스의 문장이 있다.

> 그렇게도 오래 되셨지만 동시에 그렇게도 새로운 아름다움이 되시는 당신을 나는 너무 늦게야 사랑했습니다.[36]

진리를 찾아 나선 길, 행복에 이르는 길을 위한 여정에서 우리는 아우구스티누스의 가이드를 받아 '밖'으로 나가지 않고, '안'으로 들어가, '위'를 향하여 영원한 진리와 행복을 향하도록 안내를 받고 있다. 아우구스티누스의 가이드는 자신의 실존적 체험을 바탕으로 진리를 향하여 나아가는 우리에게 이 길이 참된 행복의 길이라고 말해준다. 아우구스티누스 자신이 '마침내 찾은 길'이자 '선물로 받은 길'이다.

쉼

궁극적으로, 아우구스티누스의 인문학은 '쉼'을 향하여 나아간다. '안식'이라는 개념으로도 옮길 수 있겠다. 라틴어로는 'Quies' 혹은 'Requies'로 쓸 수 있는 '쉼'은 아우구스티누스의 인문학적 성찰에서 궁극적 관심에 해당한다. 또한 그가 삶의 목적으로 추구하는 참된 행복의 동의어라고 할 수 있다. 아우구스티누스의 명저, 『고백록』의 처음과 끝을 장식하는 단어이기도 하다.

> 당신께서 우리를 지으실 때, 당신을 향하여 살도록 창조하셨기에 당
> 신 안에서 쉴 때까지 우리 마음이 온전히 쉴 수 없습니다.[37]

『고백록』 제I권 첫 문구에 나타난 쉼에 대한 아우구스티누스의 성찰
은 『고백록』 마지막 제XIII권에서 영원한 쉼을 향한 간절한 소망의 기도로
마무리된다. 처음과 끝이 쉼을 지향하고 있음을 놓쳐서는 안 된다는 뜻이
다. 아우구스티누스는 쉼을 간구하면서도 시간의 쉼이 아니라 영원한 쉼
을 바라는 마음을 표현하면서 간절하게 기도하여 이렇게 말한다.

> 영원한 쉼을 주소서.[38]

여기에, 아우구스티누스가 말하는 내적 성찰의 인문학이 있다. 밖으
로 나가려는 집착이 만들어내는 오류를 넘어서, 인간의 진정한 행복의 길
이 영원한 '쉼'에 있음을 말해준다. 혹은 내적 성찰의 가치를 일깨운 아우
구스티누스는 위를 향하여 나아가도록 권함으로써 내적 성찰의 가치를 격
상시킨다. 이것이야말로 아우구스티누스가 인문학적 성찰을 통해 추구한
가치이다.

3.
위엣 것을 찾으라

마음을 넘어서

    '열풍'이라는 말을 생각해 본다. 뜨거운 바람을 뜻하는 '熱風'이라는 단어보다는 강렬한 몰아침이라는 뜻에서 '烈風'이라고 쓰는 것이 맞겠다. 이를테면, 유행 중에서도 상당기간 유지되는 강렬함을 지닌 경우에 해당하겠다. '대유행'정도 될 것 같다. 특정한 시대를 이끌어가는 경향 혹은 추세를 말하는 '트렌드'라는 것 역시 여기에 해당하는 것일 수 있겠다.

    우리의 경우, 열풍이 잦다. 강렬하게 다가오지만 길지 않은 것이 특징이다. 한동안 '웰빙'이 판을 치다가 '로하스'와 연계되었다가, 그 다음 단계로 '슬로우 라이프'와 '소확행'으로 이어지는 경우가 그렇다. '힐링'이라는 말도 다르지 않아 보인다. '치료'보다는 '치유'에 가깝다고 할 수 있는 힐링 열풍이 강타하면서, 그토록 강렬했던 '웰빙'은 사라져 버린 느낌이다.

    사실, 힐링이라는 말도 너무 많이 듣다보니 식상해질 정도가 되었다. 아마도 머지않아 힐링의 대체어가 튀어나올 것으로 예측된다. 조금 다른 각도에서 보면, 굳이 구분할 것은 아닐 것 같다. '웰빙'을 바라는 마음이 '힐링'의 추구로 연속되고 있을 따름이다. 관련 상품을 마케팅 해야 하는 분들의 경우에는 새로운 트렌드를 만들어 내거나 이끌어가야 할 절박함이 더 커질 수 있겠다.

어떤 말을 쓰든 간에, 공통분모는 '마음'의 문제라는 생각이 든다. '밖'으로 나가는 사람들도 비슷한 동기가 작용한 것 아닐까 싶다. 적어도, 아우구스티누스의 멘토링 혹은 가이드에 따르면 '밖'으로 나가는 것이 정답은 아니다. 아우구스티누스는 방향을 바꾸어 '안'으로 들어가기를 권한다. 문제는 '안'으로 들어가서 무엇을 발견하고 어떻게 길을 찾아가느냐에 달려 있다.

물론, '속 깊은 사람'도 있기는 하다. 후천적인 노력 혹은 내공을 길러서 속 깊은 사람 되는 경우도 있고 바탕이 좋아서 속 깊은 사람이 있는 것 같다. 천성적으로 속 깊은 사람을 보면 마냥 부럽기만 하다. 남에 대한 배려, 그리고 행동할 때 신중한 모습들이 정말 부럽다. 노력을 통해서든 혹은 바탕이 좋아서든 간에, 속 깊은 사람이 되거나 그런 사람을 만나는 것 자체는 좋은 일이라 하겠다.

문제는 그들에게도 내면의 한계상황이 있다는 점이다. 속 깊은 것만으로는 완결되지 않는다. 속 깊은 사람 되는 것은 좋은 일이지만, 그의 속에도 추악함이 있기 마련이며 그가 항상 행복한 것만은 아니다. 내면의 추악함을 발견해야 하는 것은 보편적인 과제라는 사실을 상기해야 한다.

리마인드 해야 할 것이 있다. 앞 장에서, 내적 성찰 즉 안으로 들어가는 길 그 자체로 의미가 크다는 점을 살펴보았으며 동시에 거기에 집착하거나 머물러서는 안 된다는 사실을 살펴보았다. 밖으로 나가는 길에 집착하는 것이 위험천만한 것과 마찬가지로, 안으로 들어가는 길에 집착하는 것 역시 바람직하지 못하다. 안으로 들어가기만 하면 다 되는 것은 아니기 때문이다. 그 곳에서 또 한 번의 방향전환이 필요하다. 위를 향하여!

위엣 것을 찾으라!

속 깊은 사람 되는 것도 좋지만, 오히려 내면의 추한 진실을 마주하는 것이 더 나은 길일 수 있다. 초월을 향한 치유와 회복을 말할 수 있기 때문이다. 인간 내면의 추악함을 발견하고 좌절하기보다 더 깊은 곳으로 들어가서 그곳에 계신 초월자를 만나는 길, 그 길은 위를 향하여 관심을 집중해야 한다는 뜻이다. 바울이 권하는 것처럼, 위를 향하여 나아가야 한다.

위엣 것을 찾으라. 거기는 그리스도께서 하나님 우편에 앉아 계시느니라. 위엣 것을 생각하고 땅엣 것을 생각지 말라.(골3:1~2)

여기에서 놓치지 말아야 할 것은 밖에서 안으로, 안에서 위로 나아가는 아우구스티누스의 기독교인문학의 결정적인 요소가 '은혜'라는 사실이다. 플라톤의 에로스처럼, 상승하는 사랑에 의해서라기보다 은혜를 통하여 아우구스티누스의 기독교인문학은 가능해진다.

이러한 뜻에서, 아우구스티누스의 기독교인문학은 '초월을 권하는 인문학'이다. 검색하기에 급급한 현대인에게서 소통을 명분으로 다른 사람들의 반응에 집착하는 것은 '밖으로 나가는 길'임에 틀림없다. 현대인을 위한 여러 관심들 속에서, 아우구스티누스라는 고전에 주목하는 데에는 나름의 분명한 이유가 있다. 그의 진단과 처방이 현대인을 위한 소중한 통찰을 제시해 줄 것으로 기대되기 때문이다.

남들의 반응에 집착하고 남을 디스하기에 바쁜 현대인에게 검색의 기술을 넘어 내면세계에 관심하게 하는 중요한 충고가 아우구스티누스에게 분명히 있다. 특히, 건강한 자극을 받아야 한다. 내 모습을 제대로 알아야 자기혁신이 가능하다. 내가 지닌 한계와 약점을 알아야 자기극복을 추구할 수 있지 않을까? 궁극적으로는, 초월을 향한 여정으로 나아가야 마땅하다.

4장

마음을 고쳐라

나의 사랑이 곧 나의 무게입니다.
어떤 방향으로 움직이든 간에 사랑이 이끄는 대로 움직이게 됩니다.

(Confessiones)

내 안에 사랑을 질서지어주소서.

(De civitate Dei)

1. 과잉연결되고 있다!

2. '마음을 고쳐주소서'(reformes me)
   1) 퍼즐 맞추기: 시간, 영원, 사용, 향유
   2) 쿠피디타스를 넘어서
   3) 마음고침의 카리다스를
   4) 현자의 길? 제자의 길!
   5) 탐욕의 시대, 복음적 가난을

3. 새 사람을 입으라

1.
과잉연결되고 있다!

밖에서 안으로, 그리고 다시 위를 향하는 여정을 통하여, 질문하지 않을 수 없다. 위를 향하여 살아가야할 인간은 탐욕의 불길에 그을린 채로 그 길에서 벗어나지 못하고 있다. 탐욕과 죄를 이겨내고 영원을 향하여 살아갈 수 있을까? 아우구스티누스는 이렇게 기도한다. 마음을 고쳐주소서(reformes me).[1]

과잉연결, 탐욕으로

우리는 너무 많이 소통하고, 너무 자주 연결되어 지나치게 관심받고 싶어 한다. 한마디로, '과잉연결(over-connected)'되고 있다. 어느 번역서 제목에 사용된 이 말은 현대인의 모습을 상징적으로 표현해주는 듯싶다. 연결 그 자체를 탓하는 것이 아니라, '과잉' 즉 지나침이 문제라는 뜻이다.

과잉연결 혹은 연결과잉은 인터넷시대에 겪게 되는 가장 대표적인 골첫거리라 하겠다.[2] 데이비도우(William H. Davidow)에 따르면, 인터넷은 우리의 거의 모든 활동과 삶의 거의 모든 영역에 영향을 미치고 있다. 그 혜택을 누릴 수도 있고, 그 위험에 직면할 수도 있다. 그리고 과잉연결을 기술남용 현상쯤으로 오해해서는 안 된다. 상상을 초월할 정도로 영향을 끼칠 수 있기 때문이다.[3]

흥미로운 것은 과잉연결을 위험스러운 탐욕의 문제로 설명한다는 점이다. 예를 들어, 아이슬랜드의 금융위기에 대한 설명은 탁월한 분석인 것 같다. 감당할 수 없을 정도의 빚을 내서 결과적으로 연쇄도산을 겪었고 많은 금융기관이 도산했던 이 사건을 두고, 데이비도우는 철도, 자동차 도로와는 비교도 되지 않을 정도의 영향력을 발휘하는 인터넷이 '포지티브 피드백'을 키운 것이라고 분석한다.

> 인터넷이 만들어 낸 속도지상주의의 세계는 차분히 성찰할 시간을 빼앗아 버려 투자자들로 하여금 다른 사람이 기회를 먼저 채 갈지도 모른다는 불안감에 성급한 투자를 일삼게 하고, 게다가 그런 신중하지 못한 투자에는 눈먼 돈이 몰려온다.[4]

다른 말로, '탐욕은 스마트 연결을 타고' 정도 될 듯싶다. 연결 자체를 두고 탓하는 것이 아니라 과잉의 문제와 탐욕의 개입을 경고한 것으로 읽을 수 있겠다. 데이비도우의 지적은 상호연결성이 높아지면서 자칫하면 대처하지 못하게 될 수 있음을 알려준 점에서 의의가 있어 보인다. 특히, 과잉연결이 탐욕과 결부될 때 걷잡을 수 없는 위험이 초래된다는 사실을 일깨워준다.

홍콩 간다? 탐욕을 넘어서야

'홍콩 간다'는 속어가 있다. 홍콩이 환상적인 곳이었던 때가 있었다. 지금은 그렇게까지는 아닌 듯싶다. 중국에 반환된 이후의 홍콩이 아마도 예전 같지는 않은 모양이다. 어쨌거나 상하이, 마카오와 함께 근대사회의 모습을 상징적으로 보여준 역사의 교훈과 흔적이 남아있다.

홍콩에 관한 이야기 중에 이런 것도 있다. 영국이 세계를 주름잡던 시절, 중국에 진출하면서 홍콩과 마카오, 상하이를 점령하고 '조차'(租借)라는 형식으로 그 기간을 99년으로 정했다고 한다. 100년을 하기에는 너무 속이 보이는 것 같아서, 99년 정도면 '영원'할 것으로 생각했다는 이야기였다. 어쩌면 중국인의 수 개념과도 관계가 있지 않을까 싶기도 하다.

결과적으로 20세기가 끝나기 전에 그 기간이 지나 중국에게 환원되었지만, 그 당시의 영국인들은 자신들의 권력이 영원할 줄 착각했던 것 같다. 어리석어 보이는 이야기 같지만, 그것이 인간의 한계가 아닐까 생각하게 된다. 시간의 영역에 살면서 영원할 것처럼 큰소리치며 소유를 자랑하고 숭배하는 모습 말이다.

영원할 것처럼 착각하는 모습은 자신의 소유가 영원하기를 기대하면서 상속과 세습을 통해 길이길이 물려줄 수 있을 것이라는 생각을 낳기도 한다. 꼭 그럴 수 있는 것은 아니다. 기업이나 가업이 상속되는 것을 두고 영원에 대한 기대를 말하는 것 같지만, 실제로 당사자로서는 영원할 수 없다. 게다가, 물려준 것조차도 후손들에 의해 어떤 결과를 낳을지 장담할 수 없다.

시간과 영원을 이야기하는 이유는 분명하다. 아렌트(Hannah Arendt)가 말한 것처럼, 인간 실존은 시간을 소비하고 시간에 의해 소비되는 것으로서, 시간성은 인간 실존의 지배적 특성이다.[5] 문제는 시간에 속하는 존재이면서도 시간의 영역에 있는 것들이 삶의 전부인 듯 살아가는 것은 중대한 착각이라는 점이다. 무엇보다도, 시간의 영역에 속하는 것들에 대한 탐욕의 문제는 항상 경계해야 마땅하다.

2.
'마음을 고쳐주소서'(reformes me)

1) 퍼즐 맞추기: 시간, 영원, 사용, 향유

퍼즐

아우구스티누스의 길 찾기, 그리고 아우구스티누스를 가이드로 삼은 우리의 길 찾기는 중요한 계기를 맞이하고 있다. '밖으로 나가지 말라, 안으로 들어가라, 그리고 위를 향하라.' 길 찾기에 나선 우리의 현주소이다. 과연, 아우구스티누스의 성찰은 이것으로 종료되는 것일까?

사실, 여기에서 길 찾기 여행을 끝내도 문제는 없어 보인다. 하지만, 아우구스티누스는 여기에서 정말 중요한 '꿀팁'을 준다. 왜, 밖으로 나가지 말아야 한다고 했는지, 안으로 들어야 가야 하는 이유는 무엇인지, 그리고 위를 향하는 길에서 무엇에 관심해야 하는지를 풀어낸 지점에서 아우구스티누스는 우리에게 중요한 과제를 제안한다.

아렌트가 말한 것처럼, 아우구스티누스는 자신 속으로 들어가 세계의 분산과 산란함으로부터 자아를 거둬들이려고 하면 할수록 그는 점점 더 자신에게 문젯거리가 되었다.[6] 그곳에서, 아우구스티누스는 좌절하지 않았다. '위'를 향하여 나아가는 길에 주목했다. 그 길은 지적 호기심에 의한 것이 아니라, 시간의 영역이 지닌 한계를 넘어 영원을 초월의 길이었다. 그리고 영원에 대한 체험은 아우구스티누스를 근본적으로 변화시켰다. 삶의 가치와 윤리를 새롭게 하는 삶의 방식(ars vivendi)의 전환과 변화를 지향한다. 이것을 상징적으로 보여주는 아우구스티누스의 기도가 있다.

> 당신을 기억하며, 이해하며, 사랑하고 싶습니다. 제게 은혜를 더해 주
> 시고 나를 고쳐 주소서.[7]

여기에 사용된 '고쳐주소서'의 라틴어 표현 'reformes me'는 '개혁'을 뜻하는 용어로 사용된다. 영어의 'reform'에 해당한다. '나를 개혁시켜주소서'로 읽어도 무방해 보일 정도이다. 사랑의 존재인 인간이 자유의 남용으로 죄의 노예가 되어있는 현실에서, 스스로의 노력을 넘어선 초월적 은혜를 통해 개혁되어야 할 필요성을 말해준다.[8] 지적 회심에서 윤리 회심으로, 그리고 윤리 회심에서 삶의 개혁으로 나아가야 한다는 뜻이다.

아우구스티누스가 인간을 사랑의 존재로 설명하고 그 사랑의 개혁을 말한 부분은 이것을 가장 설득적으로 풀이해준다. 이 과정은 '시간', '영원', '사용', '향유'의 네 가지 카드를 조합하는 퍼즐게임에 비유할 수 있다. 시간과 영원의 축을 중심으로, 시간-사용, 시간-향유, 그리고 영원-사용, 영원-향유, 이렇게 다양한 조합이 가능하다. 이들 퍼즐의 조합은 밖으로 나가는 길, 안으로 들어가는 길, 그리고 위를 향하는 길의 특징을 구체적으로 풀어내는 또 다른 설명방식이라 할 수 있다.

나아가, '시간과 영원'의 설명법은 시간의 존재로서 인간이 한시적이고 임시적인 것에 집착하기보다 영원에 관심해야 한다는 이야기로 이어진다. 시간에 집착하는 삶에서 영원을 향하는 삶으로, 그리고 영원의 비전을 따라 살아가는 사람으로 변화되어야 한다는 뜻이다.

비시시튜드

시간이라는 단어가 말해주는 것은 시계로 측정되고 표시되는 물리적 의미의 운동량이 아니다. 변화하고 소멸하는 것들의 특성을 상징한다. 한시적인 것이라는 뜻이다. 솔직히 말해서, 시간의 영역에 있는 모든 것이 생성, 변화, 소멸의 과정에 묶여있다. 시간의 지배를 받는다.

영어 표현에 'Man is mortal.'이라는 말이 있다. 인간이란 결국 죽게 되어있는 존재라는 뜻이다. 비슷한 말로, 라틴어로 'memento mori'라는 말도 있다. 죽음을 기억하라는 뜻이다. 밖으로 나가서 마주하는 모든 것들, 심지어 인간 자신도 시간의 지배를 받는 시간적 존재일 뿐이며 영원하지 못하다.

영원이란 시간을 초월한 영역에 해당한다. 그것은 시간이 끝없이 이어지는 것으로서의 '지속' 혹은 '무한'이라는 것과 같지 않다. '무한' 역시 시간일 뿐이며 상대적인 것에 지나지 않는다. 시간의 끝에 '영원'이 있다는 뜻이 아니다. 시간과 영원은 전혀 다르다. 변하지 않으며 소멸하지 않는 절대적 존재에게만 영원을 말할 수 있다. 영원은 영원이다. 그것은 시간이 아니다. 시간과 영원은 구별되어야 한다.

문제는, 시간과 영원을 구별하고 그 질서를 바르게 인식하기가 쉽지 않다는 점이다. 밖으로 나가는 자연적 경향성을 가진 존재로서, 인간은 시간과 영원을 구별하지도 못하며 구별한다고 해도 그 질서를 바르게 세우지 못한다. 시간의 영역에 있는 것이 전부인 줄 착각하면서 영원에 대해서는 관심 자체가 없다. 시간을 영원인 것처럼 착각하면서 시간에 집착하여 살아가는 셈이다.

심지어, 시간과 영원을 혼동하거나 그 질서를 왜곡시킨다. 시간의 존재이면서도 영원할 줄 착각하면서 살아간다. 시간에 속하는 것을 소유하는 일에 집착하며 소유의 많고 화려함을 자랑삼아 살아간다. 겉으로 드러난 것을 자랑하며 남들의 평가에 민감해한다. 아우구스티누스의 진단법을 적용하자면, 밖으로 나가서 행복을 찾고 있는 모습이다.

한 가지, 응용할 것이 있다. 아우구스티누스에게 영향을 준 플라톤철학, 그리고 당시의 스토아철학과의 차이점은 무엇일까? 아우구스티누스가 보기에, 그들은 밖으로 나가는 길에서 돌이켜 안으로 들어간 자들이라는 점에서 의의가 있다. 문제는 안으로 들어가서, 죄인으로서의 인간의 한계를 직시하지 못했고 위를 향하여 나아가지 못했다. 그것이 결정적인 차이라 할 수 있다.

세네카를 비롯한 로마의 철학자들이 즐겨 다루었던 '행복한 삶'의 문제는 그당시 기독교사상가들의 주제이기도 했다.[9] 아우구스티누스의 경우도 다르지 않다. 그에 따르면, 진정으로 행복해지려면 '행운'에 좌우되지 않는 불변의 선을 획득해야 한다. 그리고 그 열망을 채워줄 존재는 최고선이신 하나님 한 분이시다. 따라서 하나님을 모시고 있음(habere deum)과 하나님과 함께 있음(esse cum deo)이 행복이다.[10]

특히, 'beata vita'는 지상의 삶에서는 불가능하다. 스토아 철학자들이 생각한 것처럼, 현자들이 정치꾼 아닌 진정한 정치인이 되어 로마를 위해 봉사한다고 해도 그것으로 행복한 삶이 구현되는 것은 아니다. 정치꾼이 아닌 덕스러운 정치인으로서의 삶은 영예로운 것일 뿐, 그것 자체가 행복이라고 할 수는 없다. 행복이란 현실의 악덕과 비참함을 넘어선 영원의 존재에게서 찾아야 한다.[11]

아우구스티누스가 보기에, 철학을 통해서는 인간이 스스로를 행복하게 할 수 없다. 철학은 인생의 불행과 부침(vicissitudes)에 충분히 주의를 기울이지 못했고, 그 결과 행복에 대한 성찰에 실패했다. 행복에 대한 다양한 설명이 있기는 하지만, 결과적으로 고대철학은 행복을 충분히 다루지 못했다.[12] 우리의 관심과 연관지어 아우구스티스의 관점을 응용하면 이렇게 말할 수 있다. 철학자들이 밖으로 나가지 않고 안으로 들어간 것까지는 의미가 있지만, 그들은 여전히 시간에 집착하고 있었기에 영원을 향하여 나아가지 못했다.

템푸스

시간과 영원에 대한 이야기는 내적 성찰을 통해 인간의 한계를 발견한 아우구스티누스가 자신의 문제의식을 확장시키는 과정에 속한다. '나는 누구이며, 죄의 원인은 무엇인가?' 이 질문의 답을 찾아 달려온 아우구스티누스는 내적 성찰을 통해 인간에게 주어진 죄의 현실을 직시하면서 질문을 변경한다. 인간은 왜 밖으로 나가려 집착하는 것일까?

이 질문과 관련하여, 아우구스티누스는 또 하나의 질문을 던진다. '시간이란 무엇인가?'(Quid est ergo tempus?) 『고백록』 XI권에 나타난 시간에 대한 성찰은 불쑥 끼어든 불청객이 아니다. 아우구스티누스에게서 시간에 대한 논의는 운동량의 객관적 계량의 차원에 머물던 고대철학자들의 관점을 넘어 인간 내면성의 문제로 이어진다.

시간이란 무엇입니까? 질문을 받기 전에는 시간이 무엇인지 알고 있는 것 같습니다. 하지만, 질문을 받아 시간에 대해 설명하려 하면 나는 잘 모르고 있습니다.[13]

시간에 대한 성찰은 기억에 대한 이야기로 연결된다. 과거를 기억한다는 것은 창조주께서 인간에게 허락하신 능력이지만, 본질적으로는 시간의 문제에 맞닿아 있다. 과거를 기억하는 것은 현재와 미래에 접속되어 있기 때문이다. 과거 일의 현재가 기억이요, 현재 일의 현재는 직관이며, 미래 일의 현재를 기대라고 할 수 있다.[14] 말하자면, 시간은 물리적 운동량이 아니라 내면성의 문제이다.

시간이란 일종의 연장인 것 같습니다. 하지만 무엇의 연장인지 모릅니다. 아마도 마음의 연장이 아닐까 싶습니다.[15]

이처럼, 아우구스티누스는 시간을 내면성의 관점에서 해석하면서 영원에 대한 관심으로 이어간다. 가변적이고 한시적인 한계를 넘어설 대안을 모색하는 단계로 나아간다. 아우구스티누스가 보기에, 인간은 영원하신 절대자를 향하는 길에서만 비로소 의미를 얻는 존재일 수 있다. 이것은 시간에서 영원을 향하는 길이 아니라 영원의 시선에서 시간을 조명하는 방식이다.

시간적 존재로서의 인간은 그 한계를 스스로의 힘으로 극복할 수 없다. 영원의 존재인 하나님을 통해서만 진정한 쉼을 얻을 수 있다. 이것은 『고백록』 I권에서 말했던 진정한 쉼에 대한 요청과 일맥상통한다. 시간과 영원의 구도에서 볼 때, 영원하신 하나님이 모든 생명의 원천이시며, 진정

한 행복의 근원이라는 뜻이다.[16]

사랑 DNA

'시간'과 '영원'의 설명이 중요한 이유는 그것이 '밖으로'와 '안으로'
의 구분과 밀접하게 연관되기 때문이다. '밖으로' 나가는 길은 '시간'에 집
착하는 것이며 '안으로' 들어가는 길은 '영원'을 향하는 것이라고 말하려는
의도는 아니다. 틀렸다고는 할 수 없지만, 바른 설명법은 아니다.

여기에서 빼놓을 수 없는 것이 있다. 길을 찾는 주체로서의 인간, 특히
인간의 자유의지와 그 핵심으로서의 '사랑'에 관한 이야기이다. 아우구스
티누스의 '사랑' 개념은 매우 중요하고 유용하다. 아우구스티누스에 따르
면, 인간은 사랑의 존재이다. 사랑은 인간의 DNA와도 같다는 뜻이다.

문제는 무엇을 어떻게 사랑하느냐 하는 점이다. 인간이란 로맨스의
존재라는 말을 하려는 것이 아니다. 사랑이란 모든 심리적 에너지를 집중
하여 드러내는 관심과 태도를 뜻한다. 라틴어로는 '아모르'(amor) 혹은 '딜
렉시오'(dilectio)를 사용한다. 인간에게서 '의지'의 중요성을 일깨워주는 것
으로 이해하면 좋겠다. 인간은 자유의지를 따라 선택하는 존재로서, 인격
체이다. 선택에 따른 책임도 인간에게 주어진 몫이다. 이것이 사랑의 존재
로서의 인간을 설명하는 매트릭스이다.

아우구스티누스는 '의지'의 개념에 큰 의미를 둔다. 그것은 아우구스
티누스 이전의 사상가들이 주목하지 못했던 요소였다. 아우구스티누스가
의지에 주목한 것을 두고 사상사적인 새로운 발견이라고 말하는 경우도
있을 만큼, 의지의 문제는 매우 중요하다. 의지는 밖으로 나갈 수 있고 안
으로 들어갈 수도 있다. 위를 향할 수도 있고 아래로 떨어져 내려갈 수도

있다. 의지는 자유를 본질로 하며 선택의 방향은 의지에 달려있다.

> 물체는 자체의 무게로 인해 제자리를 향해 움직입니다. 무게는 밑으로 내려가기만 하는 것이 아니고 제자리를 찾아가는 것입니다. 돌은 밑으로, 불은 위로, 제 각각 자기의 무게로 인하여 제자리를 찾아갑니다. 물에 부은 기름은 물 위로 떠오르고 기름 위에 부은 물은 기름 밑으로 가라앉습니다. 이처럼 모든 것은 제 무게로 인해 제자리를 찾아 움직입니다. 그것들이 제자리를 벗어나면 불안정해지고 다시 돌아가면 안식을 얻습니다. 나의 경우에도 다르지 않습니다. 나의 사랑이 곧 나의 무게입니다. 내가 어떤 방향으로 움직이든 간에 나는 사랑이 이끄는 대로 움직이게 됩니다. 우리의 사랑은 당신의 선물인 성령으로 불붙어 위로 오르게 됩니다.[17]

아우구스티누스는 의지의 중요성에 관심하면서, 의지의 가장 핵심적인 요소를 '사랑'이라고 칭한다. 여기에서 말하는 사랑에는 인간의 인격적 선택의 모든 과정이 포함되는 것으로 읽어야 한다. 아우구스티누스를 로맨티시스트로 몰아가면, 그의 사상을 이해할 수 없으며 중요한 것을 놓치게 된다.

질송이 말한 것처럼, 아우구스티누스에게서 영혼의 모든 움직임은 의지에 달려있다.[18] 질송의 설명에 따르면, 사랑은 의지의 핵심요소로서 의지를 움직이는 내적 힘이다. 의지가 곧 그의 인격을 뜻한다는 말도 가능하다. 인간은 본질적으로 그의 사랑에 의해 움직여지기 때문이다.[19]

말하자면, 사랑은 인간의 됨됨이를 구분할 근거라 하겠다. 인간은 사랑의 존재로서, 사랑의 방향에 따라 인간의 격이 달라진다는 뜻이 된다. 아우구스티누스의 용법대로 하자면, 내가 무엇을 사랑하느냐에 따라 내 인격이 결정되고 달라진다. 사랑이라는 단어 자체가 중요한 것이 아니라, 사랑의 대상과 구분에 따른 인간의 가치관 혹은 태도가 문제라는 뜻이다.

중요한 것은 아우구스티누스가 사랑을 자연적 경향성 그 이상의 가치에서 설명하고 있다는 점이다. 아우구스티누스는 사랑을 당위 혹은 질서의 관점에서 이해한다. 시간과 영원의 구도가 여기에 적용되면 제대로 된 혹은 바른 가치의 질서와 윤리란 무엇인지를 말할 수 있으며, 인간의 진정한 행복과 완성은 바른 사랑에 있다는 사실을 제시할 근거가 된다.

우티, 프루이

시간적인 것들은 자랑삼거나 숭배할 대상일 수 없다. 그것들을 무시하며 살라는 것이 아니다. 수단으로 삼고 선한 목적을 위해 사용해야 한다는 뜻이다. 이것을 라틴어로 '우티'(uti)라고 한다. 영어의 '사용한다'는 뜻의 '유틸리라이즈'(utilize)라는 말과 연관이 있겠다. 수단으로 사용하라는 뜻이다.

시간적인 것은 사용해야 한다는 'uti'에 상대어가 있다. 라틴어 '프루이'(frui)가 그것이다. 영어로는 'enjoy'라는 말로 번역할 수 있기는 하지만, 즐긴다는 뜻보다는 목적으로 사랑한다는 뜻이다. 경배하고 신앙해야 할 영원에 대한 사랑을 뜻한다.

흥미로운 것은 'uti'와 'frui'가 인간 의지의 핵심으로서의 사랑에 관한 설명법이 된다는 점이다. 사랑의 대상에 관한 구분과 연관된다. 아우구스티누스는 사랑의 대상을 향유하기 위한 것과 사용하기 위한 것, 그리고 향유하면서 또한 사용할 것으로 구분한다. 향유한다(frui)는 것은 그 자체를 위하여 사랑하는 것이고 사용한다(uti)는 것은 수단으로서, 즉 보다 더 상위의 목적을 위한 사랑을 의미한다. 향유란 더 이상의 목적이 없는 최고선에 대한 사랑에 직결되고, 사용이라는 것은 잠정적인 것에 대한 사랑을 뜻한다고 볼 수 있다.

'uti'와 'frui'가 사랑의 대상을 구분할 때 사용하는 용어라고 할 수 있다면, 사랑의 주체와 관련하여 적용하는 용어들도 있다. '카리타스'(caritas)와 '쿠피디타스'(cupiditas)이다. 'uti'해야 할 것을 'uti'하고 'frui'의 대상을 'frui'하는 경우, 'caritas'이다. 질서를 지키는 사랑 혹은 바른 사랑이라는 뜻이 된다. 그 반대로, 질서를 어기는 사랑에 대해서는 'cupiditas'라고 한다. 'uti'해야 할 대상을 'frui'하고 'frui'해야 할 대상을 'uti'하거나 무시하는 경우이다.

사실, '시간'-'사용,' '영원'-'향유'의 질서가 맞춰지지 못하는 경우들이 더 많다. 솔직히, '시간'-'향유,' '영원'-'무시' 또는 '영원'-'사용'의 어긋난 퍼즐은 얼마든지 볼 수 있다. 우리 삶의 현실이라고 말해도 지나치지 않을 정도이다. 아우구스티누스에 따르면,

> 선한 사람들은 하나님을 향유하기 위해 세상을 사용하지만, 악인들은 반대로 세상을 향유하기 위해 하나님을 이용하려 한다.[20]

이것을 요약하면 퍼즐 맞추기에 비유할 수 있겠다. '시간'과 '영원,' 'uti'와 'frui,' 그리고 'caritas'와 'cupiditas' 사이에 긴장감이 생긴다. 이것이 '밖으로'와 '안으로,' 그리고 '위로'의 길과 조합되면 중요한 내러티브가 이루어진다. '밖으로' 나가는 길은 'uti'를 'frui'하는 'cupiditas'로 이어진다.

'안으로' 들어가는 길은 '밖으로' 나가는 길보다 낫지만, '위로' 향하는 길을 찾기 전까지는 완성이 아니다. 밖에서 안으로 들어가 위를 향할 때,

'uti'를 'uti'하고 'frui'를 'frui'하는 'caritas'의 실천을 말할 수 있다.[21] 가치의 질서를 따르는 사랑, 혹은 질서 있는 사랑이라는 말이 여기에 적용된다. 마땅히 사랑해야 할 대상을 마땅한 사랑의 방식으로 사랑해야 한다는 당위를 보여주는 부분이기도 하다.

다만, 쿠피디타스의 현실에서 카리타스의 당위로 전환이라는 과제에서 놓치지 말아야 할 것이 있다. 사랑의 존재로서의 인간 주체에 달린 문제이기는 하지만, 초월적 은혜를 통해서 변화를 추구할 때 비로소 수행가능해진다. 이것을 '은혜의 주입'(infusio gratiae)이라고 말한다.

2) 쿠피디타스를 넘어서

탐욕, 탐닉, 그 이상의

사랑이 인간의 DNA와도 같다면, 문제는 사랑하느냐 혹은 마느냐에 관한 것이 아니라 무엇을 어떻게 사랑하느냐에 달렸다. 아우구스티누스의 관점에서, 시간과 영원의 구분이 사랑의 질서와 맞물린다. 인간이 영원을 외면하고 시간적인 것들에 집착하고 심지어 자랑삼거나 숭배하는 것은 질서에 어긋나는 것으로서, 이것이 앞에서 말한 인간의 현실과 한계의 원인이다.

아우구스티누스가 보기에, 사랑의 존재로서의 인간은 결정적인 왜곡에 빠져있다. 사랑의 왜곡이다. 시간적인 것들은 사용하고 영원한 존재를 향유해야 마땅하지만, 현실에서는 그렇지 못하다. 오히려 왜곡되어 있다. 사용해야 할 것을 자랑하고 숭배하며, 마땅히 향유하고 숭배해야 대상을 잊어버리거나 수단시하는 현실을 우리는 어렵지 않게 찾아 볼 수 있다. 질서가 어긋나버린 상태이다.

사랑이 어긋난 상태를 아우구스티누스는 안타까워한다. 인간의 현실이, 특히 내적 성찰을 통해 발견한 인간의 현재적 모습이 어긋남의 상태에 있다는 점은 하나의 비극이다. 요컨대, 쿠피디타스의 상태이다. 영어사전을 찾아보면, 'cupidity'라는 단어로 표현되어 있다. 그 뜻을 '탐욕'이라고 풀이하지만, 그렇게 단순한 개념이 아니다. 질서에서 어긋난 사랑을 뜻한다. 그것은 인간이 죄의 상태에 빠져있음을 뜻하며, 구원을 받아야 하는 상태에 놓여있음을 말해준다.

쿠피티타스의 상태에 머무는 것은 죄를 더해가는 것일 뿐, 희망을 찾을 수 없다. 탐욕보다 더 심각한 말을 쓸 때, 탐닉(addiction)이라는 말을 쓰기도 한다. 탐욕에 이끌리다가 결국에는 헤어나지 못하는 상태 혹은 노예가 되어버린 상태를 뜻한다. 아우구스티누스가 내적 성찰을 통해 마주한 진실이기도 하다. 내면에 순전한 가치들만 있는 것이 아니라, 추악하고 냄새나는 것들이 득실거리고 있다는 뜻이다.

쿠피디타스는 점점 더 악화되는 죄와 악의 현재진행형 탐닉이다. 헤어나지 못할 정도의 심각한 중증 위험의 상태라는 뜻이 되겠다. 인간이란 쿠피디타스를 저지르고 그 안에 매몰되어 구원을 받아야 할 존재이다. 말하자면, 아우구스티누스가 발견한 인간의 내적 진실은 자랑스러운 정직함과는 거리가 멀다. 변화와 구원이 절대적으로 필요한 정황에 놓여있다.

아우구스티누스는 바로 이것이 인간의 현실이라는 점을 강조하고 싶었다. 밖으로만 나가려 하고, 탐욕에 휘둘리는 인간의 모습이 쿠피디타스에 반영되어 있다. 시간을 사용하기보다 향유하려 하고 영원을 무시하는 모습, 시간에 속하는 것들에서 쾌락을 누리고 그것들을 소유하려 집착하는 증상, 그리고 시간의 영역이 가변적인 것에 불과함에도 불구하고 그것을 영원하고 절대적인 것으로 착각하는 현상, 그것이 아우구스티누스가 밖으로 나가던 때의 자화상이었다. 아우구스티누스의 자화상에 비친 우리들의 모습 또한 다르지 않다.

어긋난

아우구스티누스의 사랑에 관한 구분법은 구분을 위한 구분이 아니다. 그의 실존적 체험에서 나온 결론이자 아우구스티누스 자신과 우리들 모두에게 제시한 과제라는 점을 기억하는 것이 좋겠다. 아우구스티누스의 사랑에 관한 이야기에서 놓치지 말아야 할 것은 그가 인간이란 사랑이라는 DNA를 지닌 존재로서, 무엇을 사랑하며 살아야 하는가에 대한 내적 성찰을 촉구하고 있다는 점이다.

아우구스티누스에게서 사랑은 그것이 자연적 경향성이기를 넘어 '카리타스'의 사랑이 될 때, 윤리적 규범이자 가치관으로 격상된다. 행복을 인간의 기본적 욕구라고 하는 심리적 사실로부터 윤리적 이상으로 고양시킨 것과 같이, 아우구스티누스는 사랑이라고 하는 인간의 욕구와 갈망을 단순한 심리적 현상에서 윤리적 덕으로 재정립시키려 했다.

문제는, 인간의 현실이다. 카리타스를 잊어버리거나 무시한 채, 쿠피디타스를 자행하고 있다. 심지어 자신들이 어긋난 사랑에 빠져있다는 사실조차도 인식하지 못하고 있다. 쿠피디타스의 상태는 질서를 어긋나게 하는 것이라는 뜻이지만, 좀 더 깊이 들어가면 마땅히 지켜야 할 질서를 의도적으로 위반하고 왜곡한 것이 된다. 그것을 가리켜 '죄'라고 할 수 있겠다.

인간은 어긋난 사랑으로 인해 죄인이 되었으며 그 상태에서는 진정한 행복에 이를 수 없다. 원인은 두말할 필요도 없이, 밖으로 나가는 데 있다. 안으로 들어가 위를 향하여 영원하신 하나님께 나아가지 않고, 시간적인 것에 탐닉하는 데 문제가 있다는 뜻이다. 인간이 지니고 있는 한계상황의 원인 역시 다르지 않다. 밖으로 나가 어긋난 사랑으로 치닫고 있는 것이 그 원인이다. 반드시 치유되어야 할 상태를 말하는 것이기도 하다.

물론, 사랑에 대한 아우구스티누스의 관점에 반론이 없는 것은 아니다. 특히, 아우구스티누스가 플라톤의 에로스를 기독교와 혼합시켰다는 비난도 있다.[22] 하지만, 아우구스티누스가 작정하고 기독교와 플라톤 철학의 융합을 시도한 것은 아니다. 회심하여 성경의 내러티브를 따라 살기로 작정한 아우구스티누스로서는 굳이 그렇게까지 해야 할 필요도 없었다.

플라톤의 제자가 되기보다 복음에 충실한 제자가 되기를 원했던 아우구스티누스의 관심에 비추어 볼 때, 해석자들 사이의 이론적 찬반논변일 가능성이 커 보인다. 플라톤의 잔재를 청산하기란 결코 쉽지 않았겠지만, 그럼에도 불구하고 내적 성찰을 시간과 영원의 질서에 적용하고 어긋난 사랑과 바른 사랑을 구분하려 했던 아우구스티누스의 문제의식 그 자체를 평가할 수 있어야 하겠다.

인간이란 영원에 잇대어 살아가며, 영원을 사랑하는 존재이어야 한다는 당위를 말하려 했다는 점, 그것 역시 중요하다. 시간에 속한 존재로서, 인간은 시간 안에서 인간의 완성을 기대할 수 없다는 사실을 아우구스티누스는 분명하게 말한다. 문제는 우리들 대부분이 그렇게 착각하고 산다는 점이다. 영원을 알지 못해서 혹은 영원을 알면서도 영원에 잇대어 살지 못하고 있는 셈이다.

3) 마음고침의 카리타스를

바른 사랑

아우구스티누스에게서 탐욕이라는 단어는 극복해야 할 윤리적 과제라는 뜻보다 더 무겁게 사용된다. 탐욕에는 식탐, 명예욕, 정욕 등이 포함되지만, 개별적 유혹보다 더 큰 의미로 사용된다. '탐욕'은 '어긋난 사랑'으로서의 쿠피디타스에, 그리고 '윤리'는 '바른 사랑'으로서의 카리타스에 해당한다.

아우구스티누스에게서 사랑이란 인간의 모든 심리적 에너지가 집중하는 상태 혹은 의지와 욕망을 총괄하는 것으로서, 탐욕은 질서에 어긋난 사랑 혹은 욕망을 뜻한다. 카리타스와 쿠피디타스는 사랑, 의지, 욕망에 대한 가치평가이다. 카리타스가 질서있는 사랑(ordo amoris)이라면, 탐욕은 어긋난 욕망으로서의 쿠피디타스에 해당한다. 『고백록』에서 사용되는 탐욕 개념은 어긋난 사랑의 구체적인 예를 보여주는 것으로 사용된다.

『고백록』에 나타난 쿠피디타스의 구체적 예들이라 할 수 있는 식탐, 정욕, 명예욕과 같은 '어긋난 사랑으로서의 탐욕'은 아우구스티누스의 기억에서 지워지지 않는 극복과제(과거)였다. 또한 아우구스티누스가 회심 후 예배와 경건 및 절제의 노력을 통해 카리타스를 추구하고 있는 중에도 쿠피디타스로서의 탐욕은 여전히 집요한 유혹으로 작용하고 있으며(현재), 종말론적 미래에 치유되고 안식하게 될(미래) 과제이다. 쿠피디타스에서 카리타스로 전환해 나아가는 과정에 해당한다.[23]

쿠피디타스의 상대어 '카리타스'(caritas)를 말해야 하는 이유는 분명하다. 사랑의 완성을 통해 인간의 완성을 말하자는 취지이다. 영어로

'charity'라고 옮기는 경향이 있지만, 조심해야 할 부분이다. 영어사전에서 '자선' 혹은 '박애'라고 풀이하고 있지만, 원래의 뜻에서 많이 빗나간 번역이다. 질서있는 사랑, 바른 사랑이라고 옮기는 것이 맞겠다. 사용해야 할 것은 사용하고 향유해야 할 것은 향유하는 질서를 따르는 사랑 말이다. 시간적인 것을 자랑삼거나 숭배하지 않고 영원한 존재를 위한 수단으로 사랑해야 한다.

중요한 부분이기에, 다시 요약해보자. 아우구스티누스는 사랑의 대상을 향유하기 위한 것과 사용하기 위한 것, 그리고 사용하고 향유하기 위한 것으로 구분한다.[24] 향유와 사용은 목적과 수단의 관계와도 같다. 향유한다는 것은 그것자체를 위하여 사랑하는 것을 말하고, 사용한다는 것은 보다 더 상위의 목적을 위한 수단적 사랑이다.[25]

질서의 개념과 사랑의 구분을 통해, 아우구스티누스는 질서 있는 사랑과 그렇지 못한 것 사이를 구분한다. 사랑의 질서가 왜곡된다는 것은 향유해야 할 대상을 망각하거나 무시한 채, 사용해야 할 대상을 향유하려는 것을 의미한다. 향유해야 할 대상을 향유하고 사용해야 할 대상은 사용하는 사랑을 가리켜 질서를 지키는 사랑, 혹은 바른 사랑이라고 한다.

우리가 이제까지 따라온 아우구스티누스의 가이드를 응용하자면, 카리타스는 밖으로 나가는 길에서 돌이켜 안으로 들어가는 길이요 안에서 위를 향하는 길이다. 카라타스야말로 인간이 지향해야 할 목적이자 세워야 할 질서이며 따라야 할 기준이라고 말할 수 있겠다.

주의하라

문제는 아우구스티누스로 상징되는 인간이 그 반대의 경우에 속해있는 현실이다. 질서를 망각하고 사용의 대상인 시간적이고 가변적인 것들에 집착함으로써 그것으로 행복해지려는 왜곡된 사랑에 메어있다는 점, 그것이야말로 성찰해야 할 가장 본질적이고 핵심적인 모습이다.

사실, 아우구스티누스가 주목한 것은 사랑의 개념 그 자체가 아니다. '사랑의 실패'(failure to love)로서의 죄와 그 극복의 문제이다.[26] 죄는 하나님과 개인, 그리고 하나님과 공동체의 관계를 해친다. 죄는 개인과 사회, 그리고 현재적 심판과 미래적 심판에 영향을 미친다.[27] 히포의 주교로서, 아우구스티누스가 마주한 현실을 설명하기에는 이것보다 더 적합한 것은 없었을 것이다. 오늘의 우리에게도 다를 것은 없겠지만 말이다.

DNA로서의 사랑이 그 방향과 내용에서 어긋나버린 것, 이것이 문제의 핵심이다. 아우구스티누스는 무엇을 사랑하는지 살펴야 한다는 사실에 주목한다. 질서를 어긋난 사랑, 훼손된 가치들, 그것이 현실에 나타난 인간의 현주소를 대변하고 있다는 생각이다. 아우구스티누스의 문제의식을 대변하는 경구가 있다.

사랑하라. 그러나 무엇을 사랑하고 있는지를 주의하라.[28]

정말 중요한 충고이다. 아우구스티누스가 보기에, 영원에 잇대어 살아가는 사람보다 그렇지 않은 경우가 훨씬 더 많았다. 당장 아우구스티누스 자신부터가 그런 류의 사람이었다. 영원을 망각하고 시간이 주는 쾌락이 전체이자 진리인 줄 착각하며 살았던 자신의 모습을 투영시켜서 교훈을 주고 있다. 유사한 어법이면서도 전혀 다른 경구도 있다.

사랑하라. 그리고 원하는 대로 하라.[29]

사랑에 대한 방임을 뜻하는 것이 아니다. 사랑이라는 DNA가 어떻게 발현되어야 하는지에 관한 충고이다. 앞부분에 표현된 '사랑하라'는 말은 생략법일 듯싶다. '바르게 사랑하라'는 뜻이기 때문이다. 사랑의 바른 질서를 따라 살면, 방종에 치달을 수 없다. 사랑의 질서에 입각하여 살아가야 마땅하기 때문이다. 시간을 넘어 영원에 잇대어 살며 카리타스의 사랑을 실천하는 존재가 되어야 한다는 뜻이다.

4) 현자의 길? 제자의 길!

사랑의 정화

카리타스의 삶을 추구하는 길에서 마주하는 가장 큰 방해요소인 탐욕, 좀 더 정확하게 말해서 쿠피디타스를 극복하는 길은 과연 무엇일까?[30] 초인적인 극기훈련이 필요한 것일까? 나쁘지 않다. 하지만, 쉽지 않다. 쉽지 않을뿐더러 자신의 내공이 높아졌다고 교만해질 위험이 크다. 과시욕이라는 또 다른 탐욕이 끼어든다. 여기에 아우구스티누스의 또 다른 차원의 고민이 있었다. '성화'(聖化, sanctification)의 개념이 적용되는 지점이 바로 이곳이다. 19세기 신학자들로부터 본격화된 개념이지만,[31] 아우구스티누스가 말한 '사랑의 정화'에 관심할 필요가 있다.

우리가 빠져 들어간 정욕의 심연이나 우리를 그곳에서 끌어 올리는 사랑이란 공간적 장소가 아닙니다. 그것은 인간 내면의 감정이요 사랑입니다. 하나는 세상에 대한 사랑과 염려로 우리를 밑으로 내려가게 하는 우리 영의 불결함이요, 다른 하나는 세상의 염려에서 해방되기를 사랑하게 함으로써 우리를 다시 위로 끌어 올리는 당신의 거룩함입니다. 당신의 거룩함을 통하여 우리 마음은 당신의 영이 수면위에 운행하신 곳, 당신이 계신 곳을 향해 오르게 됩니다.[32] … 타오르는 불로 나를 정화시켜주소서.[33]

이 문구에서, 사랑의 질서를 회복하기 위한 '정화'(淨化)가 19세기 신학자들이 말한 성화와 같은 것인가에 대한 논의가 필요한 것은 사실이다. 하지만, 아우구스티누스가 그토록 원인을 규명하고자 했던 악의 정체를 분명하게 인식하게 되었다는 점이 중요하다. 악이란 외재적 실체가 아니라 인간이 짓는 죄에 의한 것으로서, 아담의 타락 이후 모든 인간은 쿠피디타스의 현실에 놓여있다.[34] 이 상태를 극복할 길은 자신의 내부에서 오지 않는다. 위를 향하여 은혜를 구해야 가능하다. 위로부터 오는 능력이자 은혜의 사건을 뜻한다.

이 문제에 대한 아우구스티누스의 고민과 대응을 그의 고백을 통해 살펴보자. 사실, 『고백록』만큼 지대한 관심의 대상이 되어 온 책도 없다. 『고백록』에 대한 해석의 길 또한 항상 열려 있다. 『고백록』을 '탕자에서 성자로' 변화된 기록으로 간주하여 예화로 사용하는 설교자들의 관심을 비롯하여, 인문학의 여러 분야 및 신학 내 여러 분과학문에서 다양한 해석의 가능성이 있다. 하지만, 『고백록』을 윤리의 관점에서 읽어내려는 노력 자체가 많지 않다.[35] 아우구스티누스가 보여준 삶의 변화와 개혁의 발자취를 읽어냄으로써 통찰을 얻을 수 있으면 좋겠다.

문제는, 어디에서 시작할 것인가 하는 점이다. 버나비가 말한 것처럼, 아우구스티누스를 바르게 이해하려면 아우구스티누스가 시작한 바로 그 지점에서 시작해야 한다.[36] 이러한 뜻에서, 10권에 주목할 필요가 있다. 『고백록』의 저술동기를 보여주는 곳으로서,[37] '구원받은 아우구스티누스의 현재'를 말해주며, 히포의 주교로 섬기는 그의 자화상을 보여준다.

오늘과 같은 소셜 미디어의 정황에 있었다면, 어떻게 되었을까? 자신의 성직 자체에 위협이 되는 것은 물론이고, 제법 규모가 있는 성직이라는 점에서 시사고발 프로그램을 통해 '목회자의 이중생활' 내지는 '과거에도 더러웠고 여전히 버릇을 고치지 못하는 목회자'라는 낙인이 찍힐 '특종감'이었겠다. '거룩할 것만 같고 타의 모범이 되어야 할' 목회자가 충격과 실망을 안겨준다고 말해야 할까? 이렇게 질문하는 것이 더 옳아 보인다. 회심하거나 성직에 임직되면, 그 순간부터 탐욕은 사라지고 단숨에 성화되는 것일까? 회심도 했고 목회자가 된 아우구스티누스에게서, 탐욕의 문제는 결코 '손쉬운 싸움'의 대상이 아니었다. 영웅적 정신력으로 절제할 수 있는 것도 아니었다.

현자

현직 판사가 지하철에서 여성의 몸을 여러 장 찍었다는 뉴스가 있었다.[38] 판사가 그런 짓을 했다는 사실에 경악하는 사람들이 많았다. 하지만, '판사'라는 직책 문제보다는 그의 내면이 문제였던 것 아닐까? 분노의 문제 또한 심각하다. 불의에 대해 참지 말고 분노하라고 말하는 경우를 제외하고는 자신과 이웃에게 해악을 낳는다. '분노조절장애'라는 말을 어렵지 않게 들을 수 있는 정황에서, 심각성이 커지고 있다. 이렇게 질문해보자. 탐욕과 분노는 '이성에 의한 절제 혹은 금욕'으로 극복되는가?

탐욕과 분노에 관한 아우구스티누스의 관심은 그의 내적 성찰과 긴밀하게 연관된다. 특히, 스토아 윤리와의 비교를 통해 드러난다. 아우구스티누스 시대에 스토아철학자들이 활발하게 활동하고 있었으며 아우구스티누스가 그들을 대면하고 있었다. 아우구스티누스의 스토아 철학에 대한 이해도를 검토한 바이어스(Sarah Byers)에 따르면, 아우구스티누스는 스토아 철학의 주장을 제대로 파악하고 있었으며,[39] 스토아 윤리의 용어와 견유학파와 회의론자들의 용어 구분 또한 정확하게 알았고 능숙하게 사용했다.

무엇보다도 관심할 것은 영혼의 이성적인 영역과 비이성적인 영역 사이의 관계이다. 고대철학자들은 인간의 영혼이 이성적 영역과 비이성인 영역으로 구성되어 있다고 말한다. 두 영역 사이의 상호관계에 대한 논의는 고대철학자들의 관심사 중 하나였다.[40] 아리스토텔레스는 선택이란 비이성적 요소인 욕구와 이성적 요소인 심사숙고의 결합이라는 이중구조를 가지고 있으며 이성 혹은 욕구 중의 어느 하나라도 바르지 못하면 선택도 잘못된다고 말했다.[41]

우리의 주제와 연관 지어 응용하자면, 탐욕과 분노는 비이성적 영역에 속하는 요소로서 이성에 의해 통제되어야 할 대상으로 인식되는 경향을 보인다. 하지만, 끝을 모르는 탐욕과 조절장애를 말해야 하는 분노의 경우는 탐욕과 분노가 과연 이성에 의해 통제되거나 극복될 수 있을지 의구심을 갖게한다. 과연, 이성은 흐트러짐 없는 능력일까?

베아타 비타

스토아 윤리의 목표는 행복한 삶(beata vita)이었다. 행복한 삶은 로마 철학자들에게서 다루어진 주제였다. 행복에 대한 관심은 불행 혹은 비참함에 대한 관심으로서, 스토아 윤리에서는 덕의 소유와 실천을 통해 행복에 이를 수 있다고 말한다. 스토아 윤리가 정념(情念)으로부터 해방을 말한 맥락이 바로 이것이다. 정념이야말로 불행의 원인이며 정념의 극복이 행복의 길이라고 생각했다는 뜻이다.

스토아 윤리에서는 덕이 행복에 필수적인 것 혹은 행복을 구성하는 것이라고 확신했다. 그들은 덕이란 다른 것들보다 단지 지배적인 것에 머물지 않고 행복의 충분요건이 된다고 보았다.[42] 스토아 윤리는 분노와 탐욕을 다스리지 못하는 어리석은 대중과는 달리 '현자'(sage)가 되어야 한다고 주장했다. 현자는 정념을 극복하고 행복에 이르는 이상적인 인간상이다. 완전한 지식으로 자연에 일치하는 삶으로 아파테이아(apatheia)에 도달한 사람이다.[43]

스토아 윤리에서 정념은 영혼의 질병이다.[44] 이성적이지 못하고 정념에 휘둘리는 것 자체가 병든 상태라는 뜻이다.[45] 탐욕과 분노는 고삐 풀린 충동이며[46] 자신만 망치는 것이 아니라 이웃과 사회에 해악을 끼친다. 이에 대해 스토아 윤리는 영혼의 치료술을 시도한다. 그 핵심은 이성을 통한 정념의 통제이다. 절제 혹은 금욕으로 번역되는 '아스케시스'(askesis)는 훈련, 연습, 실천 등을 의미한다.

이와 관련하여, 스토아 윤리의 '아디아포라'(adiaphora, 단수형으로 adiaphoron)를 참고해야 한다. '무관한 것', 혹은 '중립적인 것'이라는 뜻으로 옮길 수 있는 이 설명법은 바른 판단을 위한 단초이다. 생명, 건강, 쾌락, 아름다움, 부, 그리고 명성은 '선호되는 것들'이다. 죽음, 질병, 고통, 추함, 가난 그리고 불명예는 '선호되지 않는 것들'이다. 선호되는 것이든 혹은 선호되지 않는 것이든 간에 그것들은 덕을 통한 행복과는 무관하거나 대수롭지 않은 것 즉 아디아포라일 뿐이다.

중요한 것은 아디아포라에 대한 태도이다. 스토아 윤리에서는 인간의 불행은 아디아포라에 집착하여 격정에 휩쓸리는 데에서 온다고 보았다. 현자가 아닌, 어리석은 자들은 선호되는 아디아포라를 좋은 것이라고 생각하고 선호되지 않는 아다이포라를 나쁜 것이라고 생각하여 과도한 추구 혹은 극단적인 기피에 이른다. 이와는 달리, 현자는 선호되는 것이든 혹은 선호되지 않는 것이든 간에 대수롭지 않은 것들로 간주한다. 행복은 오직 덕에 달려있기 때문이다.

현자는 아디아포라의 소유와 상실에 일희일비하여 아파테이아에 이르지 못하는 어리석은 자들과 달리, 과도한 집착 혹은 회피를 넘어 덕을 추구한다. 말하자면, 정념의 대상이 좋은 것도 나쁜 것도 아니라는 점을 깨닫고 정념들을 다스려야 한다는 뜻이다.[47] 키케로가 '영혼의 의사'가 되어야 한다고 말한 이유이다.[48] 정념이 이끌어가는 상태는 이성에 의한 통제가 상실된 것이므로, 자존감(self-respect)에 근거하여 자신을 자기 자신의 운명의 지배자가 되어야 하며 덕에 의한 자기지배를 추구해야 한다는 취지이다.[49]

제자

아우구스티누스는 스토아 윤리의 허점을 지적한다. 무엇보다도, 아파테이아는 현실성이 없다. 부정적 감정으로서의 정념으로부터 자유롭게 되어야 한다는 주장은 초인에게나 가능하다(super-human). 또한, 아파테이아를 이성만으로 구현할 수 있으리라는 기대 자체가 문제이다. 이성에 의한 통제 자체를 반대하는 것이 아니다. 이성의 능력은 중요하지만, 그 한계들은 현실에서 쉽게 확인된다.

아우구스티누스가 보기에, 인간의 이성은 중요한 기능하지만 완벽하지 못하다. 이성의 능력에만 의존할 것이 아니라 초월적 도움의 필요성에 관심해야 한다. 스토아 윤리에서와 달리, 아우구스티누스는 '죄' 문제를 실존적으로 체험했다. 아우구스티누스가 이성에 의한 아스케시스가 아니라 '성화'에 관심하는 이유이다. 은혜의 의한 성화를 말하는 것은 고대와 중세의 분기점이다. 경건의 연습과 공동체적 훈련을 포함한 성화의 필요성을 말한 것이야말로 아우구스티누스 윤리의 특징적 요소이다.

아우구스티누스는 '현자'(sage)가 되기보다 '제자'(disciple)가 되기를 원했다. 이성에 의한 통제를 구현하는 영웅이 되려하기보다 은혜의 필요성을 고백하는 '죄인' 의식에서 출발했다는 뜻이다. 아우구스티누스가 분노와 탐욕 등 영혼의 비이성적 부분에 대한 관심했다는 점은 스토아 윤리와 공유하는 부분이다. 하지만, 아우구스티누스는 스토아 윤리와 달리 이성적 영역과 비이성적 영역 모두가 성화되어야 할 대상이라고 보았다.

비이성적 영역에 속하는 정념의 위험성에 대한 이성의 통제 필요성 자체를 거부한 것이 아니다. 현자가 되어 윤리의식에 기초한 바른 판단을 내릴 수 있다면 그것만으로 큰 의의가 있다. 하지만, 나쁜 정념들은 제거하고 좋은 정념만 가질 수 있으리라는 기대 자체가 비현실적이며 한계가 있다.

오르도 아모리스

『고백록』 10권에서, 아우구스티누스는 탐욕의 집요함에 주목한다. 회심하여 신앙인이 되고, 히포교구의 목회자로 임직되었다고 해서 쿠피디타스로서의 탐욕이 소거된 것은 아니었다. 식탐과 정욕을 비롯한 탐욕의 흔적들이 단숨에 절제된 것은 아니라는 뜻이다. 오히려, 과거로부터 이어온 끈질긴 상대라는 점에서, 탐욕의 극복은 지난한 과제였다. 회심하고 성직자가 되는 것으로 자연스럽게 개혁될 일이 아니었다.

사실, 아우구스티누스는 '세속을 탐하던 영혼'이었다.[50] 특히, 정욕(concupiscentia)이라고 불리는 성적 탐욕은 무척이나 집요했다. 16세에 타가스테에 도착했을 때, 아우구스티누스의 도덕적 해이는 극에 달하여 성적 탐욕에 시간을 허비하고 탐닉했다.[51] 카르타고 유학 당시, 아우구스티누스는 사랑 그 자체에 탐닉했고 문란해졌다.[52] 동거녀를 만나 15년간 동거했지만, 결혼에는 이르지 않았으며 아들까지 얻었으나 아우구스티누스의 동거생활은 자신의 성적 탐욕을 위한 타협수단에 불과했다.

모니카의 개입으로 동거녀와의 오래된 성적 탐욕에서 분리되었지만, 아우구스티누스는 오히려 그 자리를 대신할 방법을 찾기에 급급했다. 어린 약혼녀의 혼기를 채우기 위해 2년을 기다리지 못하고 또 다른 여인을 만났다고 고백할 정도였다. 새로운 여인은 성적 탐욕을 더 강화시켜 주었으며, 아우구스티누스의 성적 탐욕은 습관화로 치닫고 있었다. '이렇게 살다가 죽는 것은 아닐까?' 하는 죽음의 두려움을 느끼는 경우도 있었고, 성적 탐욕의 극복을 위해 기도하던 때도 있었다.

하비(John F. Harvey)가 말한 것처럼, 아우구스티누스는 지적 난제들을 해소하고 신앙을 향하여 가까이 나아가는 단계에서도 정욕의 습관을 오히려 즐기고 있었다. 심지어, 하나님을 영적 존재로 인식한 이후에도 아우구스티누스는 하나님을 향한 바른 사랑의 길, 즉 카리타스를 향하여 결단하여 나서지 못하고 있었다. 성적 탐욕에서 해방되는 것만큼은 싫었고 또한 두려웠다. 순결해지기를 원하기보다 하나님께서 이 기도에 즉각 응답하시어 그토록 만끽하고 싶었던 정욕의 불길을 꺼버리시지나 않을까 염려하고 있었다.[53] 다행스럽게도, 아우구스티누스의 결정적 회심이 이루어진 이후 윤리적 회심을 향한 발걸음이 재촉되고 있었다.

『고백록』 10권에서 볼 수 있듯이, 회심 이후에도 탐욕은 여전히 도전적이었지만 아우구스티누스로서는 중요한 전환을 맞이하고 있었다. 회심하고 목회자로 임직되어 교회를 위해 일하고 있다는 점에서, 아우구스티누스로서는 하나님에게 초점을 맞추는 사랑으로서의 카리타스가 절실했다. 하나님과 다른 것을 겸하여 사랑하지 않고 사랑의 목적을 하나로 통합하고 순도를 높여야 할 신앙적, 윤리적 과제를 안고 있었다. 모든 탐욕으로부터 면제되고 안식하게 될 종말론적 미래를 바라보면서, 아우구스티누스가 실천해야 할 카리타스의 현재적 과제는 '절제'였다.[54]

아우구스티누스의 절제에 대한 관심은 이중적이다. 그 하나는 절제를 성경의 윤리적 요구로 인식하고 있었다는 점이다. 아우구스티누스는 성경에서 '육신의 정욕과 안목의 정욕과 이생의 자랑'(요일 2:16)에 대한 절제를 강조한 부분에 주목하면서, 탐욕을 하나님을 향한 카리타스에 집중하지 못하게 하는 방해요소로 인식했다. 이러한 뜻에서, 절제란 인격성숙을 위한 도덕 그 이상의 것으로서, '당신께서 주시는 명령'이라 할 수 있다.

> 당신께서는 나에게 '육신의 정욕과 안목의 정욕과 이생의 자랑'(요일 2:16)을 절제하라고 명하십니다.[55]

다른 하나는 아우구스티누스의 자성적 응답으로서, 여전히 절제하지 못하고 있는 자신의 모습에 대한 현실적 고민을 보여주는 준다. 히포 교구의 목회자로서, 아우구스티누스는 여전히 하나님을 향한 사랑에 걸림돌이 될 요소들에 대해 민감했다. 아우구스티누스가 생각한 현재적 유혹들에는 건강유지에 필요한 것 이상의 식탐을 포함하여 일상적인 여러 요소들이 포함된다.

식탐의 문제를 예로 들어보자. 건강을 위한 필요가 되는 부분과 유혹이 되는 부분 사이의 경계를 정하기 어려운 측면을 파고드는 유혹이다. 건강에 필요한 만큼과 쾌감에 필요한 정도가 각각 달라서, 건강에는 충분한 분량의 음식이 쾌감을 만족시키지는 못한다. 더 큰 문제는 이처럼 불분명한 상태를 즐겨하며 그것을 이용하여 스스로를 숨기고 변명한다는 점이다. 매일의 음식에서 오는 쾌락과 싸우는 식탐 그 자체는 단번에 결심하고 끊을 수 있는 것이 아니었다.[56]

무엇보다도 어려운 과제는 성적 탐욕의 문제였다. 정욕 혹은 성적 탐욕은 가장 강력한 현재적 유혹이었다. 회심하여 목회자까지 되었지만, 도덕의 근본문제가 해소되지 않은 채 남아있었다.[57] '리비도'(libido)로 표현된 성적 탐욕은 아우구스티누스에게서 과잉 혹은 탐닉이었다. 동료이자 제자였던 포시디우스가 『고백록』 이후의 아우구스티누스를 기록한 『아우구스티누스의 생애』(vita Augustini)에서 말한 것처럼, 수도원 생활의 독신에 들어가기 전까지 해결되지 못한 난제였다.[58]

아우구스티누스에 따르면, 절제라고 불리는 영혼의 덕에 관해 완벽하게 다루기란 어려운 일이며, 절제는 인간이 다룰 수 있는 것이라기보다 하나님의 선물이라고 해야 한다.[59] 마니교가 말하는 것처럼, 다른 악에 의해 악을 탄압하는 방식으로는 카리타스를 기약할 수 없다. 절제는 선(은혜)으로 악(탐욕)을 치유하는 방식에 속한다.[60] 한 마디로, 절제는 '위로부터 온다.' 성화의 필요성이 적용되는 부분일 듯싶다.

『고백록』의 흐름을 따라 정리하자면, 탐욕의 '쉼'(안식) 혹은 '면제'의 단계에 이르기까지 성화가 필요하다. '음식과 위장의 기능을 폐하실 때까지' 식탐을 비롯한 탐욕에서 자유로울 수 없을 절감하면서도 종말론적 소망을 담아낸 문장은 아우구스티누스의 현실의 한계에 대한 인식과 은혜에 대한 기대를 보여준다.

> 세상에는 날마다 그날의 괴로움이 있습니다. 당신께서 세상 마지막
> 때, 음식과 위장의 기능을 폐하실 때까지(고전 6:13) 우리는 매일 먹고 마
> 시면서 육체의 소모를 보충합니다. 그때가 되면 당신께서 다함이 없는
> 만족감으로 공복감을 해소시켜 주시고 썩을 육신을 영원히 썩지 않을
> 생명으로 바꾸어 주실 것입니다.(고전 15:54) 하지만 지금은 먹어야 사는
> 필연성 안에서 쾌락을 맛보고 있으며 그 쾌락의 노예가 되지 않도록 싸
> 움을 계속하고 있습니다.[61]

이처럼, 현실에서의 성화를 강조하면서 아우구스티누스는 카리타스
를 모든 계명 중에서 가장 큰 계명으로 이해했다. 카리타스를 실천하는 새
로운 존재로 변화되어야 한다는 뜻이다. 바울의 표현을 적용하자면, 옛사
람이 새사람으로 바뀌는 중요한 전환이다. 육체에 의해 살고 시간적인 것
에 집착하는 삶은 물질적이고 외적인 옛사람(vetus homo)이다. 은혜를 받는
순간부터 내면으로부터 다시 태어나 새로운 삶이 전개된다. 점차 현세적
인 삶을 대체하는 새사람(novus homo)으로서, 내적이며 하늘에 관심하는 사
람이다.[62]

아우구스티누스는 새사람의 과제로 사랑의 전환, 사랑의 고침을 강조
한다. 회심 후, 아우구스티누스에게서 행복에 이르게 하는 덕이란 철학자
들의 그것과 달리 시간에 대한 사용과 영원에 대한 향유를 말하는 질서 잡
힌 사랑(ordered love) 혹은 사랑의 질서(ordo amoris)로 재해석된다.[63] 그리고 이
것은 하나님을 향한 사랑(amor Dei)으로 자기사랑(amor sui)과 세상사랑(amor
mundi)이라는 왜곡된 사랑을 극복해야 하는 과제를 지닌다.

이러한 뜻에서, 아우구스티누스는 모든 계명이 사랑을 목표로 삼는 다고 전제하면서,[64] 그 구체적인 내용을 하나님께 대한 사랑과 이웃사랑이라는 계명으로 풀이한다. 사랑의 변혁인 셈이다. 이 모든 변화 혹은 변혁을 은혜에 의한 마음고침이라고 말할 수 있다면, 아우구스티누스가 추구하는 마음고침의 핵심은 바른 사랑이다.

> 온 마음으로, 온 영으로, 온 힘으로 하나님을 사랑하라는 명령을 받았다.[65]

이 부분에서, 아우구스티누스는 플라톤과 키케로과 다르다. 혹은 마음을 챙겨야 한다고 말하는 관점과도 다르다. 아우구스티누스의 경우는 안으로 들어가되, 안에 머물지 않고 위를 향하는 특징이 있다. 여기에 은혜 개념이 도입된다. 위를 향하게 하고 초월의 가치에 주목하게 하는 능력으로서의 은혜가 필수적이다. 그 은혜에 의해 마음고침을 추구해야 한다는 뜻이기 때문이다. 단지 마음을 고쳐먹는 수준을 넘어서 은혜에 의한 삶의 변화 즉 성화의 노력 말이다.

5) 탐욕의 시대, 복음적 가난을

자발적

아우구스티누스는 마음을 바꿔먹어야 한다고 깨우쳐 주는 데 그치지 않고 마음을 고치기 위한 실천과제를 제시해준다.[66] 은혜에 의한 성화의 추구가 그것이다. 시간적인 것을 자랑삼는 '소유형 인간'으로부터 변화되어 시간적인 것들을 영원하신 하나님을 위해 사용하며 하나님을 향유하는 '존재형 인간'이 되는 길에 대한 관심하게 한다. 나아가, 참된 사랑으로서의 카리타스를 실천하도록 이끌어준다.

아우구스티누스가 몸소 실천한 청빈 혹은 '복음적 가난'의 삶은 그가 진정으로 추구한 것이 무엇인지를 상징적으로 보여준다. 일반적으로, 아우구스티누스를 하나님을 찾는 사람, 목회자, 신학자로 생각하고 있으나 수도자로서의 그의 삶은 대부분 잊고 있다.[67] 이 부분에 관심하면 아우구스티누스가 말하려 했던 것이 무엇인지 좀 더 정확하게 이해할 수 있을 것 같다.

아우구스티누스의 전기들은 특출한 철학자요 신학자로서의 면모에 지나치게 비중을 둔다. 그러나 정작 아우구스티누스의 인생관은 이와 달랐다. 회심이 그토록 고통스러웠던 것은 그리스도인이 된다는 것이 철학적 삶(vita philosophica)에 몸 바치는 것이라 믿었기 때문이다. 그에게 철학은 위대한 사상가의 사변적 작업이 아니라 '삶의 실천방식'이었다. 아우구스티누스는 신앙이야말로 참된 철학이라는 사실을 깨달았고 복음을 따라 살아가야 할 과제를 실천에 옮기고자 했다.

포시디우스의 기록에 따르면, 아우구스티누스의 옷과 신 그리고 잠옷은 수더분하고도 어울리는 것으로서 지나치게 화려하지도 않고 형편없이 낡은 것도 아니었다. 그것은 가난하기 때문에 어쩔 수 없이 그런 것이 아니라, 뜻 세워 선택한 일이었다.[68] 순례자의 라이프 스타일을 실천에 옮김으로써, 탐욕이 지배하는 지상의 도성을 넘어설 대안을 보여준 셈이다.

이것이 얼마나 중요한가를 이해하기 위한 배경이 있다. 회심하기 전에, 철학자들의 이상을 따라 공동체 생활을 이미 계획하고 있었다. 아우구스티누스는 개종하면서부터 수도생활을 열망했고 실제로 수도생활을 했으며 목회자가 되어서도 자신이 세운 수도원을 지도하면서 수도자적인 생활을 계속했다. 밀라노에서 세례를 받은 아우구스티누스는 고향인 아프리카의 타가스테로 돌아와 친구 알리피우스와 아들 아데오다투스와 함께 수도생활을 시작했다.

391년 타가스테를 떠나 히포의 목회자가 되면서 공동체를 알리피우스에게 맡기고 자신은 히포에서 새로운 공동체를 시작했다. 알리피우스가 작성해온 간단한 규칙서에 앞부분과 끝부분을 추가하여 인준한 후에 아우구스티누스 자신이 속한 히포의 수도원을 위해 규칙들을 작성했다.[69]

아우구스티누스는 하나님께 자신을 온전히 바친 하나님의 종(servus Dei)으로서, 아프리카 수도생활의 창시자로서, 비록 규칙이라는 형식으로 서술하고는 있지만, 그 이면에는 영성적 풍요로움이 자리한다.[70] 「아우구스티누스 규칙서」(Regula Sancti Augustini) 복음서를 실제로 적용한 것으로서, 하나님의 말씀에 따라 살기 위한 길잡이라 하겠다. 그리고 더 중요한 것은 아우구스티누스가 회심 이후 40년 이상을 몸소 이 영적 원칙에 따라 살려고 노력했다는 점이다.

아우구스티누스는 본질적 요소를 중요시하였으며 복음에 의해 영위되어야 할 요체들을 서술했다.[71] 예를 들어, 재산을 버리는 것에 그치지 않는다. 한 차원 더 들어간다. 재산을 버리고 가난하게 된다고 해도 그것으로써 교만에 물들게 된다면 소용이 없다. 그 교만은 결국 선행에도 스며들게 되어 헛되게 만들고 만다. 그 교만을 극복하고 겸손을 얻어야 한다.[72]

검소함에 있어서도 다르지 않다. 소박한 식사와 의복 등을 규정한 이 규범을 통해 강조하는 것은 극기의 분량이 아니다. 혹은 그 자체로 목적이 되어버린 엄격함이 아니다. 극기하는 자의 마음이 중요하다. 이 세상의 것들로부터 벗어나 마음을 깨끗이 하며, 깨끗이 비우는 것도 그 자체로 목적이 아니라 카리타스에 이르는 것이 목적이라 하겠다.

소유는 욕구들을 증폭시키며 욕구들은 영혼을 오염시킨다.[73] 그런 탓에, 아우구스티누스는 소유의 공유를 주장한다. 아무것도 자기의 것이라 말하지 않는 소극적 측면과 모든 것을 공유로 하는 적극적 측면이 함께 한다. 요컨대, 자발적 가난이라고 할 수 있다.[74] 공동소유는 단지 경제적 차원에 한정되지 않는다. 하나님을 향한 한 마음을 가진다는 뜻에서 영적 자산의 공유를 포함한다.

소박함

『규칙서』에서 아우구스티누스가 강조하는 것은 카리타스를 수도 생활의 핵심으로 삼아야 한다는 점이다. 아우구스티누스는 모든 규칙을 카리타스 사랑으로 준수하기를 요청한다.[75] 청빈, 정결, 순명의 세 가지 덕을 강조하기는 하지만, 이러한 덕의 본질적인 요소는 두말할 필요도 없이 카리타스이다.

아우구스티누스에게서 카리타스는 그리스도인의 생활목표이며 완성이며, 『규칙서』는 카리타스를 중심으로 살기 위한 길잡이라 하겠다. 카리타스가 중심인 공동체가 되어야 한다는 것은 단지 수도생활의 이상을 말한 것이라기보다 추구해야 할 목표를 말해준다. 쿠피디타스의 삶에서 떠나 카리타스의 삶으로 정화되는 과정 즉 성화를 강조한다.

아우구스티누스가 공동체생활의 기초를 그리스도가 보여준 겸손의 모범을 따르는 것이라고 강조한 부분, 교만에 대한 경계와 분노에 대한 절제를 강조한 부분 등은 카리타스를 성화의 과정으로 인식하고 있음을 보여준다. 아우구스티누스는 카리타스가 낭만적 감상의 사랑이 아님을 암시하려는 듯, 안이한 생활태도, 무분별한 태도와 온갖 종류의 자기 본위의 태도를 극복하는 싸움에 매일 새롭게 나서야 한다고 강조한다.[76] 카리타스를 감상적인 것이 아니라, 성화의 관점에서 읽어야 한다는 뜻이다.

일상의 모든 영역에서, 카리타스를 위해 극복해야 할 것은 얼마든지 있다. 아우구스티누스에 따르면, 카라타스와 성화는 별개의 것이 아니다. 특별한 공로의 영역도 아니고 갑작스럽고도 기적적인 변화가 필요한 것이 아니라, 매일의 생활에서 소박한 성실성이 요구된다. 요컨대, 힘든 고행이 요구되는 것이 아니라 계속 섬기는 사랑이 필요하다.[77]

나아가, 일상의 모든 영역에서 성화를 위한 노력은 지속적으로 추구해야 한다. 실제로, 아우구스티누스 자신이 쉬지 않고 기도하는 사람이었다.[78] 카리타스를 위한 성화란 개인의 초인적 절제에 의해 완성되는 것이 아니라, 은혜의 능력이 필수적으로 요청되기 때문이다.

복음적

주목해야 할 것은 '청빈'이라고 불리는 '복음적 가난'이다. '청빈'이라는 용어를 사용하지 않는 것은 단지 번역상의 의도라기보다 본질적 차이를 반영한 것으로 보인다. 청빈이라는 단어는 그 자체로 스토아적 절제를 연상시키는 경향이 있다. 아우구스티누스의 내적 윤리에서, 스토아주의자들의 초인적 절제 혹은 이성에 의한 욕망의 통제를 뜻하는 청빈은 비록 탁월한 덕이기는 하지만 기독교적인 것이라 할 수 없다.

아우구스티누스가 염두에 둔 것은 복음적 가난에 해당한다. 그것은 그리스도의 가르침에 기초하며, 욕망에 기초한 요구들을 최소한으로 줄이려는 견유학파 혹은 지상의 재물을 경시하는 스토아학파와의 관점과는 근본적으로 다르다.[79] 복음적 가난은 탐욕에 대한 절제능력을 앞세우는 '자기 의'(self-righteousness)로서의 청빈을 넘어선다. 무엇보다도, 아우구스티누스가 카리타스의 실천으로서의 분노와 탐욕에 대한 절제에서처럼 은혜의 중요성을 강조한다.

아우구스티누스가 『규칙서』를 통해 제시한 여러 과제들 중에서 복음적 가난은 카리타스를 위한 실천으로서의 성화란 어떤 것이어야 하는지를 현대인에게 상징적으로 말해준다. 무엇보다도, 아우구스티누스가 복음의 요청으로서의 자발적 가난에 주목했다.[80] 아우구스티누스가 수도원의 공동체 생활에 복음적 가난의 원칙이 적용되어야 함을 강조하면서, 소극적 표현으로서의 가난과 적극적 표현으로 공동소유의 중요성을 제시한 것이 그 맥락이다.

복음적 가난에는 두 측면이 있다. 소극적 의미에서, 각 개인인 그리스도를 본받아 가난을 선택하여 하나님께 집중하는 것을 말한다. 소유는 욕구들을 증폭시키며 욕구들은 영혼을 오염시킨다.[81] 아우구스티누스가 보기에, 그리스도께서 보여주신 모범을 따라 산다는 것은 지상의 재물에 대한 자발적 포기를 하나님을 소유하도록 권하는 것과 다르지 않다.[82] 복음적 가난의 핵심요소가 바로 이것이다.

복음적 가난에는 아무것도 자기의 것이라 말하지 않는 소극적 측면과 모든 것을 공유로 하는 적극적 측면이 함께 한다. '소극적'이라는 표현을 사용했다고 해서 의미가 축소되는 것은 아니다. 오히려, 그것이야말로 기본이자 핵심이다. 복음적 가난을 위해서는 지적 전환부터 필요하기 때문이다. 부자란 소유가 많은 사람이 아니라 소유가 없이도 지낼 수 있는 자가 부자라고 할 수 있으며,

많이 소유하는 것보다 요구가 적은 것이 더 낫다.[83]

오늘을 위한 자성

복음적 가난에 대한 아우구스티누스의 관점에 주목하는 데에는 충분한 이유가 있다. 초대교회의 모습을 모델로 삼은 그의 방향제시가 물질만능의 소비문화에 맞서 살도록 도와주는 가이드가 될 수 있으리라는 기대 때문이다.[84] 오늘의 우리를 위한 자성이 필요하다는 말을 하고싶은 셈이다.

사실, 스토아의 현자 비전에서 기독교의 제자 비전으로 전환하여 그리스도를 따라 살기로 마음먹기란 쉽지 않다. 무엇보다도, 소비지향적이며 유혹이 많은 오늘의 현실은 제자의 길에 커다란 위험요소일 수 있다. 더구나 과잉축적, 탐욕이 삶의 올가미가 되고 있으며 결과적으로 삶의 참된 목표를 망각하게 만들고 있다는 점은 위험천만한 도전이라 하겠다.[85]

아우구스티누스의 경고처럼, 분노와 탐욕이 지배하는 사회는 그리스도인으로 하여금 복음대로 살지 못하게 한다. 그럼에도 불구하고, 내적 변화를 위한 성화의 노력을 포기해서는 안 된다. 내적 윤리의 관점에서 단숨에 성화될 수 있으면 가장 좋겠지만, 혹은 그렇게 할 수 있으리라 자신할 수 없지만, 지속적으로 은혜의 능력으로 성화를 위해 나아가야 한다는 점만큼은 틀림없다.

이러한 뜻에서, 밖으로 나가지 말 것을 충고하면서 시작한 내적 성찰은 내적 윤리로 전환된다. 내적 성찰을 통해 내면세계의 가치를 발견할 뿐 아니라, 내적 진실을 온전히 마주하게 함으로써 어긋난 사랑의 상태에 있는 자신을 성찰하게 한다. 이러한 성찰은 사랑의 윤리를 지향한다.

3.
새 사람을 입으라

내면세계의 질서를

『내면세계의 질서와 영적 성장』(*Ordering Your Private World*)이라는 책이 있다. 이 책에서, 고든 맥도날드(Gordon MacDonald)는 '씽크 홀' 비유를 소개한다. 번역자는 '함몰 웅덩이 증후군'이라고 옮겼지만, '씽크 홀'이라는 말로 바꿀 수 있겠다. 맥도날드에 따르면, 많은 사람들이 함몰 웅덩이 (혹은 씽크 홀)와 같은 삶을 살고 있다. 속이 허전하게 비어서 언제 무너져 내릴지 모르는 상태로 겉모습에 치중하여 살아간다는 것이다.

예를 들어, 공적으로 많은 활동을 하는 사람이 내적으로도 매우 영적일 것이라고 착각하는 경향이 있다.[86] 하지만, 이것은 위험천만하다. 마치 씽크 홀이 주저 앉아버리는 것처럼, 속빈 강정 같은 상태 혹은 헝클어지고 무질서한 상태는 언젠가 반드시 허물어진다.

책 제목을 보면, 무엇을 의도한 것인지 알 수 있겠다. 우리말 번역서 제목에서는 '질서'라는 명사형을 사용했지만, 영어 표현에서는 'Order'라는 명사형이 아니라 'Ordering'이라고 되어있다. 정리된 형태의 질서가 아니라 질서를 세우기 위한 적극적인 행동을 요청하는 뜻이라 하겠다.

사실, 질서를 세워야 한다는 교훈은 이미 아우구스티누스의 문제의식에 담겨있었다. 그가 말한 쿠피디타스는 질서를 잃은 사랑 혹은 질서를 무시하는 사랑을 뜻하며, 질서 있는 사랑을 카리타스라고 표현했다. 영원한 대상은 향유하며 시간적인 대상은 사용하는 질서를 지키는 모습을 뜻한다. 시간에 속하는 것들을 사용 아닌 향유하면서 집착하는 것은 쿠피디타스의 전형적인 증상이다.

안으로 들어가 위를 향하여 영원을 발견한 자들에게 필요한 것은 이러한 쿠피디타스를 극복하고 질서를 회복하는 삶이다. 맥도날드가 말한 질서의 개념, 그에 훨씬 앞서 아우구스티누스가 말했던 질서의 개념을 바르게 인식하고 사랑의 변화, 변혁, 혹은 개혁을 추구하는 '마음고침'을 추구해야 한다는 뜻이다. 성경은 권한다. 쿠피디타스를 통해 밖으로 나가려는 옛사람에서 카리타스를 통해 안으로 들어가 위를 향하는 새사람으로 바뀌어야 한다고 말이다.

> 너희는 유혹의 욕심을 따라 썩어져 가는 구습을 따르는 옛사람을 벗어 버리고 오직 너희의 심령이 새롭게 되어 하나님을 따라 의와 진리의 거룩함으로 지으심을 받은 새사람을 입으라.(엡4:22~24)

라이프 스타일이 되기까지

'소확행'(小確幸), '작지만 확실한 행복'을 줄여 쓴 말이라고 한다. 「랑겔한스 섬의 오후」에서, 무라카미 하루키가 '갓 구운 빵을 손으로 찢어 먹고,

서랍 안에 반듯하게 접어 넣은 속옷이 잔뜩 쌓여 있는 것, 새로 산 정결한 면 냄새가 풍기는 하얀 셔츠를 입을 때의 기분'을 '소확행'이라고 표현한 것이 그 유래이다.[87] 소확행의 한국버전을 찾으라고 하면, '가심비' 즉 '조금 비싸더라도 자신의 구매력으로 가능한 범위에서 취향에 맞는 제품을 구매하는 경우,' '큰 비용이 드는 명품쇼핑' 등이 되겠다.

영어로 옮기면, 'What's your small but certain happiness' 정도 되겠다. 일본과 동아시아의 관심사가 아니라 세계적인 추세로 보아야 할 듯싶다. 미국 브루클린에서 유행하는 '100m 마이크로 산책'을 예로 드는 경우도 있다. 일상공간에서 생겨나는 변화를 놓치지 않고 관찰하면서 소소한 기쁨을 느끼는 것이 소확행에 속한다는 이야기였다. 덴마크의 '휘게(Hygge)', 스웨덴의 '라곰(Lagom)', 프랑스의 '오캄(Au calme)' 등과 궤를 같이 하는 것으로 평가된다. "매일 행복하진 않지만 행복한 일은 매일 있어!"라고 했던 곰돌이 푸(Winnie the Pooh)의 대사에서 예견된 현상이라는 이야기도 있다.

다른 측면도 있다. 소비 트렌드 분석이자 마케팅이라는 주장이다. '트렌드 부추기는 트렌드 북'이 정체불명의 신조어로 기존의 진단을 포장하고 트렌드에 사람이 끌려 다니는 인상을 준다는 평이었다.[88] 소확행 마케팅에 놀아나지 말았으면 좋겠다. '따라쟁이'가 될 것이 아니라 '성찰'해야 할 때이다.

여기에서, 우리는 아우구스티누스의 기도문을 기억할 필요가 있다. "마음을 고쳐주소서." 아우구스티누스가 권하는 '마음고침'은 단지 마음만 고쳐먹는 수준을 넘어선다. 하나님의 은혜를 힘입어 카리타스를 꾸준히 실천하고 훈련함으로써 성품화시키는 성화의 노력이 필요하다.

카리타스의 중요성을 깨닫는 것이 중요하지만, 그것으로 끝이 아니다. 그것은 우리의 가이드 아우구스티누스가 권하는 '방향의 제시'이다. 우리들 입장에서는 '방향의 발견'이다. 남은 것은 그 방향을 따라 길을 가는 노력이다. 예수 그리스도의 제자가 되기를 원했던 아우구스티누스처럼, 카리타스의 실천을 통해 카리타스를 성품화시키는 단계로 나아가야 한다. 지속적이고 진솔한 실천을 통해 카리타스를 라이프 스타일로 자리 잡게 하자는 뜻이다.

아우구스티누스가 말한 것처럼, 누구나 행복을 원하지만 어긋나고 있다. 그 원인은 외부 환경에 있다기보다 내적 성찰의 상실에서 찾아야 할 듯싶다. 내면 세계의 질서가 제대로 확립되지 못하고 가치관이 혼란스러워진 것이 문제라는 뜻이다. 행복을 원하는 현대인 모두의 자성이 필요한 시점이다.

II

다시,
밖으로
나가라!

5장

다시, 밖으로 나가라

두 사랑이 두 도성을 이루었다.
하나님을 멸시하면서까지 자신을 사랑하는 그 사랑이
지상의 도성을 만들었고,
자신을 멸시하면서까지 하나님을 사랑하는 그 사랑이
하늘의 도성을 만들었다.
(De civitate Dei)

1.
'사사화(私事化)'되고 있다!

> 내적 성찰이 절실하지만, 자폐 되면 안 된다. 사사화시켜서는 안 된다. '다시' 밖으로 나가야 한다. 내적 성찰의 가치를 공적으로 구현하려는 실천적 관심으로 이어져야 한다. 골방을 회복하여 다시 밖으로 나가서, 카리타스를 실천하고자 했던 아우구스티누스는 말한다. '침묵할 수 없다'(non est praetereundim silentio)[1]

골방에서 광장으로

'광장 시리즈'라도 있는 것일까? 톰 라이트(Tom Wright)의 『광장에 선 하나님』(God in public)은 볼프의 『광장에 선 기독교』(A public faith), 그리고 마샬의 『광장에 선 그리스도인』(Christians in the Public Square)과 나란히 검색된다. 눈치 채셨겠지만, 세 권의 제목은 'Public'에 공통점이 있다. 번역자와 출판사가 제목을 정하면서 '광장'이 지니는 상징성에 꽂혔던 모양이다.

왜 그렇게 '광장, 광장'하는 것일까?[2] 광장을 말하면 공공성을 연상시킬 수 있을 것이라고 기대한 것이라면, 나름 이해는 된다. 사실, 광장에 무관심한 것은 옳지 않다. 광장에서의 삶은 누구도 피할 수 없기 때문이다. 현실도피주의자가 아니라면 말이다. 그렇다고 해서, 광장에 집착하는 것도 바람직하지는 않다. 문제는 우리에게 광장을 '겉도는' 경향이 있다는 점이다. 광장에 관심이 없거나 혹은 관심을 가진다 해도 겉돌거나 기웃거리거나 심지어 우회하기도 한다. 광장에 대한 바른 이해와 실천이 필요하다.

이러한 뜻에서, 짚어야 할 것이 있다. 자폐(autism)라는 말은 안타깝고 슬픈 인상을 준다. 누군가의 말처럼, '현실과의 살아있는 접촉의 상실'을 뜻하는 이 단어는 병리적인 영역에서 자신은 물론이고 가족과 주변의 많은 사람에게 안타까움을 준다. 스마트 기술이 적용되는 사이버 공간에서도 유사한 증상이 나타난다. '사이버 자폐증'은 '사이버세계의 게임이나 인터넷에 지나치게 빠져들어 사이버세계를 더 현실적으로 느끼고 정작 현실세계에는 적응하지 못하는 중증 사이버중독 현상을 일컫는 말'이다.[3] 생각해보면, 아이러니하다. '소통'과 '연결'을 위해 만들어진 사이버공간에서 정반대되는 현상이 나타나고 있으니 말이다.

굳이 자폐 혹은 중독이라는 말을 쓰지 않더라도, 문제는 분명해 보인다. 사회학자 셰리 터클(Sherry Turkle)의 *Alone Together*이라는 책은 마치 '고독'을 '모두가' 지니고 있다는 말을 하고 있는 듯 들린다. 소셜 미디어가 현대인을 스마트폰에 빠지게 하여 인간관계를 단절시키는 것은 물론이고 상호교류에 대한 관심까지 잃게 하여 소외를 낳았다는 주장이다.[4] 인간의 필수품이 된 소셜 미디어와 스마트 문화의 또 다른 측면, 즉 불통의 측면을 들여다보게 한다.

새삼스럽게 소셜 미디어 타령을 늘어놓을 생각은 없지만, 응용할 필요는 충분해 보인다. 내적 성찰에 자폐되어서는 안 된다. 그것은 현실도피일 뿐, 진리를 가진 자의 마땅한 모습이라고 할 수 없다. 내적 성찰을 통해 발견한 영원의 가치를 공유하고 소통하기 위해 광장으로 나가야 한다. '다시' 밖으로 나가야 한다. 내적 성찰을 통해 진리를 발견한 자로서, 내적 성찰에 기초한 사회윤리를 실천에 옮겨야 한다.

쉐프 아우구스티누스?

언제부터인지, 우리 주변에 '생어거스틴'이라는 이름의 아시아 음식 체인점이 늘고 있다. 띄어쓰기 없이 '생어거스틴'이라고 쓰기는 했지만, 아우구스티누스의 이름이 등장한 것 자체가 반가워서, 몇 번 일부러 찾아가서 음식을 먹으면서, 동행한 지인들에게 이름에 대해 '썰'을 풀곤 했다. 아우구스티누스에 대해서 말이다. 딱히 그 음식을 좋아해서는 아니다. 아우구스티누스에 대한 관심 때문이라고 말하는 것이 맞겠다.

특정업체를 홍보하거나 혹은 비난하려는 의도는 없다. 하지만, 상호 표기방식에 대해서는 한마디 하고 싶다. 아우구스티누스의 이름을 사용했다는 점에서 반갑기는 하지만, 영어식인지 불어식인지 애매한 퓨전인 것 같다. 'Saint Augustin'으로 표기된 상호를 '생어거스틴'으로 읽도록 하는 것을 보면, '생'은 불어식이고 '어거스틴'은 영어식이다. 영어로 하면 '성(聖, 세인트) 어거스틴'이라고 하는 것이 맞다. 영어에서는 'Augustin'을 쓰기는 하지만, 끝에 'e'를 붙인 'Augustine'이 보편적이다. 불어로 쓰려면 '생 오귀스탱'에 근접한 표기를 해야 맞겠다.

표기법에 문제가 있다고 지적하려는 것은 아니다. 오히려, 고마운 일인지도 모르겠다. 아우구스티누스라는 인물에 대한 관심을 불러일으킨다는 점에서 말이다. 추측하건대, 프랑스 파리의 어느 거리 이름과 연관이 있는 것 아닐까 싶다. 서울에 을지문덕의 이름을 딴 '을지로'가 있듯이, 이순신 장군을 기념하는 '충무로'가 있듯이 말이다. 파리에 태국음식을 비롯한 아시아 음식점들이 몰려있는 길거리 이름이 우리식으로 '어거스틴 거리'인 모양이다.

조금 과장된 것이겠지만, 마치 아우구스티누스가 '길거리'에 나선 모습을 연상시키고 아우구스티누스의 새로운 모습을 보게 하는 것 같다. 아우구스티누스의 현실에 대한 관심을 떠올리게 하는 요소라는 점에서 말이다. 이렇게 질문해보자. 아우구스티누스는 내적 성찰에만 관심했을까? 내적 성찰을 통해 인간의 실존을 발견한 것으로 만족했을까? 아우구스티누스의 내적 성찰이 지닌 현대적 의의는 무척이나 소중하다. 밖으로만 나가려는 현대인의 경향성에 일침을 가하고 안으로 들어가도록 권했다는 사실 자체로 의미가 크다.

문제는 그 다음이다. 아우구스티누스가 내적 성찰을 통해 인간의 한계를 절감하고 위를 향하여 영원을 추구하며 사랑의 질서를 따라 살기를 결심하고 권했다는 점은 아무리 강조해도 지나치지 않다. 사실, 그것만 제대로 구현해도 현대인의 삶은 의미로 풍요로운 단계에 이를 수 있겠다.

하지만, 아우구스티누스가 제시한 성찰의 본래적 가치를 온전하게 이해하기 위해서는 여기에 멈추면 안 된다. 그토록 소중한 내적 성찰을 사사화(私事化, privatization)시켜서야 되겠는가? 공공신학을 말할 때 사용되는 이 표현은 내적 성찰을 개인의 몫으로 삼는 일을 지칭한다. 그것이야말로 사이버자폐보다 더 심각한 것 아닐까? 이러한 뜻에서, 내적 성찰의 통전적 이해를 위한 확장적 접근을 시도한다.[5] 아우구스티누스의 내적 성찰을 실천적 관심으로 확장시켜 나아가자는 취지이다.

2.
'침묵할 수 없다'(non est praetereundim silentio)

1) 사회윤리 없는 '개인윤리'?

개인의 일?

아우구스티누스에게서 그토록 중요한 내면성 자체가 종착점은 아니다. 오히려, 양면적이다. 마음이 열려 있으면 성숙의 계기일 수 있으나, 자신 안에 갇히게 되면, 나르시시즘에 빠져들어 파멸할 수 있기 때문이다. '밖으로 나가지 말라'는 문장은 '안으로 들어가는 것이 정답'이라는 뜻으로 인식해서는 곤란하다. 안으로 들어가야 하는 것은 분명하지만, 거기에서 끝나면 안 된다. '밖으로 나가지 말라'는 것은 대략 다음과 같은 뜻으로 옮기면 되겠다.

'안으로 들어가라'에서 볼 수 있듯이, "내면성이 중요한 것은 사실이지만, 내면성에 갇히게 되면 친밀주의(intimism) 또는 나르시시즘으로 전락할 위험이 도사리고 있다."[6] 내면성에 대한 관심은 "두 가지 개방성을 지니고 있어야 한다. 높은 곳과 낮은 곳, 초월과 사회, 하나님과 인간을 향한 개방성이 요청된다. 내재와 초월, 그리고 앞으로 살펴보게 될 지상의 도성과 하나님의 도성 속에서 균형을 잃지 말아야 한다."[7]

이것을 다른 말로 '사사화'(私事化, privatization)에 대한 경계라고 할 수 있겠다. 공공신학자 스택하우스(Max L. Stackhouse)가 사용한 용어이다.[8] 사사화란 내적 성찰을 개인의 실존에 관한 것으로 제한하거나 혹은 내적 경건의 문제로 한정지으려는 경향을 일컫는다. 개인의 일이라는 뜻에서 한자표현을 '사사'(私事)라고 적용하여 명사화한 것이라 하겠다. 영어 표현에서도 'private'를 포함한 명사형을 쓴 것 같다. 내면성에 자폐 되지 말아야 한다는 문제의식을 반영한 것이라 하겠다.

요점은 이것이다. 아우구스티누스가 제시한 내적 성찰을 통한 내적 변화의 윤리를 사사화시켜서는 안 된다. 내면성에 대한 관심이 친밀주의 혹은 나르시시즘에 빠질 위험을 안고 있음을 경계해야 한다. 혹은 자폐적 내면성으로 흘러가서는 안 된다는 뜻이다. 비록 용어와 맥락은 서로 다를 수 있지만, '내면성의 자폐화 위험'의 문제는 '신앙의 사사화의 위험'과 서로 통하는 측면이 있다. 내적 윤리가 사회적 실천으로 이어져야 한다는 점에서 더욱 그렇다.

사회적 성화

내적 인간으로서의 속사람에 대한 관심은 내적 세계에 몰두하고 침잠하라는 뜻이 아니다. 내적 성찰을 경유하여 공적인 지평에 도달해야 한다. 다시 말해, 안으로부터 밖으로, 관조적 삶(vita contemplativa)에서 활동적 삶(vita activa)으로, 자아로부터 공동체로, 사적 성찰에서 공공성으로의 전향이 필요하다.[9] 다만, 내적 성찰 자체를 사적인 것이라고 단정 짓는 것은 옳지 않다. 내적 성찰이 사사화되는 경우가 문제시되어야 한다는 뜻이다.

내적 성찰을 사사화해서는 안 되는 이유는 분명하다. 내적 삶은 "영적 생활에서 처음 기쁨을 맛보는 이들이 갖기 쉬운 착각이나 위로의 감정이 아니다. 신앙의 의무나 실천을 회피하는 것은 더욱 아니다."[10] 내적 삶에 도취하여 현실을 도피한다면, 그것은 내적 성찰을 왜곡하는 것에 다름 아니다. 결국, 내적 성찰에 자폐되고 만다.

아우구스티누스가 『고백록』을 중심으로 말하는 내적 인간은 그 자체로 폐쇄된 것이라 할 수 없다. 『고백록』에서 발견한 내적 인간은 위를 향하여 즉 초월을 향한 개방을 통해 은혜의 필요성을 체험하는 단계로 나아가고 그곳에서 체험한 카리타스의 실천을 지향한다. 삶의 문제들에 대해서, 그리고 사회적 현실에 대해서 아우구스티누스가 관심했던 여러 주제들이 그의 관점을 반증해준다.

물론, 내적 성찰의 윤리와 그 사회적 참여를 위한 공공의 윤리 사이에 화해하기 어려운 간극이 있는 것은 사실이다.[11] 그것은 내적 성찰의 윤리가 지닌 태생적 한계라기보다 내적 성찰의 왜곡인 경우에 해당한다. 내적 성찰은 사회적 실천으로 나아가지 않을 수 없다. 내적 삶은 사회적이고 정치적인 영역에까지 영향을 미친다.[12] 적어도 아우구스티누스의 경우는 그렇다.

아우구스티누스의 이러한 관심을 풀어낼 개념이 '성화'이다. 분명히, 내적 성찰은 골방에서 시작되지만, 골방에서 갇혀서는 안 된다. "세상은 도피할 대상이 아니라, 하나님의 뜻을 실천해야 할 곳이기 때문이다. 누군가의 설명처럼, 기독교는 저 세상의 종교만도 아니고 이 세상의 종교만도 아닌 현실에서 이상을 찾는 종교라고 할 수 있다. 마음은 세상을 사는 창문인 동시에 세상을 사는 관문이기도 하다."[13]

　참고할 것이 있다. 종교개혁시대에 성화에 대한 신학적 근거를 마련한 칼뱅은 내적 성화의 필요성을 강조하면서도 개인의 삶을 훈련하는 동시에 성화된 사회를 이루어야 한다고 주장했다.[14] 또한 후대에 웨슬리의 관점은 사회적 성화의 필요성을 강화시켜준다. 웨슬리가 보기에, 성화는 개인적 차원을 넘어서 사회전체까지 확산되어야 하며 사회변혁적 의미를 가진다.[15] 아우구스티누스의 통찰에 소급하여 응용하자면, 내적 성찰에는 사회적 실천의 과제가 수반된다는 뜻으로 풀이할 수 있겠다. 내적 성찰에 자폐되거나 사사화되어서는 안 된다는 뜻이다.

　문제는 자폐 혹은 사사화의 경향이다. 특히, 한국교회의 경우가 그렇다. 심지어, 기독교의 성화와 전통종교들이 말하는 성화를 혼동하고 있다.[16] 무엇보다도, "성화를 기독교윤리의 과제로 인식하지 못하여 죄에 대한 주관적이고 감정적인 투쟁으로만 왜곡시켰다. 그 결과, 윤리적 관심으로 연결 짓지 못한 것은 물론이고 사회적 책임에 대해 적극적이지 못했고 개인주의적 신앙을 강조하는 경향이 나타난다."[17]

　아우구스티누스에게 돌아가 보자. 아우구스티누스가 말하는 '안으로 들어가' 내적 성찰과 내적 변화에 관심하는 내적 윤리는 개인의 성화에 해당한다. 하지만, 『고백록』에서 말하는 내적 성찰에 만족하여 그곳에 머물지 않았다. 사회, 정치, 성경에 나타난 인간의 역사, 혹은 교회와 성례전 등 모든 주제들이 그의 관심사였다.[18] 내적 성찰 이후에 현실을 도피하거나 외면하지 않았다는 뜻이다.

　아우구스티누스는 내적 성찰에 자폐되지 않고 '다시 밖으로 나가서' 역사적 현실의 문제들에 관심하고 카리타스의 실천을 위해 힘썼다. 내적 성찰을 통한 개인의 성화에 관심하는 것은 물론이고, 사회적 성화로 연결하고 확장시키는 데 관심했다.[19] 사회적 실천을 향하여 나아고 있다는 점이 중요한 포인트라고 하겠다.

　아우구스티누스는 이 세상에서의 삶을 부정하지 않았다.[20] 아우구스티누스가 내적 성찰을 강조한 것은 분명하고도 의미 있는 일이었다. 그의 『고백록』은 내적 인간에 관심한다. 사실, 밖으로 나가는 길에서 돌이켜 안으로 들어가는 것 자체로도 의미가 있지만, 안으로 들어가 위를 향하여 나아가고 '거룩'에 대한 인식을 가지게 된 것은 무척이나 중요한 요소라 하겠다.

　더 중요한 것은 속사람에 관심한 아우구스티누스가 그 자리에 머물러 자폐되지 않았다는 점이다. 『고백록』에서 보여준 아우구스티누스의 내적 인간으로서의 속사람에 대한 관심은 사회적 성화의 관심과 연결 지어 읽어낼 때 온전하게 이해될 수 있다. 말하자면, 내적 성찰에 기초한 사회윤리를 말해준다.

개인과 사회

　이것은 어제 오늘의 고민이 아니다. 미국의 기독교윤리학계에서 이미 다루어졌던 이슈이기도 하다. 개인구원과 사회구원의 문제, 혹은 구원받은 개인이 많아지면 사회구원도 가능해지는가의 문제가 그것이다. 사실, 개인과 개인의 관계에서 작동하는 도덕이 개인과 집단 혹은 집단과 집단의 관계에서도 그대로 적용된다고 장담하기는 어렵다. 선한 성품과 인격을 지닌 개인이라도 그가 속한 집단의 이익이 침해되거나 혹은 제도와 법령을 비롯한 사회구조가 개인의 도덕을 보증하지 못하거나 개인의 윤리를 좌절시키는 경우들을 우리는 너무 자주 아주 쉽게 마주하곤 한다.

다시 말해, 내적 성찰을 가진 개인들의 수효가 늘어가는 것은 무척이나 반가운 일이다. 하지만, 개인과 개인 사이의 도덕적 상호관계는 제도와 법령의 문제 앞에서 좌절되기 쉽다. 사실, 사회구조로서의 제도와 법령을 개선하는 것이 급선무가 되는 경우들이 더 많을 수 있다. 사회의 개혁이 우선되어야 하는 경우들 말이다. 속사람이 된 이후에도 여전히 역사적 현실 속에 살고 있기에 잘못된 사회구조 속에서는 사회적 변화를 말하는 데 한계가 있게 마련이다.

무엇이 우선일까? 개인의 성화와 사회구조의 개선 사이에서 우선순위는 어떻게 정해야 하는 것일까? 기독교사회윤리학의 거장, 니버(Reinhold Niebuhr)의 통찰은 이 문제를 읽어낼 중요한 단서를 제공해준다. 심지어 니버가 자신의 통찰이 아우구스티누스에게서 온 것이라고까지 말했다는 점은 무척이나 흥미로운 부분이다. 니버의 관점 전체를 다룰 수는 없고, 요점만 간추려 핵심을 설명해 보자.

그의 책, 『도덕적 인간과 비도덕적 사회』(Moral Man and Immoral Society)에서 니버는 '개인윤리'와 '사회윤리'를 구분한다. 니버는 개인들은 행위의 문제에 있어서 다른 사람의 이익을 자기의 이익 보다 우선시 할 수 있다는 의미에서 도덕적일 수 있으나, 인간 집단의 경우에는 개인과 개인의 관계에서 보다 더 많은 이기심이 나타난다는 점을 역설한다.[21] 이것을 '집단이기주의'(collective egoism)라고 부른다.

니버가 보기에, 탐욕스러운 자아사랑이 그 원인이다. 때로 이것은 교만이라 불리며 현대적 개념을 적용하자면 자아중심성(egocentricity)이라고 할 수 있다. 자아중심성은 니버가 주목하는 집단이기주의 혹은 사회적 알력의 원인으로 설명된다. 이러한 배경에서, 니버는 개인윤리와 사회윤리의 구분을 강조한다. 사회문제의 원인을 사회구조와 시스템의 관점에서 보게 하고 개인윤리를 넘어서 사회적 혹은 정치적 방법에 의해 사회문제를 해결해야 한다는 생각이다.

니버가 말하는 '사회윤리'란 개인과 개인 사이의 윤리가 아니라 집단과 집단 사이의 갈등에 대한 새로운 관심이다. 집단이기주의 문제에 주목했던 니버가 사회구조와 법령 등 정치적 요소를 통한 사회적 문제의 해결을 제시한 것은 중요한 통찰이다. 특히, 이익의 갈등이 극대화된 현대사회에서 니버적 의미의 사회윤리가 필요한 것은 아무리 강조해도 지나치지 않다.

유행어 중에, '레알' 혹은 '찐'이라는 말이 있었다. '정말'이라는 뜻이겠다. 그리고 '진짜'라는 말을 강하게 발음한 것일 수 있겠다. 영어, 'real'을 재미있게 풀어서 발음해낸 것이겠지만, '현실적인'이라는 뜻이 담겨있다는 점이 흥미롭다. 명사형은 'reality'이다. '현실'(現實)이라고 옮긴다.

굳이 이 말을 꺼낸 이유가 있다. 니버의 관심이 '현실'에 집중되어 있기 때문이다. 니버는 '기독교현실주의'가 아우구스티누스에게 연원한 것이라고 하면서,[22] 자신의 책, 『기독교 현실주의와 정치문제』(*Christian Realism and Political Problems*) 9장 표제를 '아우구스티누스의 정치적 현실주의'라고 정했다. 니버가 보기에, 아우구스티누스는 서양 역사상 처음 등장한 위대한 현실주의자였다. 하나님의 도성이라는 개념을 통한 사회적 현실을 설명한 아우구스티누스가 모든 공동체에서 보편적으로 나타나는 사회적 분파성, 긴장, 그리고 알력을 고려할 통찰을 제시해 주었기 때문이다.[23]

니버의 아우구스티누스 해석은 옳고 그름의 문제라기보다 다양한 관점의 가능성을 보여주는 듯싶다. 니버가 현실의 중요성에 주목하면서 사회구조를 개혁하는 데 관심했던 것처럼, 내적 성찰을 회복한 자들의 양적 증가와 더불어 그들 개인의 노력을 통해 평화와 정의를 구현할 수 있으리라는 생각을 넘어서 사회구조의 개혁에 관심해야 한다는 메시지를 주고 있는 셈이다.

공공신학자 니버

참고로, 아우구스티누스에 관심한 니버의 사회윤리는 공공신학으로 계승된다.[24] 라스무센(Larry Rasmissen)은 니버를 평할 때 '공공'의 의미에 가까운 단어들을 사용했다. 그에 따르면, 니버는 공공의 영역에 관한 신학을 다룬 탁월한 저술가였으며, 마틴 루터 킹을 빼면 니버야말로 20세기 미국이 낳은 최고의 설교가였다.[25]

라스무센의 극찬은 그가 니버의 명예를 이어받은 석좌에 있다는 정황에서 나온 것만은 아닌 것 같다. 라스무센에 따르면, 니버는 한 국가가 세계에 지대한 영향을 미칠 수 있는 권력에 대한 신학적 성찰을 했다는 점에서 공공신학자일 뿐 아니라, 공적 삶에 관한 지적능력을 발휘했다는 점에서 공공의 신학자라 할 수 있다.

한걸음 더 나아가, 라스무센은 니버가 공공의 지성인으로서 그 일을 즐겨했다고 평한다. 이러한 표현들을 종합해서 말하자면, 니버는 공공의 삶에 관한 신학자(a theologian of public life)이다.[26] 니버에 관한 이러한 라스무센의 해석을 문자 그대로 본다면, 이 글이 선호하는 표현임에 틀림없다.

니버에 대한 공공신학적 해석은 다양하게 확인된다. 공공신학이라는 용어를 가장 먼저 사용한 마틴 마티(Martin Marty)는 니버를 공공신학자로 분류했다. 마티는 공공신학이라는 용어를 사용하면서 니버의 신학을 특성화하기 위한 개념으로 소개했다.[27] 공공신학자 스택하우스 역시 이점에 이의가 없다. 공공신학이라는 개념의 어원과 역사를 살펴보면, 마티가 이 용어

를 처음 사용한 것이 분명하고 니버의 공헌을 평가하는 과정에 이 개념을 사용했다는 것이다.[28]

공공신학이라는 개념 자체가 현대기독교윤리학의 관심사라는 점에서, 아우구스티누스를 공공신학의 관점에서 해석하는 것이 시대적 간격을 가진 것이라고 할 여지가 있기는 하다. 하지만, 아우구스티누스의 관점이 결코 현실도피적인 것이 아니라는 사실을 뒷받침하기에는 충분해 보인다. '현실'을 직시하게 한다는 점에서 말이다.

통합-상호연결의 관점에서

니버를 참고해야 할 필요는 충분하지만, 간과해서는 안 될 요소가 있다. 아우구스티누스가 개인윤리와 사회윤리를 구분한 것은 아니다. 현실적으로 사회문제의 해결을 위해 제도의 개혁이 필요한 것은 사실이지만, 그것이 개인윤리와 사회윤리의 단절적 구분을 반드시 요청하는 것은 아니다. 오히려, 개인윤리와 사회윤리는 모두 중요한 요소들이며 상호 긴밀한 연관성을 지닌다. 아우구스티누스를 읽을 때, 이 부분을 재삼 확인하게 된다.

요컨대, '개인윤리'에 그칠 것이 아니라 '사회윤리'로 확장되어야 한다. 아우구스티누스의 『신국론』은 이러한 관점을 분명하게 보여준다. 다만, 사회윤리를 강조하는 과정에서 개인윤리를 소홀히 여겨도 된다는 뜻은 아니다. 개인윤리를 초보적인 것이라고 간주하거나 현실에 대한 관점의 미성숙으로 몰아세워서는 안 된다.

아우구스티누스의 경우, 니버와 달리 사회윤리의 중요성에 기준하여 개인윤리를 부수적인 것으로 혹은 단절적 구분을 말하기보다 개인의 변화가 사회적 변화로 이어지는 확장적 연결을 말하고 있다. 개인의 도덕적 삶이 사회적 삶과 상호연결된 것으로 본다는 뜻이다.[29] 말하자면, 아우구스티누스의 사회윤리는 내적 성찰을 통하여 사회를 재평가 혹은 재해석하는 관점 즉 '내적 성찰에 기초한 사회윤리'이다.

물론, 아우구스티누스에 대한 니버의 해석은 큰 의의가 있다. 거기에 덧붙여서, 아우구스티누스에게 '사회적 영성'에 대한 관심이 있었다는 사실을 간과해서는 안 된다. 아우구스티누스가 사회적 영성이라는 단어를 사용한 것은 아니다. 아우구스티누스의 경우, 개인윤리와 사회윤리의 통합 내지는 통전적 관점을 가지고 있었으며, 내면적 영성에 자폐되지 않고 사회적 영성을 지향하고 있었다는 해석이 가능하리라 보는 셈이다.

이러한 뜻에서, 내면성에 대한 아우구스티누스의 관심에서 놓치지 말아야 할 것이 있다. 내면성 그 자체로 자폐되지 않고 두 가지 개방성을 요청한다는 점이다. 높은 곳과 낮은 곳, 초월과 사회, 하나님과 인간을 향한 개방성이다. 이러한 뜻에서, 아우구스티누스에게서 있어서 내면성은 폐쇄의 길이 아니라, 회개와 내적 초월의 여정이다.[30] 내재와 초월, 그리고 인간의 도성과 하나님의 도성 속에서 균형을 잃지 말아야 한다는 교훈이 여기에서 나온다.

2) 『고백록』의 '속사람'

『고백록』 이후

도시 한복판에 자리한 음식점 이름에까지 등장한 '아우구스티누스', 과연 그는 누구일까? 사실, 우리가 알고 있던 아우구스티누스는 매우 제한적일 수 있다. 기독교 고전이라 할『고백록』의 저자 아우구스티누스는 그 책을 읽은 사람이든 혹은 아직 안 읽은 사람이든 간에 익숙한 이름이다. 이름으로만 익숙할 뿐 아니라, 그의 삶에 대한 이야기들이 알려져 있다.

아우구스티누스가『고백록』을 통해 죄인으로서의 자신을 발견하고 죄를 고백하며 하나님의 은혜를 찬양한 이야기는 그 자체로 놀라운 사건임에 틀림없다. 어찌 보면,『고백록』이 있었기에 아우구스티누스의 이름이 알려졌고 오늘에 이르기까지 많은 사람들이 그에게 관심하고 있는 것 또한 사실이다.

『고백록』은 '안으로' 들어가기를 권하는 아우구스티누스의 내적 관심을 가장 분명하게 보여주었다. 내적 성찰은 아우구스티누스의 고유하고 독특한 것임에 틀림없다. 문제는 그의 내면성이『고백록』에 한정된 것 혹은 심하게 말해서『고백록』에 갇혀있는 것일까 하는 점이다. 솔직히,『고백록』독자들의 궁금증을 자아내는 부분이다. 과연 남은 생을 어떻게 살았을지 궁금하기도 하고 그의 모범을 보고 싶은 마음도 있다.『고백록』에서 엄청난 은혜를 체험한 아우구스티누스가 그 이후에도 계속해서 신실한 복음의 사람으로 살아갔을지 궁금해진다.

우리들 주변의 경험들에 비추어 보면, 신앙의 길을 이어가는 것 자체가 결코 간단한 일이 아닐 것 같다. 인생의 여러 변수들은 내적 성찰을 통해 발견한 진리의 길을 방해하거나 유혹하는 요소가 되기 쉽고, 죽을 때까지 진리의 한 길을 걸어가는 것 자체가 간단한 일은 아니다.

다행스럽게도, 아우구스티누스는 우리의 기대를 결코 저버리지 않았다. 아우구스티누스의 나이를 기준으로 보면, 345년에서 430년까지 76년 인생에서『고백록』이후의 활동기간과 그의 목회적이고 학술적인 기여가 훨씬 더 길고 크다. 개인으로서의 삶의 고백을 넘어서 역사적 인물이 된 아우구스티누스의 모습은 주로 이 기간에 해당한다.

　문제는 우리 대부분이 그의 인생 후반부 모습을 놓치고 있거나 혹은 모르고 지나치는 경우가 많을 수 있다는 점이다. 걸출한 사상가로서의 아우구스티누스 이면에 있는 또 다른 요소를 놓치면 아우구스티누스를 제대로 이해할 수 없다. 그의 철학 및 신학사상의 배경이 되는 아우구스티누스의 진면목을 놓쳐서는 안 된다는 뜻이다.[31] 무엇보다도 내적 성찰의 길을 걷는 신앙의 모범을 보여준 것은 주목할 일이다. '아우구스티누스 수도회'의 기초가 된 공동체생활은 물론이고, 삶의 문제들에 대한 통찰은 아우구스티누스 이해에서 빼놓을 수 없다.

　『고백록』이후 아우구스티누스는 내적 성찰을 개인의 성화에 한정짓지 않고 '사회적 성화;(social sanctification)으로 확장시켰다. 『고백록』에서 보여준 내적 성찰이 『신국론』(De civitate Dei)을 통해 사회적 성화를 위한 관심으로 이어지고 있다는 뜻이다.

속사람

　아우구스티누스가 보여준 내적 성찰의 결정판이라 할 수 있는 『고백록』은 '내적 인간'(homo interior)으로서의 인간실존을 말해준다. 성경의 표현으로는 '속사람'(inner being)과 연관된다. 아우구스티누스의 관심은 밖으로 나가서 오류에 놀아난 인간상을 극복하기 위해 안으로 들어가는 것이었으며 위를 향하여 영원을 체험하는 내적 인간의 발견에서 절정에 이른다. 이러한 뜻에서, 아우구스티누스의 『고백록』은 내적 인간 즉 속사람의 중요성을 말해준 것이라 하겠다.

　이렇게 생각해보자. '김삿갓'의 이름으로 전해져오는 속설이 있다. 식사구걸을 거절한 사람에게 '人人人人'이라고 써주었다고 한다. '사람이면 다 사람이냐, 사람다워야 사람이지'의 뜻으로 풀이되곤 한다. 사람됨의 중요성에 관하여, 혹은 인간다움의 가치에 관하여 자기성찰이 필요하다는 점을 일깨워준다고 하겠다. '든사람, 난사람, 된사람'의 교훈 역시 다르지 않다. 지식인이나 출세한 스타의 모습보다 더 중요한 것이 인격적으로 성숙한 사람 되는 것이 중요하다는 교훈을 준다.[32] 이처럼, 동양적 의미에서 속사람은 인품이 고매한 사람을 뜻하는 것이기 쉽다.

서양철학에서도 크게 다르지 않다. 아우구스티누스에게 많은 영향을 준 플라톤이 육체와 영혼을 구분하면서 내면성에 관심하기를 권했던 것이 대표적인 경우가 되겠다. 『고백록』에 따르면, 키케로의 『호르텐시우스』는 아우구스티누스로 하여금 철학에 눈뜨게 하였고 지혜에 대한 열정을 점화시킨 기폭제였다.[33] 키케로의 책은 아우구스티누스에게 플라톤의 철학적 사유에 이르는 가이드로 충분했다.

그렇다고 해서, 플라톤이 말하는 육체와 영혼의 구분이 그대로 '겉사람=육체', '속사람=영혼'이라는 도식에 빠져서는 안 된다. 그것은 아우구스티누스의 관점이 아니다. 속사람 개념을 규정하기 위해서 짚어둘 것이 있다. 국어사전에서는 '품성이나 인격의 측면에서 본 사람, 또는 사람의 됨됨이'를 뜻하지만, 아우구스티누스가 말한 개념과 동치인 것은 아니다.

아우구스티누스가 말하는 내적 인간이라는 단어는 성경의 '속사람'(고후4:16)과 연관될 듯싶다. 이 부분에서, '겉사람 vs. 속사람'의 구도가 적용된다. '겉사람'(outward man)은 육신의 욕심과 본능을 좇는 인간 고유의 부패한 본성을 뜻한다. 아우구스티누스의 용어를 적용하자면, 시간의 영역에 집착하여 쿠피디타스를 자행하는 사람이다. 겉사람의 상대어인 속사람은 밖으로 나가기보다 안으로 들어가 위를 향하며 초월적 은혜를 따라 거듭난 존재를 뜻한다. 아우구스티누스가 추구하는 바른 인간의 모습을 말해준다.

겉사람과 속사람의 구분은 단순히 내적 성찰에 관심하는가의 문제가 아니다. 시간의 영역을 넘어 영원을 인식한 후에 속사람을 강건하게 해야 한다. 구원받은 이후에 도덕적 성숙과 변화를 위한 노력으로서의 '성화'(聖化, sanctification)의 필요성이 절실하다는 뜻이다.[34]

이렇게 생각해보자. 예수께서는 바리새인과 서기관들을 '외식하는 자'라고 지적하셨다. "율법을 알고 심지어 지도하는 위치에 있는 자들이지만 그들의 실상은 겉사람에 불과하다. 외식하는 종교적 인간의 유형에 적용한 이미지가 '회칠한 무덤'의 이미지라고 할 수 있으며, 이들에 대하여 예수께서 겉에 치우친 관점을 벗어나 속을 살피는 성찰의 중요성을 일깨워주신 것"이라 하겠다.[35]

또한, "바울에게서 속사람의 인간론은 분열된 자아에 대한 신학적 성찰이며, 육체적 존재로서의 한계를 극복하고 보이지 않는 미래와 영원을 지향하는 개념이다. 이러한 목표와 맞물려 신앙적 훈련이 강조되고 영성 함양이 요청된다. 특히, 인간이 감당해야 할 겉사람의 굴레는 단번에 청산되지 않는다. 육신의 노화와 욕망의 노쇠과정과 맞물려 겉사람이 쇠락해가는 것과 함께 속사람이 강건해지고 성숙해야 할 과제가 주어진다."[36]

내적 성찰과 연관지어보자. 내적 성찰에서 자신과의 대화에 그치는 경우, 그것은 진정한 의미의 속사람이라 할 수 없다. 자신과의 대화를 넘어 영원하신 하나님 앞에서의 자신을 발견할 때, 비로소 하나님께서 창조하시는 속사람에 이를 수 있다.

이 책의 주된 관심을 따라 설명하자면, 아우구스티누스가 『고백록』에서 보여준 내적 인간으로서의 속사람은 겉사람의 모습을 극복하는 존재이다. 겉사람은 '밖으로' 나가는 경향성을 지닌다. 내적 성찰 없이 혹은 내면성에 대한 관심을 생략한 채, '밖'에 관심하고 집착하는 인간의 모습을 상징한다.

이와 달리, 아우구스티누스가 말하는 속사람은 내적 성찰을 통해 자신의 실존적 한계를 발견하고 위를 향하여 영원을 체험한 인간을 뜻한다. 아우구스티누스가 밖으로 나가는 길에서 돌이켜 안으로 들어가는 과정 자체가 그 단초이다. 그리고 안으로 들어가 위를 향하는 길에 하나님께서 은혜를 주셨다. 이것은 궁극적으로 성경 내러티브에 따라 참된 의미의 속사람에 관심하도록 이끌어주는 과정이었다.

3) '속사람'의 『신국론』

침묵할 수 없는

속사람으로서의 내적 인간에 대한 아우구스티누스의 관심은 『고백록』에 머물지 않고 『신국론』(*De civitate Dei*)으로 연결되어 확장된다. 내면성을 중심으로 설명하면, 두 책은 무척이나 긴밀하게 연관된다. 『고백록』에서 아우구스티누스는 내적 성찰을 통해 하나님 앞에서의 자신의 실존을 찾아낸다. 이를 바탕으로 『신국론』에서 아우구스티누스는 내면성의 사사화를 경계하면서 내적 성찰에 기초한 사회적 성화의 실천을 요청한다.

사실, 『신국론』만큼 다양한 관심의 대상이 되어 온 저술도 많지 않다. 예를 들어, 『신국론』을 역사철학의 효시로 간주하거나 역사에 관한 가장 탁월한 고전이라고 평가하는 것은 지극히 타당하다.[37] 『신국론』에 대한 선행연구들을 요약하기 어려울 정도로 충분하다. 신학 안에서, 역사신학은 물론이고 기독교교육학을 포함한 여러 분과학문에서『신국론』은 집중 조명되고 있다.

　중요한 것은『신국론』을 내적 성찰 즉 개인의 성화를 사회적 실천으로 확장시킬 신학적 기초로 읽어내야 한다는 점이다. 당대 로마의 고전연구가들을 답습하여 고전학의 발전적인 업적을 남긴 것이 아니다. 아우구스티누스의 내적 성찰이라는 중심성을 확대하여 적용시킨 과정에서 나온 결과물로 읽어야 한다는 취지이다.

　『신국론』은 속사람으로서 새로운 길에 나선 아우구스티누스가 역사적 현실 혹은 시민의 '광장'에서 어떠한 자세로 살아갈 것인가를 고민한 흔적들의 집대성이다.『고백록』의 속사람이 된 이후에 역사적, 사회적 현실을 재평가한 이야기 즉 '속사람의『신국론』'이다.『신국론』을 읽을 때 결코 간과해서는 안 될 요소가 바로 이것이다. 이러한 뜻에서, 아우구스티누스의 한 마디는 묵직한 도전장이라 할 수 있겠다.

침묵할 수 없다[38]

　수동적인 자세로 마지못해 대응한다는 뜻이 아니다. 시민의 소환 앞에서 당당하게 광장에 나가 진리를 변증하며 '공적 제자도'를 구현하겠다는 각오 내지는 적극적 관심을 표현한다. 기독교에 유리하도록 아전인수격으로 말하는 것이 아니다. 실제로,『신국론』저술의 배경에는 로마시민들에 의해 수세에 몰린 기독교를 호교(護敎)하기 위한 목적이 작용했다. 로마가 침탈을 당하고 위기를 겪는 이유가 전통적인 로마의 종교와 정령숭배를 버리고 기독교를 선택한 탓이라고 몰아세우는 로마시민들에게 역사의 진실을 보여줄 필요가 있었다.

그렇다고 해서, 『신국론』이 기독교를 옹호하기에 급급한 책이라는 뜻은 아니다. 아우구스티누스는 역사의 큰 흐름을 읽어낼 통찰을 제시하면서 로마시민들에게는 역사에 대한 균형 잡힌 인식을 촉구하고 기독교인들에게는 신앙의 길을 격려하는 두 가지 목적에 충실했다. 그 중심에 내적 성찰을 통해 발견한 내적 인간의 관점에서 역사적 현실을 바라보아야 한다는 내적 관심이 자리하고 있다. 내적 성찰에 기초하여, 역사적 현실을 향하여 나아가는 과정을 말해준다.

　　여기에서, '속사람의 『신국론』'이라는 표현을 사용한 것은 아우구스티누스의 역사적 현실이해의 핵심적 가치관에 대한 인식을 강조하기 위함이다. 단순한 역사적 통찰을 넘어서 내적 인간으로서의 속사람의 가치관이 역사에 대한 성찰에 녹아들어 있다는 뜻이다. 두 도성의 기원 혹은 근간에 관한 이야기로부터 두 도성의 관계에 대한 설명과정은 아우구스티누스의 언어적 발명이라기보다 속사람 즉 내적 인간으로 거듭난 아우구스티누스의 역사적 현실에 대한 인식을 반영한 것이라 하겠다.

　　속사람으로 거듭나는 과정 자체도 쉽지 않으나 속사람이 된 이후에 역사적 현실을 대하는 태도 또한 중요하다. 다른 말로 하자면, 내적 변화를 중심으로 삼아 그 외연을 확장시켜 나아가는 노력이 수반되는가의 문제이다. 아우구스티누스의 『신국론』은 이 문제에 대한 답을 예시하는 것 같다. 『고백록』에서 찾아낸 속사람은 어떤 사회의식을 가져야 하고 실천에 옮겨야 할 것인지를 제시해주었기 때문이다.

　　속사람의 가치를 발견한 이후에 골방에 의도적으로 갇혀있기를 원하지 않는 한, 역사적 현실을 마주해야 하는 것은 피할 수 없는 현실이다. 내적 성찰을 통해 영원의 가치를 따라 사는 것이 바른 길이라는 사실을 알고 있는 한, 그의 일상과 현실생활에서도 변화가 뒤따라야 한다.

속사람이 되었다고 하면서도 여전히 겉사람의 관점을 지닌 채 살아간다면, 그것은 부조화 내지는 어색함이다. 영원을 기준으로 시간의 세계를 평가해야 할 속사람이 영원을 무시하고 시간의 영역에 집착하려 한다면 그것은 옳지 않다. 겉사람의 관점에 머물고 있기 때문이다. 속사람에게는 속사람의 가치관이 필요하며 영원을 바탕으로 시간을 평가하는 것이야말로 속사람의 특징이다.

역사적 현실을 바라보는 관점 역시 달라져야 마땅하다. 시장에서, 직장에서, 그리고 문화와 오락생활에 이르기까지 보는 눈이 달라져야 한다. 이웃을 향한 관심과 사회정의를 위한 관심 또한 달라져야 한다. 말하자면, 사회적 현실을 보는 눈이 변화되어야 한다. 속사람이 되었다고 해서 일상과 현실이 바뀌지는 않겠지만, 보는 눈은 바뀌어야 한다. 같은 현실이지만, 시간에 집착하는 겉사람의 관점을 넘어 영원의 기준에서 재평가하는 과정이 반드시 필요하다는 뜻이다.

아우구스티누스의 『신국론』은 비록 기독교를 탓하는 로마시민들을 향한 변증의 필요성에서 시작된 것이기는 하지만, 변증에 급급하지 않고 기독교가 지닌 내적 성찰의 가치와 영원을 향한 지향성을 유감없이 발휘한다. 실제로, 전체 22권으로 구성된 책의 전반부는 기독교 변증과 호교에 집중했고 후반부는 역사적 현실의 문제점을 바탕으로 새롭게 지향해야 할 가치를 제시한다.

4) 『신국론』의 '새사람'

새사람

『신국론』이 내적 성찰의 사회적 확장이라는 점에서, 주목해야 할 것은 『고백록』과의 연계성이다. 『고백록』에서 '속사람'이 될 것을 말했다면, 『신국론』은 '속사람'의 사회적 실천과제를 제시한다. 여기에, 한 가지 더 고려할 것이 있다. 속사람의 실천과제를 말하는 『신국론』은 '새사람'의 사회윤리라는 점이다.

『고백록』이 '속사람'을 이상적 인간상으로 제시했다면, 『신국론』이 제시하는 이상적 인간상은 '새사람'이다. 물론, 속사람과 새사람은 서로 일맥상통하는 측면을 가지고 있기는 하다. 굳이 구분해서 말하는 데는 이유가 있다. 질송이 적절하게 말했듯이,[39] 은혜를 받아 내면으로부터 다시 태어나 새로운 삶이 살고 현세적인 삶을 대체하는 새사람(new self 혹은 reborn person)이 되어야 한다는 것이 『신국론』에서 말하려는 요점이다.

이것을 『신국론』의 용어대로 표현하면, 육체를 따라(secundum carnem) 사는 사람들과 성령을 따라(secundum Spiritum) 사는 사람,[40] 육체의 욕구에 따르며 한시적인 것에 집착하는 옛사람(vetus homo)과 은혜에 의해 내적으로 거듭난 새사람(novus homo)의 구분이라 할 수 있다.[41]

물론, 일상언어에서도 '새사람'을 말하지만, 아우구스티누스가 신국론에서 제시한 것과는 사뭇 다르다. 새해가 되어 각오를 새롭게 한다는 뜻에서 새사람 되겠다는 말을 하는 경우, 그리고 범죄자가 교정을 통해 갱생하는 경우에도 새사람 개념을 사용한다. 이와 달리, 성경의 '새사람'은 '거듭난' 사람 혹은 '위로부터 난' 사람을 뜻한다. 자기노력을 강조하는 동양적 의미의 새사람과는 확연하게 구별된다.

동양의 새사람 개념은 마음을 고쳐먹거나 자발적 결의를 다지는 차원에 주목하는 경향이 있다. 동양종교가 말하는 '마음공부' 혹은 '마음수련' 내지는 '마음챙김'으로는 일정한 수준의 '내공'을 높일 수 있을지 모르나, 사람을 거듭나게 하지 못한다는 데 결정적인 한계가 있다. 성경과 동양의 새사람 개념은 사람 됨됨이에 대한 인식에서는 유사하나, 진단과 처방에서는 전혀 다른 길을 걷고 있다. 성경은 '은혜에 의한' 변화를 강조하고 있기 때문이다.

성경에서 사용된 '새사람'의 용법을 살펴보면 아우구스티누스의 의도가 무엇인지 짐작할 수 있다. '새사람'이란 그리스도를 믿고 성령으로 새롭게 변화된 사람(엡4:24; 골3:10)을 뜻한다. 이는 육체의 욕심(롬8:4), 사욕(벧전1:14), 본성(고전2:14), 율법에 매인 삶(롬7:6)을 사는 '옛 사람'(엡4:22)과 대조된다. 말하자면, 성경에서 '새 사람'은 '새로운 피조물'(고후5:17; 갈6:15), '거듭난 자'(요3:3,7)와 같은 개념이다.[42]

새사람에 대한 성경의 표현에는 상대어를 전제하고 있다. '옛사람'이다. 성경이 말하는 옛사람은 두 가지 의미이다. 문자적으로 '지나간 세대의 사람 혹은 조상'(삼하20:18; 마5:21)을 뜻한다. 보다 적극적으로, '그리스도 안에서 새 생활하기 이전의 인생을 특징짓는 거듭나지 못한 본성과 거기에 기초한 악한 활동들'(롬6:6; 엡4:22; 골3:9-10)을 일컫는다. '자연인' 개념에 가깝다고 하겠다.[43] 말하자면, '옛사람 vs. 새사람'의 구도인 셈이다.

아우구스티누스에게 큰 영향을 준 바울의 경우에는 세례를 중심으로 하는 세대의 구분이 적용된다. 구원받기 이전의 옛 세대의 옛 사람과 구원받은 이후의 새 세대의 새사람을 구분한다. 하지만, '날로 새로워지는' 과정에서 자신과의 싸움, 그리고 이 세상의 현실과의 대결이라는 일상적인 현장을 통과해야 한다. 새사람이 된 이후에, 그 새사람을 온전한 사람으로 가꾸어 가야 할 삶의 여정을 속사람 개념이 보여준다고 하겠다.[44] 아우구스티누스 자신이 그 주인공이라는 점은 무엇보다도 중요하다.

새로운 시민권

아우구스티누스의 『신국론』에 새사람 개념을 대입하는 이유는 그의 회심이 극적인 일회적 사건이 아니라, 사회적 성화를 실천하려는 관심으로 이어진다는 점을 강조하기 위함이다. '탕자에서 성자로' 변화된 사람이라는 꼬리표가 붙어 다니는 인물, 아우구스티누스에게서 새사람으로의 변화란 무엇이었을까? 극단적으로 타락하고 방탕한 삶을 살던 탕자가 갑작스럽게 회심하여 성자의 반열에 올라간 드라마일까?

실제로, 아우구스티누스가 『고백록』에서 자신의 변화를 탕자의 비유에 빗대어 고백하는 부분이 있기는 하다.[45] 하지만, 탕자가 '성자가 되었다'는 표현은 아우구스티누스 자신의 것이 아니다. 후세에 덧붙여진 것일 뿐, 『고백록』에는 그런 표현이 없다. 중요한 것은 그의 변화가 과거의 악행에서 '손을 씻고' 갱생한 사람의 참회록이 아니라, 은혜로 변화된 자신의 모습을 고백하고 있다는 점이다. 참회록이라기보다 『고백록』이라고 옮기는 이유가 있다.

아우구스티누스의 회심에 대한 이해의 대전제는 하나님의 은혜이다. 아우구스티누스의 회심을 고백하는 문장에서, '주어'(主語)는 아우구스티누스 자신이 아니라 하나님이시기 때문이다.[46] 하나님께서 아우구스티누스를 복음 안에 부르시고 구원하셨다는 점은 아우구스티누스 이해에서 놓치면 안 될 핵심이다. 어머니 모니카의 기도 역시 간과해서는 안 된다. 이러한 뜻에서, 『고백록』은 아우구스티누스가 자신의 변화를 이끄신 하나님의 은혜를 찬양하면서 아우구스티누스 자신의 개인적 회고를 넘어 '인간'에 관한 기독교인문학을 전개한 것으로 읽어야 한다.

이러한 뜻에서, 아우구스티누스의 회심은 '새사람'이자 '속사람'이 되는 과정을 보여준다. 복음 안에서 거듭났을 뿐만 아니라, 그리스도인다운 그리스도인이 되기로 결심했다는 뜻이다. 좀 더 구체적으로 말하자면, 예수 이야기(Jesus narrative)를 아우구스티누스 자신의 이야기로 받아들이고 복음을 성품화하는 삶을 살기로 결단한 것을 뜻한다.[47] 속사람이자 새사람으로서의 아우구스티누스의 모습을 잊지 말아야 한다는 뜻이다.

『고백록』에서 남겨둔 속사람이 되어야 하는 과제, 즉 인간의 도덕적 결함에도 불구하고 지속적으로 앞을 향하여 나아가야 하는 과제에 대한 관심이[48] 『신국론』에서 새사람의 관심으로 나타난다. 그것은 단지 새로워지는 갱생이 아니라, 어떤 시민권을 가져야 하는가의 문제였다. 아우구스티누스의 삶은 지상의 도성에 속한 시민권을 넘어 옛 생활을 청산하게 하는 '새로운 시민권'(new citizenship)을 찾아가는 여정이었다.[49] 자기 사랑의 삶으로부터 하나님 사랑의 삶으로 전환하여 '순례자 도성'(pilgrim city)에 속한 자로 살아가기를 결단했다는 뜻이다.

아우구스티누스가 내적 성찰과 내적 변화의 추구에 머물지 않고 '다시, 밖으로' 나가 사회적 실천에 관심했다는 해석의 가능성은 열려있다. 무엇보다도, 『신국론』에서 아우구스티누스가 내적 성찰을 통해 발견한 초월의 진리를 공동체와 사회에 적용하려는 실천적 관심을 보여주었다는 해석의 가능성은 충분해 보인다.

아우구스티누스의 내적 윤리와 사회윤리를 연계시키려는 가장 중요한 단초는 『신국론』이 내적 윤리와 전혀 별개의 내용으로 전개되는 것이 아니라, 내적 윤리의 지평확장을 다루고 있다는 사실에서 찾을 수 있겠다. 내적 변화를 추구하는 내적 윤리가 내면성 그 자체에 갇혀있는 것이 아니라 현실 속에 실천되어야 할 사회적 성화의 문제와 연결되어야 한다는 뜻이다.

『고백록』의 '속사람'을 『신국론』의 '새사람'과 연계시키는 것은 아우구스티누스의 내적 성찰과 사회적 실천 사이를 통전적으로 이해하기 위함이다. 물론, 아우구스티누스의 관점이 '유기체적 사회관'에 매어있는 것이라는 비판은 피할 수 없어 보인다. 이러한 비판들을 수용하면서도, 놓치지 말아야 할 것이 있다. 현실정치에 대한 아우구스티누스의 관점이 '시대 제한적'(time-bound)일 우려가 있음에도 불구하고, 본질적으로는 그것을 넘어선다는 점이다.[50]

사실, 아우구스티누스가 품었던 현실정치에 대한 인식이 시민사회의 그것과 같을 수 없다는 비판은 아우구스티누스뿐만 아니라 모든 고전에 해당하는 것일 수 있다. 더구나, 아우구스티누스가 하나님의 도성에만 관심했다기보다 하나님의 도성과 지상의 도성 두 가지 모두를 아우르면서 지상의 도성이라는 현실에 대한 관심을 소홀히 하지 않았다는 사실을 기억할 필요가 있다.

무엇보다도, 아우구스티누스의 관점에 '시대 초월적' 통찰들이 더 많다. 예를 들어, 아우구스티누스가 유한한 것들의 가치를 긍정하면서도 그 상대적이고 잠정적인 특징에 관심을 기울였다는 점은 무척이나 중요하다. '유한한 것들의 상대화'에 관한 아우구스티누스의 통찰에 관심해야 한다는 뜻이다.[51]

안으로 들어가 위를 향하여 발견한 내적 진리를 바탕으로, 아우구스티누스는 '시간'이라는 상대적인 가치영역을 넘어서 본질적이고 절대적인 가치로서의 '영원'에 대한 비전을 제시해준다. 이러한 통찰은 그의 방대한 저작에 스며들어 있으며, 『신국론』에서 지상의 도성과 하나님의 도성 사이의 역설을 설명하는 중요한 통로가 된다.

이러한 뜻에서, 내적 윤리의 사회적 실천에 관한 아우구스티누스의 통찰은 사회윤리의 중요성을 간과한 시대역행적인 것이라기보다 오히려 개인윤리와 사회윤리를 분리시키려는 시도를 넘어선다. 개인윤리와 사회윤리를 통합의 관점에서 읽어야 할 필요를 말하고 싶은 셈이다. 아우구스티누스가 내면성에 대한 관심을 사회적 실천의 문제로 연결시키고 확장시킬 단초를 마련해 주었다는 점은 이러한 통합의 관점을 지지해주는 중요한 자원일 수 있겠다.

다른 말로 하자면, 개인의 성화와 '사회적 성화'(social sanctification)를 통합시킬 신학적 가능성을 아우구스티누스를 통해 볼 수 있겠다. 성화는 그리스도인이 '변화되고' '살아내야' 할 비전이라는 점에서,[52] 결코 간과하면 안된다. 문제는 성화에 대한 절실함도 부족하고, 성화에 관심한다고 해도 개인의 성화에 그치기 쉬운 경향이다.

이러한 경향과 달리, 아우구스티누스는 주관성과 개체성에 관심했다는 점에서 실존주의자의 면모를 확장시킨다. '안으로 들어가는' 특성을 지니고 있지만, 내면성에 자폐되지 않는다. 아우구스티누스는 내적 성찰을 통해 세상을 향한 실천을 위해 '밖으로 나가는'(moved outward) 사상가였다.[53] '안으로 들어가서', '위를 향하고', 영원의 가치를 발견한 이후에 '다시 밖으로 나간다.'

이렇게 보면, 『고백록』에 나타난 내적 성찰의 윤리가 『신국론』에서 내적 성찰을 가진 자의 사회윤리로 확장된다. '내면성을 강조하는 영성'이 '초연함'을 명분으로 사회와의 소통을 거부하거나 정의를 위한 사회적 실천을 무력화시키는 방향으로 흘러간다면, 그것은 내면에 대한 아우구스티누스의 관심을 왜곡하는 결과가 된다. 오히려, 내적 성찰을 통한 내적 변화의 노력은 사회적 소통과 실천으로 이어져야 한다.

5) Loves and Cities

두 사랑

외국 드라마 제목을 패러디한 이 소제목은 아우구스티스의 관점을 현대적으로 재조명하려는 취지를 담고 있다. 아우구스티누스의 대표적인 두 권의 저서, 『고백록』과 『신국론』은 내적 성찰을 공통분모로 한다. 사랑은 그 연결고리이다. 『신국론』은 역사와 사회에 대한 성찰이지만 그것은 아우구스티누스 사상 전체의 흐름에서 독립된 영역이라고 할 수 없다.

특히, 『고백록』과의 연관성을 생략해서는 안 된다. 두 책은 각각 가치가 있지만, 『고백록』의 저자 아우구스티누스가 『신국론』을 쓴 아우구스티누스라는 사실을 결코 잊어서는 안 된다. 실제로, 『신국론』이 '호교'의 목적을 지니고 있으며 역사에 관한 성찰이라는 점은 틀림없지만, 그 안에는 『고백록』에서 이어지는 울림이 크게 나타난다.

그 근거는 『고백록』의 사랑 개념이 『신국론』의 사랑 개념과 같은 것이라는 데 있다. 이것은 『고백록』과 『신국론』이 내적 성찰로 연결되어 있음을 말해준다. 내적 성찰이 일관되게 유지된다는 뜻이다. 내면성은 개인의 회심에 있어서만 아니라 사회적 실천에서도 다르지 않다. 아우구스티누스는 『고백록』 이외의 여러 글에서도 일관되게 내면성에 관심한다. 그리고

『고백록』의 사랑은 『신국론』의 사랑으로 확장된다.

아우구스티누스는 인간 내면의 요소 중에서 의지의 핵심을 사랑이라고 파악했으며, 하나님을 향한 바른 사랑, 즉 카리타스를 권했다. 카리타스는 내면의 가치인 동시에 실천을 위한 근거이기도 하다. 아우구스티누스의 '사랑' 개념이 내적 성찰의 핵심이자 사회적 실천을 위한 연결고리가 된다.

우리가 관심하는 것은 두 도성의 기원과 역사적 전개과정에 대한 아우구스티누스의 관점이다. 『신국론』에서 아우구스티누스가 관심한 것은 일반적인 기대 즉 두 도성이 현실의 국가 혹은 교회와 동일한 것인가의 문제가 아니었다. 오히려 두 도성의 기원에 관한 신학적 근거와 도덕적 이상에 관심했다.

『신국론』은 사회사상 혹은 정치사상과 연결될 수밖에 없지만, 그 본질은 인간과 사랑에 대한 이해에서 비롯된 것이라는 뜻에서 결국 인간 내면의 문제로 귀결된다.[54] 두 종류의 사랑은 두 종류의 인간형을 낳고 두 종류의 사회를 낳는다는 아우구스티누스의 주장은 이 점을 분명하게 보여준다.

> 두 사랑이 두 도성을 이루었다. 하나님을 멸시하면서까지 자신을 사랑하는 그 사랑이 지상의 도성을 만들었고, 자신을 멸시하면서까지 하나님을 사랑하는 그 사랑이 하늘의 도성을 만들었다.[55]

이처럼, 두 도성을 구분한 것을 두고 굳이 '이원론'이라는 혹평을 하는 경우도 없지는 않다. 아우구스티누스에게서 이원론이 크게 문제시되었던 시기가 있었기 때문이다. 하지만, 두 도성의 기원은 마니교가 주장하는

존재론적 이원론이 아니다. 오히려, 도덕적이고 역사적인 이원론이라 하겠다.[56]

이것은 사랑에 관한 아우구스티누스의 내적 성찰을 외적 현실에 적용한 것이라고 할 수 있다. 인간에 관한 내적 성찰은 하나님의 은혜를 힘입은 카리타스를 존재가 되게 하는 내적 변화의 과정에 맞물린다. 사랑을 중심으로 하는 두 종류의 삶을 말해주는 '내적' 역사(inner history)를 말하고 있다.[57] 따라서, 아우구스티누스가 말하는 '도성'(civitas)은 특정한 정치체계나 현실의 국가를 지칭하는 것이 아니다. 내적 동기의 문제 즉 사랑의 구분에 따른 공동체를 뜻한다.

내적 동기와 내적 성찰에 대한 관심은 『신국론』 전체를 관통한다. 『신국론』을 크게 두 부분으로 나누어 읽을 때,[58] X권까지의 전반부는 '제국' 속에서 비난받는 '천국'을 안타까워하면서 호교를 시도한다. 그리고 XI권부터 마지막 XXII권까지 두 도성의 기원과 역사적 전개과정을 통해 성찰하면서, 두 도성이 추구하는 도덕적 이상을 신학적으로 분석하고 종말론적 공동체로서의 교회의 중요성을 강조한다. 『신국론』 전체에 카리타스의 쿠피디타스에 대한 내적 성찰이 적용되는 셈이다.

이것은 내적 성찰과 변화를 위한 '내적 윤리'가 자폐적인 것이 아니라, 역사적 현실 안에서의 실천을 담보하는 근간이 되고 있음을 보여주는 단초이다. 말하자면, 『신국론』은 아우구스티누스의 역사철학 혹은 정치철학 등으로 구획을 지어 독립분과의 저술로 읽을 것이 아니라 내적 성찰의 연장선에 있는 것으로 읽어야 한다.

두 도성

아우구스티누스의 '도성'이라는 말에 대해 한마디 거들고 싶다. 라틴어로 '키비타스'(civitas)라고 하고 영어로는 도시를 뜻하는 단어 'city'로 번역된다. 하지만, 그렇게 간단한 말은 아니다. 현대인이 경험하고 있는 '도시'와 같은 뜻은 아니다. 삶의 태도를 같이 하는 사람들의 모임이라는 뜻을 가진다. 혹은 특정한 가치를 공유하는 공동체라는 뜻에 가깝다.

'하나님의 도성'과 '지상의 도성'이 그것이다. 지상의 도성은 현실의 사회를 뜻하는 것으로서, 쉬운 말로 옮기자면 땅에 있는 도성 혹은 땅에 속하는 가치관을 가진 사람들의 공동체라는 뜻이 되겠다. 더 중요한 특징은 '밖으로 나가려는' 사람들의 공동체이다. '내적 진리를 놓치고 있는' 사람들의 공동체라고 할 수 있겠다. 안으로 들어가 위를 향하는 과정을 생략한 채 살아가는 사람들이라는 뜻에서 그렇다. 현실에 있는 대부분의 사람들과 그들의 삶을 상징하는 말이 되겠다.

반드시 일치하는 말이라고 장담할 수 없지만, 아우구스티누스가 살았던 시대의 로마제국이 지상의 도성에 속한다. 그렇다고 해서, 로마제국의 정치와 현실을 그대로 대입할 수 있다는 뜻은 아니다. 인류역사에 나타난 여러 국가와 제국들도 여기에 포함될 수 있기 때문이다. 더구나 어느 특정한 시기의 정치현실만 한정지어 말하는 것이 아니라 인간들의 정치 및 사회현실 전체를 아우르는 말이다.

이 도성을 가리켜, '땅에 있는 도성'이라는 뜻으로, '지상(地上)의 도성'이라고 부르며, 영어로는 'earthly city'라고 쓰기도 한다. 흔히 하는 말로, '세상'이라는 뜻에 가까워 보인다. 기독교인들이 쓰는 말에, 세상과 교회를 구분하는 것도 이러한 내용과 연결되어 있다. 굳이 기독교인들의 용어가 아니라 해도, 일반적인 의미에서 '세상 사람들' 혹은 '세상은 험하다' 등등에서 볼 수 있듯이 '세상'이라는 단어는 쓰임새가 아주 큰 것 같다. 지상의 도성에 속하는 내용들이 대개는 '세상'이라는 말과 아주 가깝다.

이와 대조되는 곳이 하나님의 도성이다. '신국'(神國) 혹은 '천국'이라는 뜻에 해당한다. 두 표현이 서로 통하는 말이기는 하지만 굳이 구분하자면, 천국이라는 말보다는 신국이라고 쓰는 것이 보편적이다. 영어로, 'city of God'이라고 옮긴다. 하나님의 도성에 속한 사람들에게 분명한 특징이 있다는 뜻이다. 그들은 밖으로 나가지 않고 안으로 들어가서 위를 향하는 사람들이다. 한 마디로, 내적 진리를 가진 사람들이라는 뜻이다.

문제는, 두 도성이 칼로 두부를 자르듯 명쾌하게 분리되어 있지 않다는 데 있다. 아우구스티누스에 따르면, 두 도성은 역사 안에서 모호하게 섞여있다. 혼재되어 있으면서도 역사의 과정 속에서는 지상의 도성이 하나님의 도성에 도전하고 박해한다. 사실, 이것이 『신국론』 집필 당시의 아우구스티누스의 맥락이었다.

중요한 것은 하나님의 도성이 정치학 내지는 사회학 이론이기를 넘어선다는 점이다. 특히, 오늘날의 사회과학을 기준으로 아우구스티누스를 평가하려는 것은 옳지 않다. 사회사상 혹은 정치사상과 연결될 수밖에 없지만, 그 본질은 인간과 사랑에 대한 이해에서 비롯된 것이라는 뜻에서 결국 인간 내면의 문제로 귀결되기 때문이다.

동시에, 주목해야 할 것은 아우구스티누스의 내적 성찰이 사회적 영성으로 이어지고 있다는 점이다. 내적 성찰을 통해 영원한 하나님의 도성을 향하는 존재로 나선 자들에게 필요한 것은 현실도피적 영성이 아니라 지상의 도성을 사는 동안 하나님의 도성을 기준으로 지상의 도성을 비평하며 바로잡으려는 사회적 영성이다. 아우구스티누스가 『신국론』 서문에서 '침묵할 수 없다'고 말했던 이유가 바로 여기에 있다. 그 첫 장 서언에서는 또한 이렇게 적고 있다.

> 사랑하는 아들 마르켈리누스여,[59] 하나님의 지극히 영화로운 도성을 옹호하는 것이 내가 이 저서에 착수하면서 선택한 주제이다. … 하나님의 나라는 시간의 흐름 속에 신앙으로 살아가면서 불경스러운 자들과 섞여 살며 나그넷길을 가는 나라이며 영원한 처소의 확고함도 갖춘 나라이다. 지금은 정의가 심판으로 전환될 때까지 참을성 있게 기다리지만 그때가 되면 최후의 승리와 완전한 평화 속에서 하나님의 나라가 완벽하게 성취될 것이다.[60]

이처럼, 아우구스티누스는 호교적 관심을 기초로 삼아 하나님의 도성(civitas Dei)과 지상의 도성(civitas terrena)사이의 변증법적 관계에 대한 역사철학적 통찰을 다룬다. 말하자면, 내적 성찰에 그치지 않고 사회적 성화의 실천을 향하고 있다.

3.
영문 밖으로 나아가자

'다시,' 밖으로 나가라

복음서의 한 부분이 다시 떠오른다. 길거리 즉 광장에 나가서 위선을 늘어놓으면서 정작 골방을 상실해버린 종교인들의 모습, 우리 모두의 반면교사로 삼아야 한다. 골방을 놓치지 않으면서도 광장에 대한 바른 이해와 실천을 추구해야 하기 때문이다.

내적 성찰을 통해 발견한 '안'은 화려하고 신뢰할만하기보다 죄로 인한 실존적 비참을 안고 있다. 동시에 '밖'도 여전히 왜곡된 현실에 놓여있다. 내적 성찰을 통해서도 사회의 현실적 비참함은 여전하다. 내적 성찰을 가진 자도 비참한 사회현실 속에서 살고있는 셈이다. 내적 성찰을 통해 영원한 진리를 깨달았다고 해서 외적 현실이 기적처럼 바뀌어 있는 것은 아니기 때문이다.

선택지는 두 가지이다. 내적 성찰에 집착하면서 외적 현실로부터 도피할 것인가? 혹은 내적 성찰을 근간으로 사회적 성화의 실천을 추구할 것인가? 아우구스티누스는 두 번째 선택지를 취한다. 내적 성찰에 자폐되거나 현실에서 도피할 것이 아니라 현실의 삶에서 변화를 보여주어야 한다는 뜻이다.

아우구스티누스가 밖에서 안으로 들어가 위를 향하여 나아갔던 것은 내적 성찰을 생략한 채로 밖으로만 나가려는 태도와는 근본적으로 다르다. 내적 성찰에 자폐되어 사회적 성화를 외면하는 것과도 차이가 있다. 아우구스티누스는 내적 성찰을 통해 참된 가치와 진리를 발견한 그 지점에서 다시 시작했다. 『고백록』에 자폐되어 현실을 외면한 것이 아니라, 『고백록』을 바탕으로 현실을 재해석하고 변화를 추구했다.

이러한 뜻에서, 아우구스티누스의 관심은 '다시, 밖으로' 나간다. 앞에서 말했던 것처럼, 여기에 사용된 '밖'은 또 다른 의미를 지닌다. 안으로 들어오기 전의 '밖'은 안에서 진리를 발견한 이후에도 여전히 '밖'이다. 하지만, 분명히 다른 점이 있다. 객관의 세계는 여전히 '밖'으로서의 속성을 지니고 있지만, 주관의 변화를 기초로 객관을 재해석하고 변화시키는 단계로 전환된다. 여전히 동일한 '밖'으로 나가는 것 자체가 중요한 것이 아니라, '다시'가 중요하다. 're' 혹은 '再'에 해당하는 요소가 핵심이다. 내적 성찰에 기초한 '재해석'을 통해 '변화'를 추구한다는 뜻이다.

'다시, 밖으로 나가라.' 문장형식 상으로는 처음 단계, 즉 '밖으로 나가지 말라'와 혼동될 수 있겠지만, 그 뜻은 분명히 다르다. 안으로 들어가, 위를 향하여, 그곳에서 발견한 초월의 진리로서의 영원을 품되, 안에 머물 것이 아니라 현실사회로 다시 나가서 사회적 성화를 실천에 옮기는 윤리이기 때문이다.

내적 성찰은 영원한 진리를 품고 살도록 이끌어준다. 밖으로 나가지 말라고 말한다. 물체적인 세계가 주는 만족, 육체적 쾌락이 주는 행복, 그리고 겉으로 과시하는 인간상으로는 바람직한 상태에 이를 수 없음을 일깨워 준다. 그 모든 것은 결국 시간에 속하는 것이요, 영원하지 않기 때문이다.

한 가지 더 있다. 내적 진리를 발견하는 곳에 머물지 않도록, 영원한 진리를 소유한 자로서 세상을 향하여 가치 있는 삶을 살도록 이끌어준다. 그것이 기독교의 사회윤리이며 실천적 관심이다. 사회의 문제들에 관심하는 것 자체로서 중요하지만, 영원하신 하나님께 대한 내적 진리를 가진 자들은 무엇이 진정한 사회적 실천인지를 탁월하게 알고 실천할 수 있다는 점에서 분명히 다르다.

다른 말로 하자면, 내적 가치와 영적 초월을 기초로 삼아 밖으로 나가 소통하고 현실 속에 살아야 한다. 내적 성찰의 인간상은 내적 윤리를 지닌 자로서의 하나님의 도성에 속한 자들이다. 말하자면, 사적인 혹은 내밀한 영역에 갇혀있는 것이 아니라 사회윤리를 향하여 연계되고 확장되는 특징을 지닌다. 내면성에 '자폐'되지 않고 역사와 사회 속으로 다시 들어가야 한다.

아우구스티누스의 용어처럼, 밖으로 나가지 말고 안으로 들어가 위를 향하라는 내적 윤리를 '안으로 들어가는 윤리'라고 표현할 수 있다면, 내적 변화의 가치를 가지고 지상의 도성과 혼재된 삶 속에서 실천하려는 사회 윤리를 '다시 밖으로 나가는 윤리'라고 말해도 좋겠다.

이러한 뜻에서, '다시 밖으로 나가라'는 교훈은 '밖으로 나가지 말라'는 말과 한 묶음으로 읽어야 한다. 물론 같은 말인 것은 아니다. 영어로 쓰면, 'Do not go out'에 해당하는 '밖으로 나가지 말라'는 것은 진리를 위한 금지사항이다. 'Go out, again'은 적극적인 교훈이다. 둘 다 '밖'을 말하고 있지만, 하나는 밖에서 진리를 찾을 수 없다는 소극적 교훈을, 다른 하나는 다시 밖으로 나가서 영원한 가치를 실천하라는 적극적 교훈을 담고 있다. 이것은 히브리서 기자가 예수 그리스도를 본받는 또 하나의 방식을 말해 준 것과 일맥상통한다.

> 그런즉 우리도 그의 치욕을 짊어지고 영문 밖으로 그에게 나아가자. 그러므로 예수도 자기 피로써 백성을 거룩하게 하려고 성문 밖에서 고난을 받으셨느니라. (히브리서 13:13)

사실, 우리말 표현에서 '나가다'와 '나아가다'는 차이가 있다. '나아가다'는 "동사, ① 앞으로 향하여 가다. 또는 앞을 향하여 가다. ② 일이 점점 되어 가다. ③ 목적하는 방향을 향하여 가다."의 뜻이다.[61] 복합적인 단어일 듯싶다. 반면에, '나가다'는 물리적 외부로 이동한다는 뜻이 두드러진 것 같다.

인용한 '영문 밖으로 그에게 나아가자'는 성구에서는 복합적인 뜻으로 받아들이는 것이 좋겠다. 영문 안에 자폐될 것 아니라, 영문 밖 고난의 현장에 관심하고 사회적 실천으로 확장하자는 뜻으로 읽자는 뜻이다. 혹은 내적 성찰에 기초한 사회윤리를 추구해야 한다는 뜻이다.

'다시, 밖으로 나가는 윤리'라는 표현은 아우구스티누스의 것이 아니다. 필자가 응용적으로 재구성한 것으로서, '다시'에 방점이 찍혀있다. '안으로 들어가' 발견한 내적 성찰의 윤리를 가지고 '밖으로 나가' 실천에 옮겨야 한다는 취지이다. 개인의 성화에 그칠 것이 아니라 사회적 성화를 위한 관심이 절실하다는 뜻에서, 『신국론』의 사회윤리를 '다시 밖으로 나가는 윤리'라고 말해도 지나치지 않다.

그렇다고 해서, 사회적 성화가 절실하다는 이유로 개인의 성화에 대한 관심을 소홀히 여겨서는 안 된다. 사회적 약자를 위한 관심 및 양극화 문제를 포함한 사회적 갈등에 대해 교회가 관심해야 한다는 것은 중요한 과제이지만, 그것을 강조하는 과정에서 내적 성찰을 통한 내적 변화를 놓쳐서는 안 될 것이다. '그리스도인다운 그리스도인 됨'(Being Christian)의 문제를 생략한 채, 사회적 성화만을 강조하는 것도 문제가 있다는 뜻이다. 중요한 것은 개인의 성화와 사회적 성화가 당위적 상호연관성을 지니고 있다는 사실이다.

6장

사회적 영성을 펼쳐라

이 세상에서는 두 도성의 경계가 모호하고,
최후의 심판으로 두 편 모두 드러나기 전까지 혼재되어 있다.
(De civitate Dei)

로마가 침략당할 때, 교회는 신앙인이든 낯선 자이든
교회로 피신하는 모두를 품어주었다.
(De civitate Dei)

1. 공감과 환대의 윤리를!

2. '낯선 자도 품어주었다'(alienosque receperunt)
   1) 공감을 외면한, '무세계성'?
   2) 침략당한 로마를 품어주다
   3) 로마니타스를 넘어서
   4) 공감과 환대의 civitas Dei
   5) 선한 사마리아인처럼

3. 우는 자와 함께 울라

1.
공감과 환대의 윤리를!

> '다시' 밖으로, 광장에 나가 구현해야 할 공적 제자도는 사회적 영성의 구현이어야 한다. 내적 성찰에 기초한 사회적 성화의 실천을 위해 공감과 환대의 사회적 영성을 펼쳐내야 한다. 아우구스티누스는 그 구체적인 실천에 대해 이렇게 말한다. '낯선 자도 품어주었다'(alienosque receperunt)[1]

소셜 미디어 속 '진영논리'

'진영논리'라는 말이 있다. 영어로 딱히 옮기기 쉽지 않다. 영어권에는 없다는 뜻이 아니다. 그들에게도 분명히 있겠지만, 한국사회에서 유독 도드라진 현상이다. 자신이 속해 있는 그룹의 이념과 인물은 무조건 옳고, 다른 조직의 이념과 인물은 무조건 혹은 격렬하게 배척하는 태도 말이다. '편가르기'라고 바꾸어 말할 수 있겠다. 우리 편은 절대 선이고 다른 편은 적폐요 악이라는 사고방식은 결코 시민적이지 않지만, 현실 속에서 작동하고 있다.

'소셜 미디어' 속에서도 마찬가지이다. 의식주처럼 필수품이 된 소셜 미디어에서 '소셜'(social)이라는 수식어가 무색할 정도로 '진영화'되고 있는 듯싶어서 안타깝고도 아이러니하다. 진정한 의미에서 '소셜'이라고 할 수 있을지, 걱정스럽다. 자유로운 소통의 공간이기는 하지만, 그렇지 않아도 선정적이고 극단적이라는 반응들이 많아지고 있는 터에 사회와 정치에 관한 의견까지도 극단화되고 있는 듯싶다.

물론, 소셜 미디어가 진영논리 혹은 편 가르기 문제의 진원지라는 뜻은 아니다. 유튜브를 비롯한 소셜 미디어가 균형 잡힌 소통의 통로가 되기를 바라는 마음 간절하다. 어쨌든, '광장 대신 랜선 접속, 유권자 찾아 유튜브 가는'[2] 모습이 많아지고 있다. 아마도, 정치의 새로운 통로가 되고 있다는 점에서, 정치와 그 이슈에 관심하는 분들에게는 상당히 매력적일 수 있겠다.

'가짜 뉴스'라는 것도 따지고 보면 진영논리와 무관하지 않아 보인다. 그것이 소셜 미디어를 통해 유포되고 확산되면 진영 간에 이해득실이 달라지게 마련이다. 어디까지를 가짜라고 보아야 할 것인가에 대해서도 의견이 분분한 모양이다. 미국의 대통령 선거과정에서 자주 볼 수 있었지만, 우리나라에서 최근에야 본격적으로 사용되고 있는 '팩트 체크'라는 것이 좀 더 정확하게 작동되면 좋겠다. 적어도, '진영논리' 혹은 '편 가르기'를 넘어서 공공성을 말할 수 있어야 '소셜'이라는 수식어를 붙일 수 있는 것 아닐까? 진영논리에 매몰될 것이 아니라, 진정한 의미의 '사회적' 지평의 소통을 추구하자는 뜻이다.

진영논리가 놓친 '공감'과 '환대'

　염려스러운 것은 진영논리에 휘둘리는 와중에 진리에 대한 인식과 균형 감각이 상실되는 사태이다. 사실, 광장에 넘실거리는 이야기 모두가 팩트인 것은 아니며 진영논리에 기반한 것들 역시 적지 않다. 진영논리에 집착하게 되면 진정한 소통은 불가능하다. 소통하고자 한다면, 덮어놓고 공격만 하기보다 상대방의 이야기를 듣는 과정을 통해 그들의 허점을 찾아내는 과정 또한 필요하다.

　진영논리라는 확정된 편향을 가지고 나선다면, 소통은 사라지고 공격만 남는다. 무엇보다 우려스러운 것은 다른 이들에 대한 관심과 공감을 차단하고 그들에 대한 환대가 불가능해지는 경우이다. 자신들의 성향에 맞는 사람들에게는 무한 공감을, 그렇지 않은 사람들에게는 편견과 차별을 쏟아내는 현상 말이다. 결국은 진영적이게 된다.

　달리 생각해보자. '도시농부'라는 말이 있다. 사전적 의미로는 도시에 살면서 집에서 직접 농산물을 재배해 먹는 사람들 혹은 주말농장이나 집 베란다 옥상 따위를 이용하여 농사를 짓는 도시사람이라고 한다. 어느 종편에서는 '도시어부'라는 프로그램도 방영했다. 도시농부와 어부를 위한 도구나 소품을 파는 것도 꽤나 쏠쏠한 모양이다.

　'도시'와 '농부'(혹은 '어부'), 도시는 농촌과 다르고 농촌 아닌 곳에서 농업을 한다는 뜻이라면, 이질적이면서도 역설적인 조합이다. 논리학 용어로 '양립'(compatibility)에 해당하겠다. 두 가지가 동시에 따로 성립한다. '병행'(parallelism)이라는 말도 사용할 수 있겠다. 두 요소가 나란히 가는 것을 뜻한다. '병치'(juxtaposition)라는 단어도 사용할 수 있겠다. 거창하게 화합이니 통합이니 하는 말을 쓰는 것보다는 솔직해 보인다.

'도시농부'를 뭘 그렇게까지 분석하느냐고 물으신다면, 나름의 이유가 있다. 이질적인 두 진영 사이의 관계설정에서 특히 절실한 요소이다. 진영논리를 넘어서, '도시' + '농부'의 조합처럼 양립, 병행, 그리고 병치에 관심하자는 뜻이다. 이른바 '선명성' 혹은 '차별성'을 희석시키려는 것이 아니다. '공감'의 윤리, 그리고 '환대'의 윤리를 위한 기초를 마련하자는 취지이다.

이를 위해 절실한 것은 인식의 변화이다. 진영논리가 놓친 공감과 환대의 중요성과 절실함을 인식하는 것부터 시작해야 한다. 로마제국으로 대표되는 세력들이 '하나의 제국'을 목표로 어느 한 진영이 승리해야만 종결되는 싸움을 추구했던 방식으로는 안 된다. 지상의 도성과의 병치 속에서 하나님의 도성에 속한 정체성을 지키면서도, 여전히 카리타스에 이르지 못한 상태의 지상의 도성 구성원들을 불쌍히 여기며 공감하고 환대하는 단계로 나아가야 한다는 뜻이다. 그들이 카리타스의 길을 찾도록 말이다.

2.
'낯선 자도 품어주었다'(alienosque receperunt)

1) '공감'을 외면한, '무세계성'?

　'다시' 밖으로 나가는 길에서, 공감과 환대의 사회적 영성에 관한 논의
를 심화시키기 위해 참고해야 할 두 가지 관점이 있다. 아렌트(Hannah Arendt)
와 누스바움(Martha Nussbaum)의 아우구스티누스 비판적 읽기이다. 둘 다 아
우구스티누스를 대상으로 하지만, 내용에서는 다르다. 그럼에도 불구하고,
아우구스티누스에게 의구심을 품고 있다는 공통점을 엮어서 하나의 질문
을 만들 수 있기는 하다. 아우구스티누스, 그는 과연 '공감'을 외면한 '무세
계성'의 원조인 것일까?

무세계성?

　먼저, 아렌트의 비판적 읽기를 살펴보자.[3] 조금은 낯설어 보이는 표현
이 등장한다. '무세계성'(worldlessness)이라는 단어가 그것이다. 현실을 외면

하거나 도피하려는 경향에 대한 지적이다. '하늘의 시민권'을 가진 그리스 도인은 결국 '무세계성'에 빠지고 마는 것일까? 하늘의 시민권에 대한 바울의 강조가 아우구스티누스의 『신국론』을 거치면서 '하나님의 도성'(civitas Dei)을 추구한다는 명분으로 '이 세상' 혹은 '현실'을 정죄 혹은 부정하는 경향을 보일 수밖에 없게 되는 것일까?

아렌트의 아우구스티누스 해석은 일종의 도전이다. 아렌트가 보기에, 갈망(craving, appetites)이라고 규정한 아우구스티누스의 사랑 개념은 소멸해가는 세계에 속한 시한부 인생이 갈망하는 것들로서는 결코 충족될 수 없다.[4] 아렌트의 비판적 관점에서 보면, 이것이야말로 세계에 관한 가치부정이며 하나님 사랑과 이웃사랑의 병행불가를 말해주는 원인이다.

나아가, 아렌트는 아우구스티누스의 갈망으로서의 사랑 개념에 몇 가지 문제가 있음을 발견한다. 아렌트가 보기에, 아우구스티누스에게서 카리타스와 쿠피디타스를 결정하는 힘은 인간이라는 주체가 아니라 결국 욕망의 대상에게 귀속된다. 아렌트의 독법에 따르면, 아우구스티누스에게서 자아와 이웃을 향한 사랑은 하나님 사랑을 위해 부정되어야 하며 결국 하나님 사랑과 이웃사랑은 병행될 수 없는 것이 되고 만다.

무엇보다도, 아우구스티누스가 행복을 영원의 영역에서나 가능하다고 말한 것은 일상 세계의 가치를 박탈하는 것이며 이 세계를 잠시 거쳐 지나가는 장소, 곧 순례자가 영원에 도달하기 위해 잠시 머무르는 천막 같은 곳으로 상대화시키는 결과가 된다. 아렌트가 말하는 '무세계성' 개념이 여기에 적용될 수 있겠다. 요컨대, 아우구스티누스의 이웃사랑은 무세계성의 사랑이라는 것이 아렌트의 비판이다.[5]

아렌트는 아우구스티누스와는 다른 길을 찾는다. 아렌트는 아우구스티누스에게서 부정적이던 '세상사랑'(amor mundi)을 적극적으로 읽어낸다.

천막이나 불모지로서의 세계가 아니라, 평안한 안식처로서의 세계에 관심해야 하며 책임적이고 공적인 사랑을 통해 만들고 가꾸어야 할 세계를 지향한다.[6]

이러한 뜻에서, 아렌트는 '하나님의 도성'은 '정치공동체'로, '이웃'은 '정치공동체의 구성원'으로, '이웃에 대한 사랑'은 '시민들 간의 유대감'으로 재해석한다.[7] 그리고 이것을 사회적 사랑의 개념과 연관 짓는다.[8] 아우구스티누스에게 영향을 받기는 했지만, 아렌트는 그것들을 비판적으로 읽어내어 자신의 고유한 정치철학으로 발전시킨다. 정말 아우구스티누스는 '무세계성'을 주장하려 했던 것일까?

공감 못 하는?

다른 하나는 '세계 100대 지성'에 두 차례나 선정된 누스바움(Martha Nussbaum)의 견해이다. 누스바움은 '감정'에 대한 바른 이해를 촉구하면서, 이성 주도하에 전개되어 온 철학적 전통에 의문을 제기한다.[9] "감정이 주요한 인지기능을 가지며, 감정에 대한 이론적 성찰이 전제되지 않으면 적절한 윤리이론의 성립은 불가능하다"는 주장이다.[10]

이러한 취지에서, 누스바움은 스토아 다시 읽기에 관심하면서 니체의 윤리를 신스토아주의(New-Stoicism)로 재조명한다. 그리고 사적 감정의 정화로서의 공적 감정을 제시하고[11] 연민(compassion)의 사회윤리를 제안한다. 혐오, 질투, 수치심과 같은 차별을 낳은 나쁜 감정들을 억제하고 사람들 사이에 좋은 감정들 즉 공감, 연민, 사랑이 확산되기를 기대하는 것이라 하겠다.[12]

특히, 감정을 정화하는 힘이 이성에 의한 통제라기보다 '사랑'에 있다는 누스바움의 주장은 아우구스티누스와의 연관성을 가늠할 단초가 된다. 누스바움은 아우구스티누스의 카리타스가 플라톤의 에로스를 변형한 것으로서 사랑의 상승을 말한 것이라고 보았다.[13] 겸손과 갈망, 그리고 은총의 역할을 탐구하는 기독교적 성찰이라고 해석한다. 동시에, 누스바움은 아우구스티누스가 사랑하는 개인이 불완전할 수밖에 없는 존재라고 생각하여 종교의 피안을 추구하고 현실에서의 사랑의 의미를 부정했다고 비판한다.[14] 어찌 보면, 아우구스티누스가 현실에 대한 공감능력이 부족했다는 지적을 해주는 것으로 보인다. 과연 그럴까?

무세계성? + 공감 못 하는?

아렌트와 누스바움이라는 두 거장이 아우구스티누스에게 관심했다는 사실은 매우 흥미로운 일이다. 특히, 아우구스티누스를 '무세계성'과 '공감능력의 부족'으로 해석하고 있다는 점은 우리가 유의해야 할 부분이다. 아우구스티누스의 내적 성찰이 다시 밖으로 나가는 과정에서 짚어보아야 할 중요한 요소들을 지적해주고 있기 때문이다.

두 거장의 관점을 조목조목 비판할 의도는 없다. 아우구스티누스가 무엇을 말했는지를 요점적으로 보여줄 주제를 제시해 주었다는 점에 착안하여 응용적으로 읽어보았을 따름이다. 내적 성찰을 통하여 영원의 진리를 발견한 자가 '안'에 자폐되지 않고 '밖'으로 다시 나가는 길목에서 체크해야 할 부분들을 살펴볼 필요는 충분하다.

2) 침략당한 로마를 품어주다

로마의 안티

아우구스티누스의 『신국론』은 호교를 요청하는 시대상을 반영하고 있다. 어쩌면 교회사에서 가장 혹독한 박해의 시기로 기억되는 로마시대의 안티는 심각한 '안티'일 것으로 추정된다. 특히 로마가 침탈당할 때, 내적 성찰을 가진 공동체로서의 교회가 베풀었던 긍휼을 망각해 버린 채 로마의 역경을 기독교 탓으로 돌리는 일방통행의 비난이 넘쳐났다. 아우구스티누스에 따르면, 안티세력의 기독교에 대한 비난은 도가 지나쳐서 거의 모든 일에 기독교를 비난하는 지경에 이르고 있었다.

> 우리는 매우 무지한 사람들을 상대하고 있다. 심지어 이런 속담이 있을 정도이다. '비가 안 온다. 이것도 기독교 탓이다.' … 기독교를 탓하는 데 혈안이 되어 있다. … 그들은 기독교가 로마에 알려지기 전에도 이미 수많은 재난이 있었다는 사실을 기억해야 한다.[15]

이 말을 하는 정황은 로마인들이 야만인이라고 부르는 부족들에 의해 침략을 당한 직후 인심이 흉흉한 때였다. 이때 로마인들은 기독교를 희생양으로 삼아 온갖 비난을 퍼붓고 일방적인 혐오를 토해냈다. 하지만, 기억을 되살려 올라가면, 기독교는 로마가 침략당할 때 로마시민들에게 긍휼을 베푼 당사자들이었다.

아우구스티누스에 따르면, 교회는 로마의 침탈 당시 목숨을 부지하기 위해 신앙인 행세를 하며 교회로 피신해오는 로마 시민들을 흔쾌히 품어주었고 소위 '야만인'들로부터 목숨을 부지할 수 있게 보호해 주었다. 그러나 로마는 역경이 지난 후 적반하장으로 로마의 고난이 기독교 탓이라고 주장했다. 아우구스티누스는 전쟁 중에 교회가 로마시민들을 보호했던 점을 상기시키면서 다음과 같이 말한다.

> 최근의 로마에서 일어난 침탈과 학살, 약탈과 방화는 전쟁의 관습에서 비롯된 것이다. 다만 새로운 것은 전쟁의 야만성이 완화되었다는 점이다. 사람들이 피신한 교회만은 살상과 약탈을 하지 않았다. … 이 사건에서 교회로 피신하여 목숨을 부지했던 로마인들은 그리스도의 이름에 영광을 돌려야 마땅하지만… 오히려, 기독교를 비난하고 있다.[16]

정작 로마인들은 전쟁에서 신전에 피신하여 들어간 자들까지 살해하는 자들이면서, '야만인'들이 교회에 피신한 로마인들을 죽이지 않았던 것과 비교해 보라는 뜻이다. 게다가, 모든 나쁘고 불리한 것을 기독교 탓으로 돌리려는 로마의 어리석음이 더 큰 문제이다. 밀뱅크(John Milbank)는 아우구스티누스의 의도를 이렇게 해석한다.

> 외부의 적을 앞에 두고 피지배층에게 지배계급이 제공하는 도피처가 아니다. … 교회는 모든 희생자에 대한 기억, 모든 시민에 대한 공평한 관심, 적에게 자신을 노출시키는 화해를 청하는 것을 통해 진정한 평화를 제공한다.[17]

이 부분에서, 우리가 주목하려는 것은 두 가지이다. 그 하나는 아우구스티누스가 교회를 내적 성찰을 통해 진리를 발견한 공동체로 인식하고 있다는 점이다. 교회를 영원한 진리를 깨닫고 그 진리를 따라 살아가는 자들의 공동체로 설명하는 부분이라는 점에서 의미가 있어 보인다. 다른 하나는 아우구스티누스의 설명에 비추어 볼 때, 내적 성찰을 지닌 진리의 공동체로서의 교회가 로마의 시민사회를 품어주었다는 점이다. '사회적 영성'을 실천했다는 뜻이다.

교회의 포용

아우구스티누스의 『신국론』에 대한 접근은 사려 깊은 것이어야 한다.[18] 특히, 두 도성을 말하고 있지만, 그것은 교회와 국가의 관계에 대한 직접적인 교훈이라고 단정 짓기 어렵다. 아우구스티누스는 특정한 현실의 국가를 지상의 도성에 직접적으로 대입하지 않았다. 혹은 교회와 국가의 관계를 신성한 합일의 관점에서 설명하지도 않았다.

아우구스티누스의 관심은 교회가 사회에 대해 우위에 있다는 생각을 말하려는 것도 아니었으며 정치 현실에 대한 묵인을 말하는 것도 아니었다. 내적 성찰에 기초한 카리타스 공동체로서 교회가 그 목적에 충실해질 것을 권면한다. 지상의 도성에서의 정의의 필요성을 강조하기도 하면서도 하나님의 도성의 기준에 맞게 살도록 요청하는 방식으로 교회의 사회적 실천을 충고한다.[19]

아우구스티누스의 관점은 현실의 교회와 국가의 관계를 비판적으로 성찰하게 해주는 기준이다. 사실, 이 부분에 대한 여러 오해들이 있었고 논란거리도 적지 않았다. 두 도성에 대한 이해를 위해서는 아우구스티누스의 역사적 배경을 고려할 필요가 있다. 특히, 교회와 국가의 관계에 대한 역사적 정황을 충분히 살펴보아야 한다.

아우구스티누스 당시, 국가에 대해 적대적이었던 몬타누스주의(Montanism)와 도나투스주의자들(Donatist)은 수도원생활과 금욕주의를 표방하면서 이 세상의 모든 일을 거절하는 극단적 태도를 보이고 있었다. 한편으로는 유세비우스(Eusebios Caesarea)가 콘스탄티누스의 기독교 시대를 경험하면서 하나님의 도성과 기독교제국을 동일시했던 관점이 널리 유포되어 있었다.

아우구스티누스는 도나투스주의자들에게 동의하지 않았다. 또한 유세비우스의 제국신학에 반대하여 하나님의 도성은 역사의 종말에 가서야 완성될 것이라고 주장했다. 아우구스티누스로서는 상반되는 관점 사이에서 균형자 역할을 수행한 셈이다.[20] 이러한 배경에서, 아우구스티누스는 교회와 국가를 직접적으로 언급하기보다 '혼재되어 있는' 혹은 '모호성을 지닌' 상태에 있는 하나님의 도성과 지상의 도성 사이의 관계를 말하고자 했다.

이 세상에서는 두 도성의 경계가 모호하고, 최후의 심판으로 두 편 모두 드러나기 전까지 혼재되어 있다.[21]

좀 더 정확하게 말하자면, 두 도성은 역설의 관계에 있었다.[22] 그렇다고 해서, 진영논리는 아니다. 로마는 교회를 안티했지만, 교회는 로마를 품어주었다. 재난을 당한 로마인들이 교회로 피신했을 때, 그들을 받아주고 그들과 함께 했다. 어리석은 짓일까? 교회는 영원한 하나님의 도성을 바라보는 비전을 가지고 있었다. 그토록 교회를 안티하는 로마가 재난에 처했을 때, 그들을 외면하지 않았던 것은 지상의 도성이 하나님의 도성을 무너뜨리지 못한다는 확신과 진정한 완성은 하나님의 도성에서라야 가능하다는 비전을 품고 있었기에 가능한 일이었다.

3) 로마니타스를 넘어서

속사람이자 새사람

아우구스티누스가 말하는 두 도성의 구분에 대해, 이분법적이고 도식적인 접근이라는 한계를 지적하는 반응도 있기는 하다. 하지만, 그리 간단한 것은 아니다. 아니, 깊은 성찰로부터 나온 통찰이라고 말하는 것이 옳겠다. 특히, 이분법적 도식화라는 비판은 온당치 못하다. 선한 신의 도성과 악한 신의 도성 사이에서 어느 한 쪽을 선택하도록 요구하는 논제가 아니기 때문이다.

만일, 아우구스티누스가 로마의 세계관을 답습하거나 약간의 변형에 만족했다면 그의 『신국론』은 결코 탄생할 수 없었을 것이다. 고작해야 로마사회에 기독교를 어떻게 좋은 이미지로 소개할 것인가 혹은 로마가 당한 재난에 대해 기독교를 탓하는 경향을 어떻게 차단할 것인가의 고민에 그치고 말았을 것 같다.

아우구스티누스는 '로마'라는 현존하는 권력을 향하여 기독교의 이미지를 개선하는 정도의 호교에 만족할 수 없었다. 아우구스티누스는 더 본질적인 부분을 다룬다. 공동체란 과연 무엇인가? 공동체는 어떻게 생겨난 것일까? 현실의 공동체는 항상 옳은가? 참된 공동체란 무엇이며 어떤 기준에 의해 평가되어야 하는가? 아우구스티누스의 이러한 질문은 정치공동체로서의 로마에 대한 평가를 넘어 인간의 공동체성 그 자체에 대한 재

검토를 요구하는 방향으로 나아간다.

무엇보다도, 아우구스티누스의 관심은 속사람이자 새사람으로서 어떤 공동체에 속해야 하며 어떤 가치관을 실천하며 살아야 하는가에 집중되었다. 내적 성찰에 자폐되지 않고 현실을 향하여 다시 나아가는 과정에서, 아우구스티누스가 염두에 둔 것은 현실에 순응할 것인가 아닌가의 문제가 아니었다. 본질적 성찰을 통해 속사람이자 새사람에게 요구되는 정체성을 확립하는 것이 아우구스티누스의 관심사였다.

역설의 관계

고대정치사상가들은 중립적이고 보편적인 로고스를 기준으로 인간의 정의와 운명을 동일한 우주 안에 속한다고 생각하여 그러한 사회를 만드는 일에 관심했다. 특히, 스토아철학자들은 자연법사상에 기초하여 질서정연한 우주에 대한 관념을 가지고 사해동포주의를 실현할 것을 주장했다. 스토아철학자들만의 경우는 아니다. 플라톤이 이데아의 세계를 제시하기는 했지만, 그것 역시 스토아철학자들이 말하는 로고스에 유사한 기준점일 가능성이 커 보인다.

스토아철학에서는 우주의 질서 즉 이성적 질서로서의 로고스에 순응하는 것을 사회윤리의 핵심이자 정치철학의 관건으로 이해했다. 그들은 자연법에 따른 우주의 보편적 '단일한 도성'(one city) 만들기를 추구했으며, 당연히 현실국가를 중심으로 삼았다. 이러한 관점이 지배적인 정황에서, 아우구스티누스가 '두 도성'(two cities)를 말했다는 것 자체가 큰 의의를 지닌다.[23]

어찌 보면, 아우구스티누스의 관점은 스토아철학이 대변하는 고전적

세계관에 반기를 들었던 것이라 하겠다. 아우구스티누스의 경우, 바울이 말하는 새사람의 윤리와 천국시민권을 수용하여 그 뜻을 충실하게 주해하고 발전시켰다. 특히, 바울의 로마사회에 대한 인식과 통찰을 적극적으로 수용하여 단일성의 관점이 아닌 '역설'에 주목하였다. 아우구스티누스가 '두 도성'을 말한 이유이다.

예를 들어, 『신국론』에서 로마사회에 나타난 하나님의 섭리에 대한 기나긴 논의가 이어진다. 그 논의가 끝나는 지점에서, 아우구스티누스는 히브리 역사를 로마의 역사에 반대되는 예로 소개한다.[24] 이것은 아우구스티누스가 고도의 수사학 기법을 적용한 것이기도 하지만, 그 바탕은 하늘의 시민권에 대한 바울의 관점에 충실하려는 노력이라 할 수 있겠다. 아우구스티누스로서는 바울의 관점을 따라 통찰의 범위를 확대적용함으로써 하나님의 도성과 지상의 도성이 역설의 관계에 있음을 인식시키고 싶었을 것 같다.

변증법적

아우구스티누스의 설명에는 죄와 은혜 사이의 갈등이 두 도성 사이의 갈등 속에 마치 거울처럼 반사되어 있다.[25] 쿠피디타스가 이룩한 공동체로서의 지상의 도성, 그리고 카리타스의 공동체로서의 하나님의 도성은 변증법적 혹은 역설적 갈등관계에 있으며 최종적으로 역사의 종말에 하나님의 도성이 승리한다는 것이 아우구스티누스의 요점이다. 하나의 도성 즉 '제국'의 지배논리가 아니라, 두 도성의 변증법이다.

두 도성을 말할 때, 카리타스 공동체로서의 하나님의 도성에 속한 자들은 지상의 도성과 달리 구별되는 요소를 여럿 지니고 있다. 두 도성을 카리타스와 쿠피디타스로 구분하는 방식에 기초하면서도 또 다른 관점에서 보게 하는 개념들이 있다. 사회적 사랑(amor socialis)과 사사로운 사랑(amor privatus) 사이의 구분이다. 사회적 사랑이란 하늘의 도성에 속하는 자들이 자기이익이 아니라 사회의 '공공선'(公共善)을 추구하는 사랑이다. 사사로운 사랑이란 지상의 도성에 속하는 자들이 지배욕으로 휘어잡으려 하는 모습을 상징한다.

　　이러한 뜻에서, 아우구스티누스가 제시한 두 도성의 관계는 일종의 '원형'(archetype)을 보여준다.[26] 예를 들어, 아우구스티누스는 로마의 건국신화에서 형제간에 경쟁으로 살인이 발생했다는 점을 지적한다. 그리고 모든 시대 모든 국가에서 원형적인 동기가 되는 양식을 도출해냈다. 두 종류의 무리가 생겨났고 그것을 두 도성이라고 부를 수 있다는 것이 아우구스티누스의 관점이다.

　　두 도성이 지닌 의의에 대해 좀 더 살펴보자. 『신국론』의 사회윤리는 내적 성찰을 기초로 한다는 점에 중요한 특징이 있다. 앞서 말한 '시민권' 개념은 내적 성찰과 두 도성의 변증법을 잇는 중요한 연결고리이다. 『신국론』은 『고백록』에서 제기된 '새로운 시민권'에 대한 관심을 '하늘의 시민권' 문제로 다룬다. 이 문제를 풀어내는 아우구스티누스의 접근에서 주목할 것은 '문학적 병치'이다.[27] 병치를 말하는 이유는 분명하다. 한 제국 아닌 두 도성의 역설적 병치를 통해 공감과 환대의 사회적 영성을 말할 여지를 마련하고 있다는 해석이다.

　　『신국론』은 "'하나님의 도성(civitas Dei)과 '악마의 도성'(civitas diaboli), '하늘의 도성(civitas caelestis)과 '지상의 도성'(civitas terrena), '영원의 도성'(civitas aeterna)과 '시간의 도성'(civitas temporalis), '불멸의 도성'(civitas immortalis)과 '죽게 될 도성'(civitas mortalis), 그리고 '거룩한 도성'(civitas sancta)과 '사악한 도성'(civitas iniqua)

의 병치를 통해 두 도성의 대조를 보여준다."[28]

아우구스티누스가 '병치'를 통해 『신국론』을 풀어내는 것 자체가 과감한 시도였다. 로마와 기독교를 병치시킨다는 점에서, 『신국론』 전체의 구조와 세부 내용에서 아우구스티누스의 치밀한 노력을 엿볼 수 있다. 전체를 스물두 권으로 구성하고 그 전반부 열 권과 후반부 열두 권을 구분한 것은 로마의 특성과 한계에 대한 분석과 그 대안으로서의 하나님의 도성을 병치시키는 구조이다. 전반부 열권에서도 로마와 기독교를 병치시키는 구조가 이어진다. 그리고 후반부 열두 권은 기독교를 대안으로 제시하는 데 주력한다.

문학적 병치의 몇 가지 사례를 들어보자. 아우구스티누스 당시 철학자로서 명성을 얻고 있던 포르피리우스는 기독교를 변방의 소그룹으로 몰아세웠다. 이러한 분위기를 간파한 아우구스티누스는 기독교에 포르피리우스의 고전목록들을 대치할 성경이라는 원천이 있다는 점을 설득적으로 제시한다.

같은 맥락에서, 아우구스티누스는 로마사를 특권적인 것으로 간주하기를 거부했다. 아우구스티누스는 로마의 발흥이 모든 국가들이 공유하는 공통적 요소에 불과하다고 주장했다. 로마의 과거를 풍자하면서, 아우구스티누스는 로마에 매혹되지 않고 로마의 진실을 폭로하면서 지상의 도성이 지닌 한계를 말한다.

이러한 문학적 병치를 통하여, 아우구스티누스가 의도하는 것은 분명하다. 한 제국 아닌 두 도성의 역설적 관계 속에서, 내적 성찰을 통하여 카리타스의 공동체를 이룩한 하나님의 도성이 도덕적 확신을 바탕으로 지상의 도성이 결여하고 있는 요소들을 논평할 뿐만 아니라 대안이라는 사실을 설득하려는 것이 아우구스티누스의 의도였다.

지상의 도성이 자신들만의 진영논리로 세계를 석권하고 장악하려는 제국주의적 관점에는 교만과 권력에의 탐욕만 있을 뿐이다. 공감과 환대라는 것 자체가 들어설 여지가 없다. 내적 성찰을 지닌 카리타스 공동체로서의 하나님의 도성에 속한 자들은 지상의 도성이 결여한 공감과 환대를 통하여 진리의 도성을 향한 예표가 되어야 한다는 뜻도 담겨있다.

로마니타스

『신국론』에서 사용된 병치는 덕에 관한 성찰에서 분명해진다. 아우구스티누스는 '화려한 악덕'(splendida vitia)과 그것을 극복할 참된 덕 사이를 병치시켜 대조한다. 로마의 덕을 참된 것이 아닌 유사한 덕 혹은 화려한 악덕이라고 평가했다. 화려한 악덕이라는 표현 자체가 아우구스티누스의 것이라고는 할 수 없다. 후대의 '사이비 아우구스티누스주의'(pseudo-Augustinian) 혹은 과격 아우구스티누스주의(hyper-Augustinian)의 표현이다.[29] 분명한 것은 아우구스티누스가 이교도들의 덕을 참된 덕이라기보다 외견상 '유사덕'(quasi-virtue)일 뿐, 삼위일체 하나님을 통해 얻는 참된 행복에 이르지 못하는 것이라고 보았다는 점이다.

이러한 병치를 이해하기 위해서는 『신국론』 초반부의 정황으로 거슬러 올라가야 한다. 아우구스티누스는 로마가 겪은 재난을 두고 기독교를 탓할 것이 아니라, 내부의 문제들에 대해 자성해야 한다고 반론한다. 로마가 재난을 당한 데에는 로마가 스스로 제공한 원인이 있다는 진단이다. 그것은 기독교 시대가 되어 로마가 전통적으로 숭배하던 정령사상을 버린데 대한 정령들의 진노가 아니다. 로마 내부의 원인부터 바르게 성찰하라는 취지이다. 아우구스티누스에 따르면,

로마의 함락에서 무너진 것이 돌과 목재였지만, 정작 그들의 삶에서
무너진 것은 성벽이 아니라 도덕의 방벽과 긍지였기 때문이다.[30]

로마의 도덕적 방벽과 긍지가 무너졌다는 것은 그들의 도덕이 실패한
것이라는 말과 다르지 않다. 로마인들이 시민적 덕을 강조하지만, 실상은
그 덕에 문제가 있다는 뜻이 된다. 영광 그 자체에 집착하여 명예욕과 지배
욕에 탐닉하고 있었던 점이 문제의 핵심이다. 아우구스티누스가 보기에,
고대 로마의 번영은 차선의 덕에 대한 하나님의 보상이었다. 적어도 그들
은 쾌락에 빠지지 않았다는 점에서, 고대 로마인들은 아우구스티누스 당
대의 로마인들에 비해 차선의 덕을 지니고 있었다.[31]

하지만, 차선의 덕이라는 것조차도 본질적으로는 '거짓 덕'(pseudo-
virtue)이다.[32] '지배욕'(libodo dominandi)을 포장한 것에 불과하기 때문이다. 로
마가 영토를 확장하고 패권을 차지한 것은 지상의 도성에서 누릴 수 있는
영화로움이지만, 지배를 통한 명예를 추구한 것이기에 참된 덕일 수 없다.
실제로, 로마의 수많은 정복전쟁에 지독한 지배욕과 인간의 영광을 추구
하는 동기가 작용했으며, 정복당한 사람들의 비참함을 대가로 삼았다.[33]

이것은 '덕에 대한 재평가'라고 할 수 있겠다.[34] 아우구스티누스는 '로
마니타스'(romanitas)란 참된 것일 수 없으며 로마의 덕은 인간과 사회를 진
정한 행복으로 이끌어줄 수 없다고 보았다. 오히려 일종의 위장이다. 로마
의 건국에서 드러난 형제살해, 부친살해와 같은 악행을 덕이라는 이름으
로 미화시켜놓은 것에 지나지 않기 때문이다. 모든 것을 자신을 위해 질서
지우는 교만의 표현에 지나지 않으며, 결과적으로 로마인들이 칭송해마지
않는 덕이란 차선의 덕도 아니다. 그것은 사실상 악덕이다.[35]

나아가, 아우구스티누스는 로마의 덕을 기독교의 덕과 병치시킴으로

써, 기독교의 덕을 참된 덕으로 제시한다. 기독교의 덕이 참된 것이기 위한 조건은 화려한 악덕이기를 거부하는 것이어야 하며 참된 행복을 약속하는 것이어야 한다. 여기에서, 아우구스티누스 고유의 내적 성찰이 지닌 중요성이 다시 빛난다.

『고백록』에서 보여주었던 내적 성찰은 스스로에게 문젯거리가 된 자신에 대한 답을 하나님과의 연관성을 통해 찾아가는 과정이었다. 이것이 『신국론』에서 확대적용된다. 지배욕을 채우기 위한 교만을 대신하여, 죄의 인식과 은혜의 중요성에 따른 그리스도의 '겸손'의 덕이 제시된다. 참된 덕이란 인간이 성취하는 것이라기보다 은혜의 선물로 주어지는 것임을 강조한점에서,[36] 덕에 대한 로마의 인식과 본질적으로 다르다.

여기에 또 하나의 결정적인 병치가 추가된다. '로마'로 상징되는 지상의 도성에서는 참된 행복에 이를 수 없으며, 하나님의 도성에서 '하나님을 뵙게 되는' 경지에서라야 참된 행복을 누릴 수 있다는 뜻이다. 이처럼, 『신국론』은 병치를 통한 대조에 주안점을 두면서, 카리타스의 사회적 실천을 놓치지 않는다. 쿠피디타스로 이루어진 지상의 도성 속에 지내는 기간에, 카리타스의 도성이 사회적 공감과 환대의 윤리를 구현해야 한다는 사실을 말해주는 부분이다.

4) 공감과 환대의 civitas Dei

두 거장의 질문 앞에 다시 설 차례가 되었다. 아렌트의 무세계성에 대한 비판, 그리고 누스바움의 공감능력부족에 대한 비판이 그것이다. 아우구스티누스의 제자도에 기초한 사회적 영성을 읽어내기 위해서는 한 번

쯤 거쳐야 할 주제라는 점에서, 간략하게나마 다루어 둘 필요는 충분하다.

유세계성

아렌트의 지적에서처럼, 아우구스티누스는 과연 무세계성에 빠지고 만 것일까? 사실, 이 질문은 간단하지 않다. 아우구스티누스가 세상에 대한 거부와 부정을 일삼은 것은 아니기 때문이다. 질문을 바꿔야 한다. '천막살이, 그것은 무세계성인가?'

아우구스티누스가 세상을 천막살이 쯤으로 생각한 것은 틀림없다. 문제는 그것 자체가 무세계성을 말하는 것일까 하는 점이다. 아렌트의 지적에는 긍정적인 도전요소와 함께 잘못된 해석에서 비롯된 아우구스티누스 이해의 한계가 나란히 드러난다. 아우구스티누스의 사회적 영성에 관한 이해에서 균형있게 읽어야 할 부분이다.

우선, 아렌트가 아우구스티누스의 사랑 개념이 하나님 사랑과 이웃 사랑이 병행될 수 없는 구조로 이루어져 있으며 결과적으로 '무세계성'의 한계를 지닌다고 비판한 것은 나름 의의가 있다. 아우구스티누스의 사회 윤리 연구에서 고려해야 할 과제를 제시해주었기 때문이다. 특히, 하나님의 도성에 속한 자들이 내적 성찰에 자폐되어 내면성을 사사화할 것이 아니라, '다시 밖으로 나가' 역사적 현실 속에서 정의, 평화, 그리고 공공성에 관심해야 하는 이유를 말해준다.

하지만, 아렌트의 관점에는 아우구스티누스에 대한 오해가 적지 않다. 무엇보다도, '세상사랑'과 '세계사랑' 사이를 혼동하고 있다. 둘 다 'amor mundi'의 번역어이지만, 해석하는 관점에 따라 뜻이 정반대가 된다. 우리 말로 '세상'과 '세계'를 구분하는 것도 쉽지는 않지만, 아우구스티누스의 관점을 따라 해석하면 분명한 차이가 난다.

'세상'에 대한 사랑은 시간의 영역으로서의 한계를 지닌 이 땅에 대한 집착을 말한다. 아우구스티누스가 '지상의 도성'이라고 말한 개념을 여기에 대입해볼 수 있겠다. '영원을 무시하거나 경멸하면서까지 시간적인 것에 탐닉하는 쿠피디타스'의 영역이다. 지상의 도성에 병치되는 것이 '하나님의 도성'이며 '시간적인 것은 사용하고 영원을 향유하는 카리타스의 공동체'를 뜻한다.

'세계'에 대한 사랑과 공감의 윤리는 이러한 세상사랑을 극복하고 하나님의 도성을 향하여 살아가는 공동체가 구현해야 할 과제이다. 평화와 정의와 같은 '세계'의 일들에 관심하면서 잘못된 정의와 평화를 비판하고 참된 정의와 평화의 길을 찾도록 이끌어주는 역할이 여기에 속한다. 지상의 도성이 세상에 도취되어 세상을 숭배하는 것과 달리, 하나님의 도성에 속한 자들은 세상이 지닌 본질 즉 시간성이라는 한계를 직시하고 영원의 도성을 기준으로 삼아 세상을 넘어선다.

그것으로 끝이 아니다. 하나님의 도성을 기준으로 영원을 향하여 살아가는 자들에게는 시간적인 것에 집착하는 세상에 대한 사랑이 아닌, 내적 성찰을 가진 카리타스로서의 사랑이 요청된다. 하나님께서 긍휼히 여기시며 구원하시려는 '세계'를 향한 사랑의 실천에 관심한다. 아우구스티누스 당시 로마가 재난을 당했을 때 그들을 품어준 교회의 공감과 환대가 대표적인 예가 된다.

이러한 뜻에서, 세계에 대한 책임을 강조하는 아렌트와 세상에 대한 집착을 넘어서기를 권하는 아우구스티누스 사이에 견해차이가 있다. 아렌트의 관점을 말할 때는 '세계'가, 아우구스티누스에게는 '세상'이 적합하겠다. 아우구스티누스로서는 아렌트가 말하는 '세계사랑'과는 뜻이 다른 '세상사랑'을 극복해야 한다고 보았기 때문이다.

아우구스티누스가 천막살이를 말하는 것은 세상에 대한 경멸 내지는 도피가 아니다. 혹은 진영논리에 집착하여 세상을 멸시하거나 일방적으로 비난하려는 취지도 아니다. 현실정치에 무관심했거나 '저 세상'만 강조한 것은 아니다.

몇 가지 사실을 고려해보자. 우선, 『신국론』의 집필동기를 참고할 필요가 있다. 『신국론』은 계획하여 집필되었다. 로마의 약탈이 없었더라도 이미 집필계획 속에 있었으며, 로마가 약탈당한 사건을 계기로 특정한 독자층을 확보한 것이라 하겠다.[37]

첫 부분에 수신자로 언급된 마르켈리누스(Flavius Marcellinus)는 당시의 도나투스 문제를 해결하도록 임명을 받아 카르타고에 도착한 황제의 전권대사였다. 사회적 혼란과 종교적 혼란을 겪는 로마의 시대상을 보여주는 상징적 인물이다. 물론, 마르켈리누스는 실존인물이었지만, 상징성을 말하는 이유는 분명하다. 현실의 문제에 깊은 관심을 바탕으로 카리타스의 사회적 실천을 말하고 있다는 뜻이다.

더구나, 아우구스티누스의 시대는 로마의 황제가 교회의 문제를 해결할 전권대사를 파견할 정도의 기독교화된 시대였고 정치적 관심거리가 되는 때였다. 아우구스티누스로서는 목회의 분주함과 시대적 격동 속에서 대안을 제시할 뿐만 아니라, 마침내 추구해야 할 가치가 무엇인지를 제시할 필요가 있었다. 만일 아렌트의 비판처럼 아우구스티누스가 세상을 천막살이 정도로 격하시킨 것이었다면, 굳이 마르켈리누스라는 인물과 소통할 필요조차도 없었을 것 아니겠는가?

또한, 『신국론』을 통해 아우구스티누스는 로마 사회에 정의와 평화에 대한 인식을 촉구한다. 아우구스티누스는 지상의 도성을 초연하자는 무세계성에 흐르지 않았다. 오히려 지상의 도성에 깊이 관심했다. 영원한 도성을 향하여 나아가는 길에 지상의 도성이 주는 평화를 '사용'하는 방식으로 말이다.

굳이 이렇게 말하고 싶다. 아렌트가 '무세계성'이라고 했다면, 아우구스티누스는 '유세계성'을 염두에 두고 있었다고 말이다. 여기에, 영원을 향유하고 시간을 사용하는 가치관이 적용된다. 사회적 현실에 관심을 가지되, 시간의 영역에 속하는 사회현실을 절대시하지 않았다. 순례자의 가치관에 입각하여 현실을 바로잡으려는 관심을 가지고 영원에 입각한 통찰을 제시한다는 뜻이다.

공감하고 환대하는

아우구스티누스에 대한 누스바움의 해석이 타당한 것이었는가에 대해서도 논란의 여지가 있어 보인다. 무엇보다도, 아우구스티누스의 관점을 '사랑의 등정'이라고 보는 것 자체가 문제일 수 있다. 아우구스티누스는 쿠피디타스에서 카리타스에로의 전환을 말한 것이지, 플라톤 철학의 연속선상에서 등정 혹은 상승을 제안하려는 의도가 있었던 것이 아니기 때문이다.[38]

누스바움에게 동의할 수 있는 것은 아우구스티누스에게서 감정이 이성의 동맹자로서 합당한 자리를 차지하게 되었다는 정도에서 응용적으로 풀이할 수 있겠다.[39] 하지만, 아우구스티누스가 의도한 것은 감정과 이성에 대한 적절한 평가보다는 쿠피디타스의 극복이었다는 사실을 간과해서는 안 된다. 왜곡된 의지를 바른 방향으로 재정향하여 카리타스에 이르게해야 한다는 것이 아우구스티누스의 핵심가치이기 때문이다.

더구나, 누스바움이 아우구스티누스를 비판하면서 문제를 제기했던 부분에서도 오해의 소지가 있어 보인다. 누스바움은 아우구스티누스가 제시한 기독교적 사랑의 등정에 타종교에 대한 증오와 기독교의 권위를 강조하는 한계가 있다고 비판한다. 하지만, 아우구스티누스가 타종교를 증오한 것이 아니라 로마의 재앙을 기독교 탓으로 돌리는 로마시민들의 비난에 대해 기독교를 '호교' 하는데 관심했다.

아우구스티누스가 호교에 관심했다는 것은 교리적인 논쟁을 이끌었다는 뜻이라기보다 하나님의 도성이 지닌 본질을 보여주려는 노력으로 이해되어야 한다. 하나님의 도성에 속한 자들이 카리타스의 실천을 추구하고 있음을 말하려는 의도였다는 뜻이다. 이러한 의미에서, 아우구스티누스를 공감능력 부족으로 몰아세워서는 안 될 것 같다. 오히려 로마를 포함한 모든 시민이 영원한 도성인 하나님의 도성을 향하여 나아가는 진정한 가치의 공동체에 속하기를 바라는 마음이 더 컸다는 사실을 간과해서는 안 된다.

아우구스티누스가 지상의 도성을 살아가는 하나님의 도성 시민들에게 권하는 것은 현실에 대한 무관심도, 혐오도 아니다. 지상의 도성에 나타난 평화의 위협을 비롯한 문제들에 무관심하라고 권하지 않았다. 그의 목회와 설교와 삶의 과정들을 통해 지속적으로 지상의 도성을 살아가는 동안 사회적 영성을 펼쳐내도록 권장했다. 다만, 다르게 살아가는 길을 제시했다. 지상의 도성 시민들을 영원한 도성의 시민이 될 수 있도록 이끌어주고자 했다.

5) 선한 사마리아인처럼

영성적 전환

아렌트의 아우구스티누스 해석을 통해 분명해진 것이 있다. 아우구스티누스의 사회윤리는 '무세계성'이 아니라, 카리타스의 사회적 실천이었다. 그리고 누스바움의 해석에서도 아우구스티누스의 사회윤리가 무엇인지 드러난다. 카리타스는 종교의 피안을 추구하고 현실에서의 공감을 부정하는 것이 아니라, 재난당한 로마를 품어주는 공감과 환대의 윤리이다.

이것을 풀어낼 개념이 있다. '사회적 영성'(social spirituality)이 그것이다.[40] 영성신학의 논의가 아니다. 공감과 환대의 사회윤리를 다루기 위한 포석이다. 굳이 영성이라는 단어를 사용한 것과 관련하여, 박명림이 제안한 '내면 윤리의 사회적 구성'은 중요한 의의가 있다. 사회적 영성에 대한 바른 인식을 요청한 것이기 때문이다.[41] 이 부분에 주목하는 이유는 개인윤리와 사회윤리를 재론하려는 것이 아니다. 내적 성찰을 사회적 영성으로 확장시키기 위한 단초를 찾아내려는 취지이다.

사회적 영성'에 대한 논의는 '진행형'이다. 이른바 '영성적 전환'(spiritual turn)을 중심으로, '힐링'과 '공감'의 문제를 비롯한 여러 논제가 다루어지고 있으며 '종교 vs. 영성', '영성의 사사화 vs. 공공성'의 논제들 역시 중요한 관심사가 되고 있다. 말하자면, 사회적 영성에 대한 여러 관점들이 제시되면서 논의가 풍요로워지고 있다.

영성 개념은 필요에 따라 차용되는 경향이 있다.[42] 영성으로 알려진 현상은 역사적, 문화적 상황에 따라 다양하게 나타날 수밖에 없기 때문이다.[43] 분명, 인간은 근본적으로 영성적 존재이지만,[44] 개인의 독자성으로 말미암아 달리 표현되고 다른 장점을 가질 수 있다.[45] '힐링'도, '공감능력'도, 그리고 '뉴에이지'(new age)까지도 영성의 범주에 포함된다고 말하는 것이 틀리지 않는 이유이다. 그런 탓인지, 사회적 영성에 대한 논의 역시 여러 갈래에서 진행되고 있다.

주목할 것은 '영성적 전환'이다. 이것은 '세계가치관조사'(World Values Survey)의 데이터에 기초하여 유럽 국가들과 미국, 스웨덴 및 일본 등에서 1981년 이후 삶의 의미와 목적에 대한 관심이 급격히 증가한 추세적 변화를 규정한 호트만(Dick Houtman)과 오퍼스(Stef Aupers)의 개념이다.[46] 영성적 전환은 영성을 특정 종교의 몫이 아니라 인간의 삶에 내재하는 신성함에 대한 추구 혹은 내면성에 대한 관심으로 읽어낼 토대가 되고 있다.

영성적 전환은 종교와의 대비 혹은 대체를 추구하는 경향을 보인다. "영성은 종교의 전유물로 여겨져 왔으나, 21세기에 전 지구적 현상으로 나타난 영성적 전환은 영성 개념을 종교와 대비되거나 심지어 대체되는 것으로 여긴다. 특정 종교에 속하지는 않지만 여러 형태의 힐링 프로그램 참여자가 급격이 늘고 있다는 사실은 영적인 것 혹은 초월적인 감수성에 대한 현대인의 관심을 반영한다."[47]

이러한 영성적 전환이 나타난 '탈근대'의 배경과 사회적 변화에 대한 관심을 포함하여, 영성 개념과 제도로서의 종교와의 대비를 부각시키는 경향으로 이어지고 있다. 영성을 종교와의 대비 혹은 대체의 관점에서 보는 것에 이의를 제기하는 주장도 있다. 치유 혹은 힐링과 영성에 관한 성찰에서 '영적 시장'(spiritual market)의 왜곡에 대한 우려가 그것이다. 치유산업과 문화산업에 의해 대량으로 생산되고 유통되며 소비되는 기호품으로 전락했다는 비판을 귀담아 들어야 하겠다.[48]

사회적 영성은 이러한 글로벌 트랜드와 맞물려 있다. 그것은 자본의 욕망에 맞설 수 있는 도덕적이고 영적인 능력으로서, 격노와 눈물의 사회에서 냉소와 불신의 시대를 넘어설 대안의 모색과 연관된다. '힐링'의 영역에 제한되는 것이기를 넘어 치유와 나눔, 희생과 소통을 말하는 사회적 감성과 그 실천을 아우르는 이름이다.[49] 말하자면, 사회적 영성이란 다양한 관심들을 포괄하는 하나의 '문제의식'이다.

공감과 환대는 이러한 사회적 영성의 핵심을 이루는 가치들로서, 내적 성찰에 기초한 카리타스 공동체가 지상의 도성 속에서 실천해야 할 카리타스의 과제라 할 수 있다. 따라서, 사회적 영성을 말한다는 것은 공감과 환대에 관심한다는 것으로 옮길 수 있겠다. 나아가, 세상에 대한 탐욕적 집착으로서의 '세상사랑' 아닌 세계에 대한 공감과 환대를 구현하는 '세계사랑'의 과제로 인식되어야 한다.

공감과 환대의 윤리

본질적으로, "기독교 영성은 사회적이다."(Christian spirituality is social.)[50] 가장 대표적인 것이 선한 사마리아인의 비유에 나타난 제자도이다. 그것만이 기독교의 사회적 영성의 전부라고 할 수 없지만, 사회적 영성의 중요한 자원인 것은 분명하다. 이러한 맥락에서, 아우구스티누스가 말하는 카리타스의 사회적 실천은 공감과 환대의 사회적 영성을 실천한 선한 사마리아인의 제자도와 연관된다.

침략을 당한 로마시민들이 교회로 피신을 왔을 때, '낯선 자'인 그들을 외면하지 않았고 오히려 공감하고 환대했던 모습은 중요한 상징성을 지닌다. 아우구스티누스와 그의 교회가 감수성이 남다르게 뛰어나서 그랬을 가능성이 없지는 않다. 하지만, 그것으로는 충분하지 않다. 오히려, 내적 성찰을 통해 진영의 대립까지도 초월하는 영원한 진리를 찾은 자들이 '골방의 회복'에서 '광장으로 나가는' 과정이라고 해석되어야 한다. '선한 사마리아인'의 비유는 이점을 상징적으로 설명해준다.

> 예수께서 대답하여 이르시되 어떤 사람이 예루살렘에서 여리고로 내려가다가 강도를 만나매 강도들이 그 옷을 벗기고 때려 거의 죽은 것을 버리고 갔더라. 마침 한 제사장이 그 길로 내려가다가 그를 보고 피하여 지나가고 또 이와 같이 한 레위인도 그 곳에 이르러 그를 보고 피하여 지나가되 어떤 사마리아 사람은 여행하는 중 거기 이르러 그를 보고 불쌍히 여겨 가까이 가서 기름과 포도주를 그 상처에 붓고 싸매고 자기 짐승에 태워 주막으로 데리고 가서 돌보아 주니라. 그 이튿날 그가 주막 주인에게 데나리온 둘을 내어 주며 이르되 이 사람을 돌보아 주라 비용이 더 들면 내가 돌아올 때에 갚으리라 하였으니 네 생각에는 이 세 사람 중에 누가 강도 만난 자의 이웃이 되겠느냐? 이르되 자비를 베푼 자니이다 예수께서 이르시되 가서 너도 이와 같이 하라 하시니라.(눅 10:30~37)

이 말씀에 나오는 이웃사랑의 정신은 공동체의식과 연민의 정으로 이웃을 대하라는 교훈을 넘어선다. 아가페사랑의 실천을 말씀하신 것이기 때문이다. 이것은 '사마리아인'에게 주목하도록 하신 부분에서 알 수 있다. 당시, 사마리아인은 사회적으로 혐오와 차별의 대상이었다, 하지만, 예수께서 말씀하신 비유에서는 이웃됨을 실천한 주인공이다. 그에게 희생과 헌신을 실천할 여유가 있었던 것도 아니고, 오히려 남들에게 혐오와 차별을 받는 입장이었음에도 불구하고 사랑을 실천했다.

선한 사마리아인의 비유를 '도피의 영성'에 대한 배격으로 읽어야 한다고 제안한 송창현은 예수 그리스도께서 이웃에서 제외시켜온 자들을 포용하라는 도전을 준 것이라고 해석한다. "예수 그리스도가 유대인들의 '정결의 정치학'(politics of purity)에 도전하고 '함께 아파하기'의 새로운 사회적 패러다임을 대안으로 제시한 것으로 읽어야 한다는 뜻이다. 사회적 영성이란 선한 사마리아인의 비유에서처럼, 강도를 만나 초주검 당한 것 같은 상황에 처해 있는 사람들과 함께 아파하기와 정의를 위한 열정을 가지고 예수 그리스도를 따르는 존재방식이다."[51]

적극적으로 해석하자면, 여럿 중 하나의 비유 그 이상의 의미를 지닌다. 예수 그리스도께서 가르치시고 실천을 요청하신 사항이라는 점에서, '제자도'에 속한다. 특별히, 복음 즉 영원한 진리를 발견한 자가 내적 성찰에 자폐될 것이 아니라 광장으로 다시 나가서 실천해야 할 제자도라고 할 수 있겠다. 물론, 모든 제자도가 공적 의미를 지니고 있지만, 선한 사마리아인의 제자도는 공감과 환대의 사회적 영성을 담아낸 것이라는 점에서 각별하다.

아우구스티누스가 『신국론』에 소개한 교회의 모습이야말로 광장에 서서 교회가 구현해야 할 과제를 상징한다. 침략당한 로마를 품어준 교회는 선한 사마리아인의 제자도를 구현하는 가장 분명한 경우라고 할 수 있다. 더구나, 이것은 아우구스티누스와 당시의 교회가 감수성이 탁월해서라기보다 교회의 정체성에 충실하게 행동한 것이라는 점에서 제자도의 실천과 직결된다. 낯선 자들까지도 품어주는 일은 감수성의 문제를 넘어서 교회의 본질적 사명이자 정체성에 해당한다.

3.
우는 자와 함께 울라

우는 자들과 함께

　몇 해 전, 동남아시아 국가에서 '쓰나미'가 발생하여 수많은 사상자가 발생하고 큰 피해를 입었던 일이 있었다. 하필, 이 일을 두고 우리나라에서 손꼽히는 대형교회 중 한곳의 설교자가 '하나님을 믿지 않는 백성들에게 내려진 심판'이라는 취지의 설교를 했고 그것이 일반 뉴스에까지 대서특필되었던 기억이 있다. 어이가 없었다. 어쩌면 그렇게도 타이밍을 잘 맞춰서 미움을 받기에 딱 좋은 이야기를 골라서 했을지, 지금 생각해도 그리스도인의 한 사람으로서 부끄러워진다.

　자연재해를 당하여 경황도 없고 가족과 이웃의 허망한 죽음 앞에 고통스러워할 사람들을 생각해서라도, 최소한, 침묵해야 했던 것 아닐까? 그 순간에 역사의 주인이신 하나님의 심판 순간이라고 그렇게까지 정죄적으로 단정해야 할 진정한 이유라도 있었던 것일까? 오히려, 바울이 로마의 교회를 향하여 제시했던 태도에 더 관심했어야 하는 순간이었다는 확신이

든다.

즐거워하는 자들과 함께 즐거워하고 우는 자들과 함께 울라.(롬12:15)

사실, 사회적 영성이라는 것은 성경의 가르침이다. 새로운 별도의 그 무엇이거나 고난이도의 내공을 지닌 자들에게나 가능한 것이 아니다. 그리스도인으로서, 사회적 공감의 능력을 발휘하고 사회 문제들에 관심하는 것부터가 사회적 영성의 출발점이자 핵심이라 하겠다. 우는 자와 함께 울어 줄 수 있는 능력이 필요하다는 뜻이다.

한 가지, 더 있다. 우는 자들과 함께 울어야 할 뿐만 아니라, 우는 자들로 하여금 내적 성찰에 기초한 영원의 가치를 깨달아 알 수 있도록 도와야 한다. 역사적 현실의 문제들이 중요한 것은 사실이지만, 그것은 절대적인 것이 아니다. 영원의 가치를 기준으로 시간적인 세상의 문제들을 바로잡고 관심하는 것이야말로 내적 성찰을 지닌 자들의 사회적 성화를 위한 노력이라 하겠다.

개인의 성화와 사회적 성화는 통합의 관점에서 이해되어야 한다. 밖으로 나아가려는 경향을 극복하고 안으로 들어가 속사람의 가치를 회복한 이후, 개인의 삶에서 성화되어야 하는 것은 두말할 필요도 없다. 동시에, 성화의 개념은 개인의 지평에 제한되지 않는다. 사회적 성화로 이어져야 한다는 뜻이다.

요컨대, 우는 자들과 함께 운다는 것은 공감과 환대를 향한 소중한 자원이다. 아우구스티누스의 통찰을 따라 내적 성찰을 사사화시키지 않고 사회적 성화로 확장시키는 과정에서 주목해야 할 과제이다. 공감능력의 부족을 지적받는 한국교회에게 더욱 절실하게 다가오는 가치라 하겠다.

사회적 영성을 펼쳐라

내적 성찰에서 사회적 성화로 나아가는 것은 '제자도'를 구현하는 과정에 해당한다. 사회적 성화에 관해서는 종교개혁자들의 관점을 비롯하여 다양한 자원을 통해 논의할 수 있겠지만, 사회적 영성의 실천을 통해 구현될 수 있겠다. '사회적 성화를 위한 사회적 영성(social spirituality)'인 셈이다.

사회적 영성의 단초는 사회적 문제와 작은 자들에 대한 관심이다. 그리고 그 관심에 상응하는 공감의 능력이 함양되어야 할 필요가 절실하다. 관심과 공감의 사회적 지평이 일깨워져야 한다는 뜻이 되겠다. '도덕적 공감'을 바탕으로 제자도에 기초한 사회적 영성을 구현해야 한다.

사회적 영성은 내적 진리와 영원에 대한 관심을 현실 속에서 실천하며 살아가게 한다. 내적 진리를 발견하는 곳에 머물지 않도록, 영원한 진리를 소유한 자로서 세상을 향하여 가치 있는 삶을 살도록 이끌어준다. 내면성에 '자폐'되지 않고 역사와 사회 속으로 다시 들어가야 한다는 뜻이다.

밖을 향한 긍정의 교훈과 밖에 대한 부정의 금지는 결과적으로는 연결되어 있다. '밖으로 나가지 말라'는 것은 내적 진리를 알지 못하거나 관심하지 않은 채, 밖으로 나가는 것에 집착하는 자들에게 필요한 교훈이다. '다시 밖으로 나가라'는 것은 내적 진리를 발견하고 영원한 세계를 향한 관심으로 내면의 세계에 자폐되지 말라는 교훈이다.

단순한 구호 내지는 말장난이 아니다. 내적 성찰의 사회적 실천은 통전성을 지닌다. 내면의 성숙을 통해 사회적 성숙을 도모한다. 다시 밖으로 나가서 현실 속에서 영원의 진리를 보여주며 내적 진리를 향한 관심이 절실하다는 사실을 알려야 한다. 내적 성찰에 기초하여 공감과 환대의 사회적 영성에 관심하자는 뜻이다. 이러한 맥락에서, 내적 성찰에서 사회적 성화로 이어지는 과제는 사회적 영성의 실천이라고 요약할 수 있겠다.

특히, 내적 성찰 안에 이미 사회적 영성이 내포되어 있음을 인식하고 그것을 실천에 옮겨야 한다는 뜻에서, 이렇게 말할 수 있겠다. 골방을 회복하여 광장으로 나가서, '사회적 영성을 펼쳐라!'(release your social spirituality!) 여기에 사용된 단어, 'release'는 낯선 요소들을 추가로 도입하라는 뜻이 아니라, 이미 가지고 있는 능력을 풀어내라는 뜻을 적절하게 표현해준다.

풀어내야 할 사회적 영성은 무엇인가? 무엇보다도, '공감의 윤리'에 관심해야 한다. '공감'이란 타인이 겪는 고통의 정서적 상태 안으로 들어가 타인의 고통을 자신의 고통으로 느끼는 것을 의미한다.[52] 교회가 사회와 공감하며 복음을 삶으로 살아내라는 것은 시대적 요구이며 공감하지 못하는 교회는 위기에 처하게 된다는 점에서,[53] 공감의 사회적 영성이 회복되어야 한다. 적극적으로는 공감에서 '환대의 윤리'로 나아가야 한다. 환대에 관한 인문학의 관점을 참고하면서도 교회가 수행할 사회적 영성을 확대하여 적용할 필요가 있다.[54]

공감과 환대의 윤리가 주목을 받는 시대, 우리는 아우구스티누스에게서 그 가능성을 본다. 로마는 교회를 안티했지만, 교회는 로마를 품어주었으며 그들에게 영원한 도성을 향한 비전을 심어주고자 했다. 아우구스티누스가 보여준 공감과 환대에 대한 관심은 차별과 배제를 극복하고 카리타스의 사회적 실천에 관심해야 한다는 사실을 우리에게 일깨워주는 단초라고 해석할 수 있겠다.

이러한 뜻에서, 그리스도의 십자가 지심을 신적 폭력과 하나님의 환대 행위라는 측면에서 바라보면서 '구속적 환대'를 강조하는 부르스마(Hans Boersma)의 관점을 참고할 필요가 있다.[55] 환대 공동체로서 교회가 공공의 영역에서도 정의를 추구해야 한다는 그의 주장은 제자도에 입각한 사회적 영성의 구현이 무엇인지 생각하도록 이끌어준다.

그리고 하나님의 '환대'로써 구원을 받은 그리스도인들이 환대의 공동체가 되어야 한다는 지프(Joshua W. Jipp)의 관점도 좋은 길잡이가 될 듯싶다.[56] 구원이 하나님의 환대에 기인한다는 사실, 그리고 그것이 환대를 위한 길잡이가 된다는 점은 오늘의 교회를 위한 중요한 통찰임에 틀림 없다. 아우구스티누스의 관점을 공감과 환대의 윤리로 읽어내는 단초가 될 수 있다는 뜻에서, 참고할 필요가 있겠다.

7장

그리고, 순례하라

하나님의 도성은 악한 세상에서 순례자의 길을 가고 있다.
(*De civitate Dei*)

진정한 믿음으로 위에 있는 도성을 기대하면서,
거류하고 있는 땅에서는 자기들 스스로를
순례자라고 인식하는 사람들이다.
(*De civitate Dei*)

1.
영향력을 잃어간다!

내적 성찰에 기초하여 펼쳐야 할 사회적 영성은 평화와 정의가 왜곡된 '현실'에 대한 관심과 연결된다. 지상의 도성에 나타난 현실이 전부는 아니다. 평화와 정의는 하나님의 도성에서라야 완성된다. 아우구스티누스는 현실에 관심하면서도 영원한 도성을 향하여 순례자로 살아가라고 권한다. 평화와 정의는 '순례자로서, 사용하라'(peregrina utitur)[1]

인플루언서와 '빵지순례'?

'인플루언서'(Influencer)라는 단어가 사용되고 있다. 영향력있는 블로그(blog)를 운영하는 '파워블로거'나 수십만 명의 팔로워 수를 가진 소셜네트워크서비스(SNS) 사용자, 혹은 1인 방송 진행자들을 통칭하는 말이라고 한다.[2] 그들이 굳이 마케팅을 의도하지 않더라도, 결과적으로는 그렇게 되는 경우가 많은 듯싶다.

흥미로운 것은 인플루언서들의 활동이 '성지순례'라는 단어와 접목되는 경우이다. 다소간 생뚱맞아보이는 부분이다. '순례'(pilgrimage)는 '성지'(holy land)와 관계된 것이었지만, 요즘에는 '빵'의 명소들을 찾아서 방문한다는 뜻에서, '빵지순례' 등으로 응용되기도 한다. 대부분은 'SNS' 인플루언서들의 사진과 글에 이끌리곤 한다. 보는 사람들에게는 '나도 한번 해봐야겠다'는 마음도 들게 한다.

인플루언서라고 해서 항상 바람직한 것은 아닌 것 같다. 예를 들어, 마케팅을 목적으로 삼는 경우에 정보를 왜곡시킬 우려는 얼마든지 있을 것 같다. 그런가 하면, 팔로워들이 인플루언서 '따라하기'에 급급한 경우 역시 문제일 수 있겠다. 휩쓸려서 '따라쟁이'가 되지 않으면 좋겠다. 아마도 이것 역시 스마트시대에 성찰을 상실한 현대인의 자화상이 아닐까 싶다.

어떤 면에서는 '순례'를 희화화(戲畫化)하는 경우도 있는 것 같다. 맛집을 소개하고 명소가 되게 하는 과정에 '순례'라는 단어를 사용함으로써 재미도 있고 친숙하게 표현하는 효과도 있겠지만, '나도 가봤다'는 '자랑질'을 하고 나서는 이내 흥미가 사라지고 싫증까지 내는 경우도 적지 않다.

순례와 영향력

사실, 순례라는 단어가 쓰여야 할 제자리가 있다. 생각해보면 '라임'이 얼추 맞아떨어지는 단어들이 있는 것 같다. 올레길, 둘레길, 그리고 순례길. 요즘, '길'에 대한 관심이 많아진 것 같다. '올레길'이 그렇고 '둘레길'도 그렇다. 반가운 일이다. 우리의 삶 자체가 길을 걷고 있는 것과 다르지 않다는 점에서, 길을 걸으면서 자신과의 대화를 통해 내적 성찰에 이를 수 있을 듯싶어 말이다. 그 와중에, '순례길'에 관심하는 사람들이 생겨나고 있다는 점 또한 반갑다. 순례길에서 자신을 발견하고 영원하신 하나님을 만날 기회를 얻을 수 있으면 좋겠다.

예를 들어, '산티아고 순례길'은 순례에 대한 바른 관심과 연관지워져야 할 듯싶다. 새로운 여행지를 발견해낸 것이라기보다 오래전부터 있던 것을 이제야 재발견하고 입소문을 내는 경우라고 하겠다. 이 길을 다녀온 사람들이 책을 내기도 한다. 꽤 여러 권 검색된다. 저마다 생각은 다를 수 있지만, 순례길에 관심하는 사람이 많아졌다는 점 자체가 반갑다.

여기에서, 혼란스럽게 느껴지는 두 단어가 있다. '나그네'와 '순례자'가 그것이다. 어딘가 모를 문학적 정취가 묻어나는 단어와 종교적 색채와 고행의 의미가 묻어나는 단어 사이의 차이라 하겠다. 한국인에게 '나그네' 하면, 방랑시인 김삿갓의 이미지가 떠오르기 쉽다. 정처 없이 떠돌아다니는 신세라는 점에서는 아쉬움도 있겠지만, 어딘가에 얽매이지 않는 자유로운 영혼일 수 있다는 점은 이 단어의 장점이다.

그래서인지, 문학적 정취가 묻어나는 경우에는 나그네라는 단어가 순례자라는 말보다 적절해 보인다. 게다가, 나그네의 자유로운 영혼이 상징하는 소탈함과 해방감, 그리고 초연함은 재물에 대한 욕심까지 다 내려놓은 영웅적 이미지까지 가지고 있다. 좋은 의미에서 말이다. 하지만, 나그넷길이 고행으로 가득하다면 여유와 낭만을 계속해서 말할 수 있을까? 순례자의 허름한 옷가지와 낡아빠진 신발, 그리고 굶주린 표정에 묻어나는 고행에 대해 대부분 답갑지 않아 할 것 같다.

용어에 딴지를 걸자는 뜻이 아니다. 심지어 성경번역에서도 나그네가 사용되는 것을 보면 용어문제가 아닌 듯싶다. 아이러니하게도, 성경에는 순례 혹은 순례자라는 단어가 아예 등장하지도 않는다. 공동번역과 새번역에는 사용된다. 번역을 바꿔야 한다는 뜻이 아니다. 나그네가 되었든 혹은 순례자가 되었든 간에 용어를 떠나서, 목적지를 분명히 정하고 그곳을 향하는 자세가 중요하다.

　순례한다는 것은 가치와 목적에 대한 신념을 가진다는 뜻인 동시에, 삶의 길에서 그 가치에 대한 확신을 보여준다는 뜻을 담고 있다. 다시 말해, 순례한다는 것은 가치와 목적에 대한 증인됨을 수반한다. 참된 가치와 목적을 발견했기에 기꺼이 고행까지도 감수하겠다는 의지의 표현이기 때문이다. 내적 성찰을 통해 영원한 가치를 발견한 자는 그것을 증언하는 증인이어야 한다. 순례자는 증인이며 증인은 순례자이다.

2.
'순례자로서, 사용하라'(peregrina utitur)

1) 잘되게 하는 '번영의 복음'?

현대인에게서 내적 성찰의 중요성에 대한 인식이 희미해지고 그 영향력이 상실되고 있는 듯싶다. 무엇 때문일까? 여러 가지를 생각해 볼 수 있지만, 내적 성찰에 근거한 가치관을 실천하지 못한 것도 중요한 이유일 듯싶다. 내적 성찰을 통하여 가치의 질서를 발견하고 사회적 영성에 대한 인식을 가지고 있다손 치더라도, 여전히 번영에 집착하는 모습을 보인다면 심각한 문제가 아닐 수 없다.

영향력을 잃지 말아야 할 일은 여러 분야에서 찾아 볼 수 있겠다. 예를 들어, 아우구스티누스가 자주 언급하는 평화와 정의의 문제 역시 다르지 않다. 사회적 '현실' 속에서 바람직한 모습이 구현되는 과정은 언제나 힘겹고, 또한 완성되지 않는다. 고대사회에서 문제시되었던 일들이 역사적 발전을 통해 개선되기도 했지만, 현대사회에도 여전히 남아있기도 하다.

사실, 역사상 완전한 정의가 구현된 적은 없었다. 평화 역시 다르지 않다. 전쟁의 시간이 훨씬 더 많았다는 주장도 있을 정도이다. 평화와 정의는 고대사회에서도 그렇고 지금도 다르지 않은 인류의 과제이다. 평화보다는 전쟁과 폭력이 넘쳐나던 경우도 있었고 정의로운 사회보다는 차별과 배제의 현상이 두드러지기도 했다. 과연 평화와 정의가 구현가능한 과제일까에 대한 의구심이 들기도 한다.

그렇다고 해서, 그 중요성과 영향력을 잃어서는 안 되는 것이 평화와 정의이다. 끝없이 추구해왔지만 완전하게 구현되지 못하는 모습들에 실망하여 평화와 정의에 대해 식상해진다면, 중요한 것을 놓치는 결과가 될 수 있겠다. 특히, 평화가 위협받고 정의가 왜곡되는 사회적 '현실'에 대한 관심이 식상해지는 것은 경계해야 할 일이다. 지긋지긋하게 변화되지 않는 일이라고 해서 식상해지고 결과적으로 평화와 정의에 대한 '냉소'에 빠지는 것은 바람직하지 않다.

평화에 대한 식상함과 냉소가 나타나는 원인 중에는 평화의 복음에 대한 증인으로서의 순례자가 되지 못하는 우리의 자화상도 있다. 복음서가 요구하는 평화와 정의에 관한 사회적 영성을 가로막는 가장 심각한 요소는 탐욕에 기초하여 복음을 읽어내려는 어리석음이다. 무엇보다도, 번영의 복음(Gospel of Prosperity)은 가장 문제시되어야 할 이슈이다. 내적 성찰에 근거하여 복음을 발견하기보다 탐욕에 이끌리고 있다는 사실이 문제라 하겠다. 개인의 탐욕은 물론이고 집단적 탐욕은 결과적으로 사회적 영성에 무관심하도록 이끌어갈 것이기 때문이다.

사실, 탐욕은 개인과 사회의 모든 악의 근원으로 간주되었다가 번영의 동력이 되기까지 인류의 역사와 함께 했다.[3] 라캉(Jacques Lacan)이 말한 것처럼, "인간은 데카르트가 말하는 사유의 주체라기보다 욕망의 주체이다. 욕망은 인간을 살아가게 하는 원동력이지만, 대상은 욕망을 충족시킬 수 없기에 인간은 대상을 향해 나아간다."[4]

응용해 보자. 내적 성찰을 통하여 영원을 향유하고 시간을 사용해야 마땅하지만, 여전히 탐욕에 메여있는 현실은 자성이 필요하다. 트럼프의 결혼주례까지 했다는 긍정적 신앙의 주창자 노만 빈센트 필(Norman Vincent Peale)과 적극적 신앙을 강조했지만 결국은 파산한 로버트 슐러(Robert Schuller)를 중심으로, 미국에서 강조된 '번영의 복음'은 한국교회에 크게 어필했다. 그 와중에, 평화의 복음을 외면하였고 복음의 증인이 되는 일에 소홀했던 것이 사실이다.

평화와 정의에 대한 관심은 내적 성찰에 근거한 사회적 영성을 펼쳐내는 과정에서 필수적인 과제이다. 더구나, 복음이 평화와 정의를 요구한다. 복음은 번영을 위한 욕망의 길이 아닌, 평화를 위해 일하는 길을 명령하며, 그 길의 증인이 되라고 한다.

2) 번영을 넘어, 평화와 정의를

평화와 정의, 절실한

평화와 정의는 영향력을 잃어가도록 방치할 주제가 아니다. 입맛에 따라 달라지거나 혹은 이미 알고 있는 일이기에 새로울 것 없다는 식으로 반응할 문제도 아니다. 비록 지상의 도성에서 완전한 평화와 정의가 구현되지 못하는 역사적 현실이 이어진다고 해도 외면하거나 냉소할 주제일 수 없다. 평화와 정의는 절실하고도 필수적이다.

『신국론』에서, 평화와 정의는 전체를 관통하는 핵심주제로 다루어지고 있으며 아우구스티누스의 주된 관심사로 나타난다. 내적 성찰을 회복한 자들이 평화와 정의에 적극적으로 관심하며 참된 평화와 온전한 정의가 완성될 하나님의 도성을 향하여 나아가야 한다는 사실을 강조한다.

아우구스티누스를 어떻게 읽을 것인가의 문제는 특히 '평화'와 관련하여 매우 중요하다. 아우구스티누스가 하나님의 도성을 향하여 나아가는 과정에 있는 순례자들이 지상의 도성에서 지내는 동안 평화와 정의에 관심했던 것은 틀림 없는 사실이다. 사회문제에 대한 관심과 그 해법을 추구하고 있다는 점에서, 아우구스티누스의 사회적 영성과 윤리를 읽어낼 수 있는 단초이다.

> 평화가 필요하다.[5]

번역서에서는 '필요하다'고 번역했지만, 라틴어 표현으로는 'pax necessaria est'이다. 필요라는 표현보다는 필수적인 요소라는 뜻으로 옮기는 것이 타당할 수 있겠다. 아우구스티누스가 평화에 대해 관심한 것은 로마 사회의 기독교 비판에 대응하기 위해 기독교를 호교하는 여러 주제의 하나로 구색을 맞추려는 차원에서 다루는 것이 아니라, 절실하고도 필수적인 이슈라고 생각했기 때문이다.

정의에 대해서도 다르지 않다. 아우구스티누스가 정의의 중요성을 강조하면서 정의가 없는 곳은 공화국일 수 없다고 말한 부분이 있다. 공화국으로서의 자존심을 강하게 앞세운 로마를 향한 비판이기는 하지만, 역사상 모든 사회와 공동체에 해당하는 근본적인 통찰이라 할 수 있다. 스키피오의 정의 개념을 응용하면서 통찰력있게 재구성한 아우구스티누스의 문장은 다음과 같다.

정의가 없는 곳에는 공화국이 존재할 수 없다.[6]

이렇게 보면, 아우구스티누스에게서 참된 평화, 참된 정의는 절실하고도 필수적인 과제이다. 지상의 도성을 상징하는 로마의 현실이 평화도 정의도 구현하지 못하고 있다는 평가인 동시에, 참된 평화와 정의를 향한 관심을 담아낸 것이라고 하겠다. 아우구스티누스가 평화와 정의의 문제를 절실하고도 필수적인 과제로 상정했다는 것 자체도 중요하지만, 그것이 오늘의 사회현실을 반증한다는 점에서 깊이 관심할 주제라 하겠다.

근본적 위협

평화의 상대어라고 할 수 있는 가장 극단적이고 가시적인 행태는 전쟁의 문제라 할 수 있다. 전쟁과 테러에 대한 분석에서, 클라우제비츠(Carl von Clausewitz)의 규정은 가장 고전적인 경우이다. 전쟁은 '힘의 과시'임에 틀림없다.[7] 클라우제비츠에 주목하는 것은 전쟁의 핵심에 정치가 있음을 간파했기 때문이다.

그의 분석에 더하여, 종교가 테러를 정당화하는 것은 단지 종교와 폭력의 결탁을 넘어서 본질적으로는 종교와 정치의 결탁이라는 점을 깨달을 수 있다. 특히, 종교의 이름으로 자행되는 테러와 폭력의 문제는 어제 오늘의 일이 아니다.[8] 무엇보다도, 종교적 극단주의 내지는 근본주의자들을 문제시하는 것은 지극히 당연한 일이다. 하지만, 놓쳐서는 안 될 것이 있다. 근본주의자들이기 때문에 폭력을 사용하게 마련이라고 당연시하고 있는 것은 아닐까? 혹은 근본주의 문제 이전에, 폭력 그 자체에 대한 숭배를 문제시해야 하는 것은 아닐까?

근본주의와 관련하여 심각하게 문제 삼아야 하는 것은 자신들과 다른 길에 있는 자들 내지는 자신들의 신앙을 거부하는 자들에 대한 배타적 태도이다. 혹은, 근본주의자들이 스스로를 절대적 진리 · 정의 · 선으로 간주하고, 적대적 타자를 절대적 거짓 · 불의 · 악으로 정죄하는 흑백논리로 무장하여 투쟁과 전쟁을 통한 제압과 소거만을 목표로 삼고 있다는 점은 비판되어야 마땅하다.[9]

그러나 '근본주의자들이기 때문에 폭력을 사용하는 것'이라고 단순화시키는 경향을 넘어서야 한다. 나아가, 근본주의가 사이비일 가능성이 있으며, 본질적으로 폭력의 숭배와 다르지 않다는 점을 놓쳐서는 안 된다. 폭력과 잔혹성을 앞세운 그들을 과연 진정한 의미의 근본주의자라고 부를 수 있을까?

더구나, 현대사회에서 종교의 폭력성 문제는 더욱 심각하다. 테크놀로지의 시대라는 면에서, 다음 세대의 생존을 기약하지 못할 정도의 가공할 만한 무기체계까지 참고한다면 현대의 종교에서 폭력성은 경계와 한계 자체가 없는 것 같다. '신의 이름으로 정당화된 폭력'은 종교의 형식을 띠고 있을 뿐, 그것은 진정한 종교라 할 수 없다. 누군가 말했듯, 폭력은 종교의 옷을 입고 활보한다.[10] '성의(聖衣) 안에 폭력의 발톱을 숨기고 있다가 잔혹하게 할퀴는 모습'은 결과적으로 신에 대한 숭배라기보다 폭력 그 자체에 대한 숭배임을 보여준다.

그 예들은, 너무도 쉽게 찾아볼 수 있다. 정복자의 종교가 칼이 되고, 피정복자의 종교는 방패가 되는 경우, 종교는 폭력의 다른 표현일 뿐이다.[11] 이러한 뜻에서, 특정 종교가 항상 승리자가 되는 것도 아니고 피해자가 되는 것은 아니다. 팔레스타인이 일방적인 피해자도 아니고 이스라엘이 일방적인 폭력의 가해자도 아닌 유대교, 기독교, 이슬람교 세 종교 모두

가 폭력의 가해자가 된다는 주장도 있다.[12]

요점은 이것이다. 근본주의자들이기 때문에 어쩔 수 없다고 말해서는 안 된다. 근본주의자가 아니라 하더라도, 폭력을 가장 분명한 수단 내지는 최후의 수단이라고 간주하는 모든 종교에 해당하는 위험이라는 사실을 간과해서는 안 된다. 갈퉁(Johan Galtung)이 말한 것처럼, 성전(聖戰)이란 인간이 일으킨 전쟁을 신의 이름으로 정당화한 전쟁일 뿐이다.[13] 이것을 응용하자면, 폭력이 숭배되는 현상 즉 폭력에 대한 신앙으로 치닫고 있다는 점이 현대의 종교와 평화가 처한 문제상황이라 하겠다.

더 큰 문제는 폭력의 악순환이다. 폭력에 대한 폭력의 대항은 종교를 떠나서 '세상' 혹은 '세속'이라고 불리는 영역에서조차 심각한 문제임에 틀림없다. 더구나, 이러한 폭력의 악순환이 가져올 결과를 인식하면서도 종교의 이름까지 빌어 정당화하는 것은 무척이나 우려할만한 일이다. 종교의 이름으로 자행되는 테러에 대한 도덕적 비난에 항상 폭력의 악순환에 대한 도덕적 성찰이 수반되어야 하는 이유가 이것이다.

전쟁론?

테러와 전쟁의 문제에 관한 설명들에서, 아우구스티누스의 이름이 자주 등장하곤 한다. '정당전쟁론'(혹은 의로운 전쟁론, Just war theory) 때문일 듯싶다. 과연 아우구스티누스는 정당전쟁론의 원조인 것일까? 사실, 전쟁의 정당성(jus ad bellum)과 전쟁행위의 정당성(jus in bello)을 핵심으로 하는 정당전쟁론은 전쟁을 위시한 폭력의 사용을 정당화하는 근거로 사용되어 왔다.

현대윤리학자들은 이러한 조건들을 세분화시켰다. 하나라도 결여되거나 나머지 사항들이 충족되지 않는다면 정당화될 수 없다고 주장하기도

한다. 혹은 힘 있는 자 또는 승자의 정의로 정당화되고 말 것이라고 자조하기도 한다.[14]

이들의 논의에는 폭력과 테러가 도덕적 권면으로는 제어될 수 없다는 생각이 깔려있으며, 대부분의 경우는 아우구스티누스를 원조라고 말하는 경향이 있다. 하지만, 기독교윤리학자 하우어워스는 정당전쟁론 자체에 대해 근본적인 회의를 제기하면서, 아우구스티누스 해석의 새로운 여지를 말해준다. 하우어워스가 보기에, 정의로운 전쟁의 가장 큰 문제는 그 이론이 제대로 실행된 적이 있는지를 물어보면 알 수 있다.[15] 전쟁과 폭력은 '정당방위'를 비롯한 그 어떤 명분으로도 정당화될 수 없으며, 평화를 위한 모색이 절실하다.

'평화의 윤리'는 '전쟁의 윤리'에 대한 의구심에서 출발한다. 하우어워스에 따르면, 아우구스티누스는 권력과 교회가 결탁한 콘스탄틴적 교회의 비전이 좌절되는 경우를 상정하고 있다. 교회가 이 세상에서 완전한 승리를 거둘 것이라는 생각이 좌절되는 경우, 과연 교회는 어떻게 살아남아야 하는지를 말해주었다는 해석이다.[16] 하우어워스가 교회가 신실한 교회이고자 한다면, 낯선 혹은 다른(foreign or alien) 근거들 위에 존재하는 것이어야 한다고 주장한 이유가 바로 여기에 있다.[17]

물론, 하우어워스의 아우구스티누스 해석이 정당전쟁론의 원조라는 관점에서 자유롭게 해주는 직접적인 요소가 되는 것은 아니다. 하우어워스가 보기에, 아우구스티누스는 비폭력 혹은 평화가 존재론적 우선성을 지닌다는 사실에 주목하지 못했다.[18] 아우구스티누스가 지상의 도성에서 잠정적인 평화의 중요성을 간과한 것은 아니지만, 평화에 좀 더 집중하지 못했다는 해석일 수 있다.

비폭력 평화를 강조하는 하우어워스의 입장에서는 아우구스티누스에게서 못내 아쉬움이 남는 부분이었을 것 같다. 그럼에도 불구하고, 아우구스티누스가 지닌 정당전쟁론의 원조라는 관점을 재해석할 여지를 남겨 주었다는 사실은 의의가 있다. 아우구스티누스의 평화에 대한 통찰을 재해석할 단초를 찾아낸 셈이다.

3) 평화와 정의, 순례의 관점에서

근원에서 성찰하는

아우구스티누스가 평화와 정의의 필요성을 강조했다는 점에만 관심하는 것은 그의 관점을 왜곡하는 것이기 쉽다. 평화와 정의가 절실하고도 필수적인 과제라고 말하는 단계를 넘어서, 아우구스티누스는 평화와 정의의 본질에 대한 이해를 강조한다. '순례'와 '순례자' 개념은 아우구스티누스의 평화와 정의에 대한 이해에서 가장 중요한 특징이자 핵심이다.

평화와 정의에 관한 본질적 인식을 위해, 혹은 야스퍼스의 표현처럼 '근원에서 성찰하자면,' 아우구스티누스의 관점은 '순례의 가치관'이다. 평화와 정의의 문제는 내적 성찰을 권하는 아우구스티누스의 사회적 실천에서 중요한 이슈이다. 기독교에 대한 안티가 극심한 로마사회 속에서 기독교가 어떤 사회윤리를 보여주어야 하는지를 말해준다. 내적 성찰을 회복한 자들 즉 하나님의 도성에 속한 자들이 지상의 도성을 순례하는 동안에 관심해야 할 과제인 셈이다.

크게 두 가지를 주목해야 한다. 첫째, 지상의 도성에서의 평화와 정의는 결코 간과할 수 없는 사회적 문제이다. 둘째, 지상의 도성에서의 평화와 정의는 잠정적일 뿐이며 진정한 평화와 정의는 하나님의 도성에서라야 가능하다. 그리고 이러한 두 가지 강조점은 순례의 개념을 배경으로 한다. 평화와 정의에 대한 현상적 접근은 식상함으로 귀결되기 쉽겠지만, 순례의 관점에서 읽어내면 본질적 이해에 도달할 수 있다는 뜻이다.

평화에 대한 아우구스티누스의 관심은 지상의 도성에서 순례하고 있는 하나님의 도성에 속한 자들의 관점에서 비롯된다. 지상의 도성에서의 평화 그 자체를 경멸한다기보다 그것이 잠정적이며 완전하지 못하다는 사실을 말해주는 관점이라 할 수 있겠다. 아우구스티누스에게서 평화는 필요한 것이라고 할 수 있지만, 그것은 본질적으로 영원한 참 평화의 빛 하에서 설명되어야 한다. 특히, 사용되어야 할 잠정적 가치로서의 평화에 주목한다는 점에 유의할 필요가 있다.

> 하늘의 도성 혹은 사멸할 이 세상에서 순례자로 살아가는 도성은 지상의 도성의 평화를 이용해야 한다. 인간의 사멸성이 평화를 필요로 하기 때문에 그 평화를 사용하기는 하지만, 사멸성을 가진 이 세상을 지나가는 동안에만 사용한다.[19]

아우구스티누스의 평화와 정의에 대한 관심은 지상의 도성을 넘어 영원한 하나님의 도성에 대한 관심을 촉구한다. 다른 말로 하자면, 평화도 정의도 궁극적으로는 하나님의 도성에로 귀결되어야 한다는 뜻이다. 참 평화는 하나님께서 주시는 것이며 진정한 정의라는 것도 하나님의 도성에서라야 구현된다는 관점이다.

아우구스티누스가 보기에, 하나님의 도성에는 모든 인간의 지성을 초월한 하나님의 평화가 있으며, 천사들은 이미 얼굴과 얼굴을 마주 대하는 것처럼 그 평화를 보고 있다. 말하자면, 평화에 대한 아우구스티누스의 관심은 하나님의 도성을 향한 순례의 영성과 윤리로 이어진다.

> 하나님의 도성은 이 순례길에서 지상의 평화를 하늘의 평화에로 귀결시킨다. … 하늘의 평화야 말로 참된 평화이다.[20]

이러한 통찰은 아우구스티누스의 사회적 영성이 분명한 기준을 가지고 있음을 반증한다. 영원한 하나님의 도성이 그것이다. 평화도 정의도 하나님의 도성에서라야 완성되며 지상의 도성에서 평화와 정의에 관한 사회적 영성을 지니고 살아야 하는 것은 틀림없지만, 지상에서의 사회적 영성이 그 자체로 완결된 것일 수 없음을 말해준다.

실제로, 아우구스티누스는 지상의 평화에 대해 깊은 관심을 표명했다. 그가 남(南) 누미디아 지역을 통과하는 길에 겪었던 안전에 대한 절박한 체험은 유목민들의 약탈로부터 보호해줄 공적 요소들에 대한 관심을 피력한 동기였다. 지상의 도성에서 평화가 얼마나 중요한 것인지를 고민했던 아우구스티누스의 관심을 보여준다.

낭만을 넘어서

아우구스티누스의 사회적 영성은 그의 내적 성찰의 연장선상에서 이해되어야 한다. 가치의 위기를 겪고 있는 시대, 아우구스티누스가 내놓은 답은 이론으로 그치지 않았다. 밖으로 나가던 길에서 돌이켜 안으로 들어가 내적 성찰을 통해 진리의 길을 마침내 발견했다. 그런 탓인지, 아우구스티누스가 집필한 여러 글과 책들은 인간의 삶을 길(via)로, 인간을 그 길을 가는 자(viators)로 묘사한다. 그는 그리스도인을 비유적으로 설명하면서 본향을 향한 여행길에 오른 자에 비유한다.[21]

두 도성의 기원에 관한 아우구스티누스의 설명은 두 도성의 도덕적 비전에 대한 구분으로 이어진다. 아우구스티누스가 보기에, 역설의 관계 혹은 혼재된 현실 속에서 하나님의 도성은 지상의 도성과 경쟁하는 관계에 있는 것이 아니라, '순례'의 과정에 있다. 무엇보다도, 하나님의 도성에 속한 자들은 카리타스의 윤리를 지닌 자들로서, 종말론적 공동체로서 살아가고 있다.

이러한 맥락에서, 『고백록』은 쉼의 필요성과 쉼을 얻기 위한 여정을 말해주었고,[22] 『신국론』은 쉼의 목적지가 되는 하나님의 도성을 향하도록 이끌어 준다. 이러한 여정을 상징적으로 보여주는 개념이 '순례자' 혹은 '이방인'이다. 이 개념은 성경이 말하는 가치관에 속하는 것으로서 신약과 구약을 관통하여 그 뜻이 성숙되어 온 용어이다.

구약에서, 바벨론 포로 이후에 예루살렘에 귀환하던 유대인들의 신분 자체가 현실적으로 나그네였다.[23] 거주민들 혹은 남아있는 자들에 비해 토지를 비롯한 권리가 없던 나그네였다. 이 과정을 거치면서 포로기 이후에 나그네 개념은 급격한 의미상의 변화를 겪어 이스라엘 민족의 자기정체성으로 인식되기 시작했다.

신약에서 나그네를 언급하는 경우 역시 다르지 않다. '거류민과 나그네 같은'(벧전2:11) 정체의식을 말했던 베드로의 경우가 그렇다. 이러한 뜻에서, 초대교회 그리스도인들이 이 세상을 광야의 천막살이로 인식한 이유와 명분은 충분해 보인다. 하늘의 시민권을 가진 자로서, 목적지를 향하여 나아가는 과정에 있다고 인식한 것이라 하겠다.

아우구스티누스가 보기에, 인간의 삶은 순례의 여정이다. 이러한 뜻에서, 'homo viator'라는 말도 아우구스티누스의 경우에는 '여행자'라는 표현보다는 '순례자로서의 인간'이라고 옮기는 것이 좋겠다. 그가 제시한 인생의 모습은 길을 가는 자, 목적지를 향하여 나아가는 자이다.

그래서인지, 아우구스티누스는 가야할 목표를 찾아서, 과감하게 나선다. 그는 그 길을 찾아 나섰고, 마침내 그 길을 찾아냈다. 그리고 하나님의 도성이라는 분명한 목적지를 향하여 순례의 길에 나선다. 이러한 뜻에서, 아우구스티누스가 『고백록』 첫 부분과 마지막 부분에 적어둔 구절은 쉼에 관해서이다.

> 주께서 우리를 지으실 때, 주님을 향해 살아가도록 지으셨기에, 주님
> 안에서 쉬기까지는 우리의 마음이 쉴 수 없습니다.[24]

아우구스티누스가 말한 쉼은 마침내 가야할 곳, 그곳을 향하여 나아가는 과정에서 벅차오르는 기대이다. 이 길은 다시 집으로 돌아올 여정을 세운 여행자의 길이 아니라, 떠나는 결단을 필수로 요구하는 길이라는 점에서 큰 차이가 있다. 아우구스티누스에게 큰 영향을 준 바울의 교훈을 따라 말하자면, 아우구스티누스가 생각하는 순례길의 가장 큰 특징은 이렇다. '우리의 시민권은 하늘에 있는지라.'(빌3:20) 결코 채워지지 않는 탐욕의 만족 아닌 복음적 가난의 길이다. 여유와 낭만의 길이 아니라 복음적 정체성을 따라 살아내야 할 과제가 주어진다.

순례의 도성에 속한 시민들은 이 세상에 살지만 세상에 속하지 않은 자들이다.[25] 지상의 도성을 살고 있지만, 하나님의 도성에 속한 자들은 안으로 들어가 위를 향한 자들로서 카리타스의 소유자로 살아간다. 그들은 카리타스 안에서 섬기며 하나님께서 주시는 은혜를 따라 살아간다.[26]

쿠피디타스의 공동체로서의 지상의 도성에 속하는 자들은 내적 윤리를 결여한 자들로서, 애초부터 안으로 들어갈 생각도 없이 '밖으로 나가' 저급한 쾌락에서 행복을 찾는 자들이다. 현실 속에서 살아가는 것은 동일한 부분이지만 내적 윤리를 지니고 있는가 여부가 시금석이다.

하나님의 도성에 속하는 자들의 입장에서는 현실 속의 삶이란 정치체계로서의 '제국' 속에서 하나님의 도성으로서의 '천국' 살이를 추구하는 과정에 있다. 다르게 살아야 한다는 뜻이다. 그것은 '틀리게' 사는 것이 결코 아니다. 오류가 아니라, 차이를 말한다. 아우구스티누스가 권하는 삶은 내적 성찰을 통해 영원한 진리를 발견하고 소유하며 그 진리 안에서 구원의 행복을 누리는 것이라 할 수 있다. 밖으로 나가기보다 안으로 들어가 내적 진리에 충실하게 살아가야 한다는 뜻이다.

개인에게만 해당하는 것은 아니다. 인류의 역사 역시 종말을 맞이하게 될 것이기 때문이다. 종말의 순간까지 뒤섞여 있는 현실에서, 영원한 진리와 그 가치를 구현하며 살아가는 것은 몹시 어려운 일이다. 이 모든 과정에서, 아우구스티누스가 말하고 싶었던 것은 '천국'에 속한 자로서 '제국' 속에서 종말론적 비전을 놓치지 말아야 한다는 점이다.

4) 순례자, 내적 성찰의 증인

순례, 순례자

아우구스티누스의 관점은 '순례자 신학'(theologia viatorum)으로 읽을 수 있다. 하나님의 도성에 속한 자들은 평생을 통해 한 길을 가는 여정에 오른

자들이다.[27] 내적 성찰을 가지고 영원한 진리에 충실하게 살아가는 것은 쉽지 않다. 그래서 진리의 길은 더 큰 역경의 길이요 순례의 길이다. 하늘의 시민권을 향한 관심은 아우구스티누스의 『신국론』에서 하나님의 도성에 속한 자들이 지상의 도성을 지내는 동안 어떻게 살아야 하는가의 문제로 확대된다.

그것은 바울이 말한 하늘의 시민권을 저 세상적인 것이 되게 만드는 현실도피적인 지향성을 풀어내려는 의도가 아니다. 오히려, '이 세상 안에서 저 세상적이 되는 것'에 관심하게 한다.[28] 일관되게, 아우구스티누스는 그리스도인으로 하여금 순례자 길을 걸어가게 하는 것을 목적으로 삼았다. 순례자 도성의 시민들은 이 세상에 있기는 하지만 세상에 속한 자들이 아니다. 그들은 하나님을 향한 사랑을 지닌 자들이라는 점에서, 순례자 혹은 나그네로 살아야 한다.

생각해 보면, 내적 윤리를 가진 자는 스스로를 순례자로 인식한다. 세상 것이 전부가 아니라는 사실을 깨달은 자이기 때문이다. 시간의 영역을 넘어 영원을 향해야만 한다는 진리를 실존적으로 체험한 자로서, 아우구스티누스는 내적 성찰의 길을 그의 독자들에게 강조한다. 아우구스티누스는 진리를 발견한 자들로 하여금 더욱 하나님을 사랑하도록 독려한다.[29] 아우구스티누스 자신도 순례자 길을 계속해서 걸어가게 하는 것을 목적으로 삼았다.

우리가 살펴본 것처럼, 아우구스티누스는 길 찾아 나선 존재(homo viator)로서, 밖으로 나가던 자신의 모습을 되돌아보며 안으로 들어가 진리를 찾았다. 진리를 찾은 자로서, 아우구스티누스는 안에서 찾은 진리의 길이 본질적으로 순례의 길임을 깨닫는다. 영원불변의 진리, 그리고 진리에 기초한 참된 행복은 지상의 도성을 살아가는 동안 완성되는 것이 아니라 하나님의 도성에서라야 완성된다는 사실을 깨달은 셈이다. 이러한 뜻에서, 아우구스티누스가 순례를 말했다는 것은 중요한 의미를 지닌다. 길찾아 나선 인간은 순례의 길을 가는 존재로서의 정체성을 지녀야 한다는 뜻이다.

이와 관련하여, 내적 윤리가 사회윤리로 확장되는 과정에서 핵심적인 가치가 되는 것은 무엇인가를 살펴볼 필요가 있다. 두 도성의 기원에 관한 아우구스티누스의 관점은 두 도성의 도덕적 비전에 대한 구분으로 이어진다. 아우구스티누스가 보기에, 역설의 관계 혹은 혼재된 현실 속에서 하나님의 도성은 지상의 도성과 경쟁하는 관계가 아니라, '순례'(peregrinatio)의 과정에 있다.

> 한 도성은 지상에서 순례하는 도성이고 다른 하나는 오로지 지상적 쾌락만을 유일한 것인 양 탐하고 애착하는 지상도성이다.[30]

이 부분에서, 행복의 개념은 아우구스티누스의 관점을 더욱 분명하게 보여 준다. 아우구스티누스는 고전철학자들의 관점을 응용하여, 행복을 원하지 않은 사람은 없지만 모두가 행복해지는 것은 아니라고 말한다. 진정한 행복에 대한 인식이 절실하다는 뜻이다. 아우구스티누스가 말하는 진정한 행복은 영원불변하는 것이어야 하며, 그러한 조건을 충족시키는 행복은 지상의 도성에서 누릴 수 있는 것들 중에서 찾을 수 없다. 행복의 참된 원천은 오직 하나님뿐이다.

영주권자

양립, 병행 혹은 병치의 관계에서 이질적적인 두 요소가 만난 이 표현처럼, 아우구스티누스의 사회적 실천을 상징화할 요소를 담고 있는 용어가 있다. 하우어워스가 말한 영어표현, 'Resident Aliens'가 그것이다.[31] 사전적 의미에서는 영주권을 가진 거류민이라고 옮겨질 수 있겠다. 사실, 오늘날 미국의 현실에서 보면 'resident'와 'aliens'는 딱히 이질적인 것도 아니다. 미국의 이민사회에서 흔히 볼 수 있는 신분이기도 하다.

하지만, 'aliens'(외국인)가 'resident'(거류민)로 산다는 것 자체가 간단하지 않다. 두 가지 이질적인 단어가 병합된 것처럼, 삶의 방식 또한 이질적이다. 이것을 종교개혁자들이 사용한 용어로 바꾸어서 설명하면 이렇게 말할 수 있겠다. '세상에 살지만, 세상에 속하지 않은 자'라고 말이다. 소속의 문제 혹은 권리의 문제를 말하는 것이 아니라, 정체의식을 규정하는 표현이다. 비록 세상에 살고 있기는 하지만, 그리고 그것은 부정할 수 없는 현실이기는 하지만, 그렇다고 해서 세상에 속하는 것은 아닌 방식으로 살아간다는 뜻이 되겠다. 자신의 정체성을 상실하지 않고 정체성을 '살아내는' 셈이다.

내적 성찰을 통해 위를 향하는 자들에게 고유한 특성이 있다면, 그의 정체성이다. 세상에 살아가는 불가피한 현실의 존재이지만, 세상의 다른 사람들과 구별되고 살아간다는 점에서 말이다. 자신의 정체성을 확립하고 그것을 구현하면서 살아낸다는 뜻이다. 하우어워스가 말하는 나그네된 거류민 혹은 하나님의 나그네된 백성으로 살아가려는 모습이 여기에 해당하겠다.

정체성

하우어워스의 아우구스티누스 해석에는 두 도성이 혼재되어 있는 정황을 긴장감 있게 설명해주는 장점이 있다. 하우어워스의 해석은 5장에서 살펴본 니버의 현실주의적 해석과는 다른 길이다. 하우어워스는 니버의 관점에 문제를 제기하면서 아우구스티누스를 기독교공동체주의의 고전이라고 해석한다. 하우어워스가 원하는 것은 아우구스티누스에 대한 바른 해석이다.

일반적으로, 아우구스티누스가 콘스탄틴적 기독교 발전의 신학적 근거를 제공했다고 알려져 있지만, 그것은 니버의 관점에서나 가능하다. 하우어워스가 보기에는 오히려 콘스탄틴적 교회관의 대항자이며 대안을 제시한 거장이다. 특히 콘스탄틴 결탁으로부터 교회를 해방시키고 덕의 공동체로 회복시킨 인물이라고 평가한다.

하우어워스는 니버가 아우구스티누스 해석에서 중요한 것을 놓쳤다고 비판한다. 니버의 실수는 아우구스티누스의 요점을 간과한 데 있다. 하우어워스가 보기에, 아우구스티누스는 교회야말로 참된 정치공동체로 생각했으며 그 정체성을 지키는 것이 중요했다. 하우어워스의 해석을 응용하면, 교회는 예수 이야기의 공동체이어야 함에도 불구하고, 세상에 대한 '순응전략'으로 교회의 정체성을 상실해가고 있다는 비판이 가능해진다.

하우어워스는 아우구스티누스가 현실주의자라기보다 교회의 정체성을 강조한 독특성을 지닌다고 말한다. 『신국론』에 대한 하우어워스의 해석은 아우구스티누스를 덕의 공동체로서의 교회의 가치와 기독교적 덕 윤리에 중요한 통찰을 준 선구자로 인식하고 있다. 이러한 뜻에서, 하우어워스는 아우구스티누스의 『신국론』이 초대교회 이후 교부시대 기독교윤리의 중요한 길잡이였다고 평가한다.[32]

① 그리스도인은 덕의 사람이 되어야 한다.

② 모든 덕은 사랑 즉 카리타스(caritas)이어야 한다.

③ 사랑이란 하나님께서 우리를 친구 삼아주신 것을 뜻한다.

④ 사랑의 질서가 필요하며 사회의 질서도 여기에서 연유한다.

⑤ 하나님의 백성으로서의 교회는 결코 권력에 종속되어서는 안 된다.

⑥ 많은 결함과 실수에도 교회만이 진정한 정치공동체이다.

요컨대, 아우구스티누스는 콘스탄틴적 교회의 비전이 좌절되는 경우 즉 교회가 이 세상에서 완전한 승리를 거둘 것이라는 생각이 좌절되는 경우, 교회는 어떻게 살아남아야 하는지를 제대로 말해주었다.[33] 하우어워스의 이러한 해석은 사회의 변혁을 위한 윤리 즉 현실주의적이고 공공신학적인 관점보다 덕의 공동체로서의 교회를 회복해야 한다는 인식에서 비롯되었다.

내용상으로, 정치적 자유주의에 대한 맥킨타이어의 비판과 일맥상통한다. 하우어워스가 말하는 '기독교제국', '콘스탄틴적 결탁' 등의 개념들은 맥킨타이어에 대한 찬성이자 니버에 대한 반대이기도 하다. 하우어워스가 보기에, 초대교회 그리스도인들은 순교를 통해 로마에 저항했던 신앙을 가지고 있었지만, 콘스탄틴의 기독교공인 이후 기독교가 로마제국의 기획을 떠안아 세상권력을 통해 왕국을 이어가려는 '유혹'을 받았다. 자칫, 교회가 복음의 증인되는 결정적 가치를 상실하기 쉬운 정황에서, 아우구스티누스의 역할은 매우 중요했다는 것이 하우어워스의 해석이다.

예를 들어, 『신국론』에서 아우구스티누스가 로마를 공화국이라고 부를 수 없다고 했던 점에 주목할 필요가 있다. 하우어워스는 이것이야말로 아우구스티누스가 거대제국 로마의 거대기획에 가담하기보다 교회 그 자체가 되어야 한다고 요청했던 증거로 해석되어야 한다고 주장한다. 우리의 관심사를 따라 표현하자면 내적 성찰을 가진 자의 정체성이 중요하다는 뜻이다.

하우어워스의 해석을 우리의 관심과 연관 지어 읽으면, 『신국론』이 사용하는 문학적 병치는 단지 한 제국 아닌 두 도성을 말하는 데 의의가 있는 것이 아니라, 두 도성 사이의 긴장관계를 적시하고 하나님의 도성에 속한 자들이 어떻게 살아야 하는가를 말해주는 근거이다. 협력과 타협의 관계설정이 아니라, 섞여 사는 현실 속에서 무엇이 바른 길이며 궁극적 비전이어야 하는지를 말해준다.

복음의 증인됨

아우구스티누스에 대한 하우어워스의 해석에서 참고할 것이 있다. 하우어워스가 그토록 비판을 받는 '소종파적 퇴거'(sectarian withdrawal)는 그가 의도한 것이 아니었다. 오히려, 하우어워스는 신앙의 사사화를 극복하고 제자도를 '복음의 사회적 증인됨'으로 확장시킨다.[34]

하우어워스가 사용한 사회적 증인이라는 표현에는 니버 이래로 당연시 되어온 개인윤리와 사회윤리의 구분이 굳이 필요한 것인지를 묻는 문제의식이 반영되어 있다. 기독교윤리 자체가 사회윤리라고 생각하기 때문이다. 하우어워스는 자신의 관점이 항상 사회와의 연관성을 염두에 둔 것이라고 생각하고 있었으며 교회가 사회에 대해 어떤 존재이어야 하는가를 고민했다.

실제로, '교회윤리'(ecclesial ethics)라는 별명을 얻은 하우어워스는 교회가 사회를 향하여 무엇이어야 하는가에 관심하였고 제자도를 복음의 사회적 증인됨으로 재론했다. 말하자면, 제자도는 그의 관심에 내포된 사회적 영성을 끄집어내고 풀어내는 근간이다. 하우어워스의 경우, 제자도를 '복음의 증인됨'(being witness of gospel)이라고 설명하는 부분이 사회적 영성에 대한 관심으로 읽어낼 단초이다.[35]

제자도에 대한 하우어워스의 관심은 다소간 특이한 질문과 연관되어 있다. 칸트적 기준에서 구분된 '윤리'라는 분과가 없었던 때, 그리스도인들이 삶과 행위의 문제를 규정하는 기준은 무엇이었을까? 하우어워스가 보기에, 그것은 복음의 증인으로서의 제자됨이었다. 그에 따르면, "인간이 자유로워지는 것은 칸트처럼 정언명법에 따라 행위 하는 데 있는 것이 아니라, 제자가 되어 주(主)를 모방하기를 배워가는 과정을 통해서이다."[36]

하우어워스가 보기에, 칸트적 의미의 윤리 이전이 기독교윤리에서 제자도는 무엇보다 중요한 가치를 지닌다. 특히, 초대교회는 '예수는 누구이신가?'에 주목했고 '제자도'를 강조했으며 박해의 순간에 '순교'하는 것은 예수 그리스도의 증인됨을 표현하는 중요한 통로였다.[37] 다시 말해, 제자도는 사회를 향하여 그리스도인의 정체성을 보여주는 통로이자 교회가 추구해야 할 영성이 무엇인지를 대변한다.

이렇게 보면, 하우어워스에게서 '교회됨,' '제자도,' 그리고 '복음의 사회적 증인됨'은 상호 밀접하게 연관된다. 하우어워스에게서 교회됨은 '최우선 과제'이며 교회됨을 구현하는 길은 예수 내러티브에 충실한 제자도이다. 예수 내러티브에 충실한 제자도는 '사회적 증인'의 지평으로 확장되고 구현되어야 한다.

사회적 증인됨

하우어워스가 복음의 사회적 증인됨으로서의 제자도를 요청한 흔적은 여러 곳에서 발견된다.[38] 특히, 폭력을 기초로 삼는 세상의 정치에 대해 대안이 되어야 한다고 말한 것은 중요한 의의가 있다. 예를 들어, 하우어워스가 이라크 전쟁과 9·11테러 이후의 미국사회를 향하여 평화의 중요성을 상기시키면서 '의로운 전쟁론'(just war theory)으로는 폭력의 악순환을 낳을 뿐이라고 경고했던 부분은 제자도에 근거한 사회적 영성의 중요한 관심사이다.

하우어워스는 미국이 전쟁 중이지 않았던 때를 찾아보기 어려울 정도로 전쟁은 미국적 정체성(American identity)을 구성하는 요소가 되고 있다고 진단한다.[39] 하우어워스가 보기에, 9·11에 대한 응징을 명분삼아 기독교의 이름을 개입시킨 것은 바람직하지 않다. 그것은 복음의 사회적 증인으로서의 제자이어야 할 '그리스도인'으로서 행동한 것이 아니라, 세계패권을 지닌 '미국인'으로서 생각하고 행동하는 것이 지나지 않는다.[40]

이 부분에서, 하우어워스는 질문한다. 그리스도인은 어떤 존재이어야 하는가? 하우어워스의 답은 분명하다. 그리스도의 제자가 되어야 한다. 특히, 전쟁이 끊이지 않는 세상에서 그리스도인은 신실한 제자로서 비폭력의 길 외에는 다른 선택을 상상할 수 없다는 것이 하우어워스의 관점이다.[41]

요더(John H. Yoder)의 영향을 생략할 수는 없겠지만, 평화에 관한 하우어워스 고유의 관점에 더 유의할 필요가 있다. 하우어워스는 비폭력이 폭력의 악순환을 끊어낼 절대적 대안이라고 생각하지 않는다. 오히려, 하우어워스는 비폭력 평화가 '복음의 가르침'이라는 사실에 주목할 것을 강조한다. 비폭력 평화를 기준으로 삼은 것이 아니라, 십자가에 나타난 예수 그리스도를 기준으로 삼아야 한다는 뜻이다. 비폭력 평화를 말하는 것은 십자가에서 보이신 그리스도의 길이 비폭력 평화였다는 점에서, 제자로서의 그리스도인이 따라야 할 길이다.

하우어워스에 따르면, 비폭력평화를 위해 전쟁을 폐지하는 일에 나서는 것이 선한 일이기는 하지만 그리스도인의 사명은 전쟁의 폐지 그 이상의 것이어야 한다. 예수 그리스도의 제자가 되어 복음의 사회적 증인이 되는 것이야말로 가장 본질적인 과제이다. 이러한 뜻에서, 하우어워스는 십자가와 부활에서 나타난 가치를 비폭력 평화와 전쟁의 폐지에 대한 관심으로 읽어내는 데 그쳐서는 안 된다고 말한다. 그 확신을 바탕으로 어떻게 살아야 하는가의 문제 즉 그리스도의 제자로서 복음의 사회적 증인이 되는 것에 관심해야 한다.[42]

핵심은 복음의 사회적 증인됨으로서의 제자도를 통한 사회적 영성의 추구이다. 다시 말해, 내면적 영성으로 사사화된 제자도가 아니라 공동체적 지평에서 양육되고 훈련되어야 할 과제로 인식해야 한다.

제자가 된다는 것은 예수가 십자가를 순종하여 이루어내신 하나의 새로운 공동체, 새로운 정치의 구성원이 되는 것이다. 이 새로운 정치의 헌법이 복음서이다. 복음서들은 단지 인간에 대한 설명이 아니라, 새로운 공동체의 구성원이 되기 위해 필요한 훈련의 매뉴얼이다. 제자가 된다는 것은 그리스도의 이야기를 공유한다는 것이요, 하나님의 통치라는 실재에 참여하는 것이다.[43]

하우어워스의 관점은 맥킨타이어(Alasdair MacIntyre)의 '덕 윤리'(virtue ethics)의 근간이 되는 '공동체주의'의 영향을 받은 것이라 할 수 있다. 하지만, 예수 내러티브에 기초한 제자 공동체를 말하고 있다는 점에 결정적인 차이가 있다. 나아가, 하우어워스는 제자도를 교양강좌 내지는 신학적 깨달음 혹은 인식의 문제로 축소시키지 않고 훈련과 습관화를 통한 성품의 문제로 설명한다.

그의 아버지가 벽돌쌓기 기술을 평생에 걸쳐 연마하고 숙달시킨 것처럼, 하우어워스는 제자의 삶을 도제관계와 같다고 보았다.[44] 제자도를 통한 사회적 증인이 되기 위해서는 마치 도제관계에 비유될 정도로 복음의 사회적 증인이 되기 위한 연마와 숙달의 과정이 요청된다는 뜻이다.

이러한 제자의 삶을 훈련시키는 과정을 두고 '교회의 정치학'이라는 표현을 사용할 수 있겠다. 제자도를 교회를 통하여 구현해야 할 공동체적 과제로 인식했다는 뜻이다. 하우어워스는 콘스탄틴 시대에 교회가 기독교 제국을 이룬 것에 대해 '결탁' 내지는 '동화'라고 비판하면서, 현대사회에 재현되고 있는 교회와 자유주의 정치와의 결탁을 넘어서야 한다고 주장한다. 교회가 해야 할 일은 자유주의 정치의 윤활유 역할이 아니라 교회 고유의 과제에 충실해지는 것이며, 그것은 복음의 사회적 증인을 육성해내는 교회의 정치에 관심해야 한다는 뜻이다.

나아가, 복음의 사회적 증인됨을 통해 제자 공동체로서의 교회는 "좀더 결정력 있는 공동체로서" 사회를 향하여 나서야 한다.[45] 제자도를 개인의 내면적 영성 내지는 교회 안에 자폐된 영성으로 제한할 것이 아니라, 사회적 영성으로 펼쳐내야 한다는 뜻이다. 이렇게 보면, 하우어워스가 제자도에 내포된 사회적 영성에 주목하고 그것을 교회의 공동체적 과제로 상정한 것은 제자도의 바른 구현을 위해 요구되는 조건이다.

하우어워스의 해석에서 볼 수 있듯이, 아우구스티누스는 두 도성 사이의 변증법적 긴장을 전제하면서 하나님의 도성에 속한 자들의 정체성을 세워가는 일이 중요함을 강조한다. 밀과 가라지처럼 잠정적으로 섞여 있지만, 역사의 종말에 하나님의 도성이 궁극적 승리를 거둘 것이라는 비전에 비추어 보면 답은 분명해진다. 섞여 사는 과정에서 협력 내지는 타협을 통해 동화될 것이 아니라, 정체성을 지켜야 한다는 뜻이다.

하우어워스의 해석은 아우구스티누스가 현실에 대한 무관심을 조장한 것이 아니라 대안적 접근을 제시한 것으로 읽어내야 한다는 뜻으로 옮길 수 있겠다. 내적 성찰을 가진 자의 사회윤리가 지향하는 가치관이 바로 여기에 있다. 세상에 살아야 하는 것은 인간에게 불가피한 여건이다.

문제는 어떤 관점으로 대응할 것인가이다. 불가피한 것을 피하려 하기보다 어떻게 대처하며 살아야 하는가를 묻는 것이 현명한 길이 되리라 생각된다. 비록 불가피한 세상살이이기는 하지만 자신의 정체성을 잃지 않고 사는 것이 가장 중요한 일이라는 사실이 하우어워스의 아우구스티누스 해석의 핵심이다.

아우구스티누스에게서 우리는 순례에 대한 중요한 통찰을 얻는다. 지상의 도성에서 하나님의 도성에 속한 자들이 순례하고 있다는 사실 그 자체로도 중요한 통찰이지만, 한 걸음 더 나아가게 하는 요소가 있다. 아우구스티누스의 순례 개념에는 지상의 도성에서의 공공신학적 관심과 더불어 그리스도인으로서의 정체의식에 대한 강조가 담겨있기 때문이다.

순례라는 개념 자체가 현실도피적이거나 혹은 저세상에 관심하는 태도를 말하는 것이리라 단정 지어서는 안 된다. 오히려 적극적으로 의미를 부여하여 공공신학적 관심과 정의의식이라는 요소를 상호보완적으로 읽어내면서 순례의 가치를 격상시켜주는 요소들이 아우구스티누스의 관심사에 담겨있는 것으로 이해해야 한다.

다시, 밖으로

'거류 외국인' 개념은 아우구스티누스가 말하려 했던 관점을 상징적으로 대변한다. 하나님의 도성에 속한 자로서 순례자 공동체에 속한 자들이 이 땅을 살아가는 방식을 말해주는 것이라는 뜻으로 옮길 수 있겠다. '제국 속의 천국살이' 혹은 '거류 외국인'으로서의 정체성을 확인하며 그것을 잃지 않고 살아야 한다는 것이 아우구스티누스의 문제의식이다.

요컨대, 『신국론』은 속사람이요 새사람된 자들이 자신의 정체성을 세우며 그것을 잃지 말아야함을 강조한다. 로마의 시민으로 섞여 살지만, 다른 동료들이 보여주는 성찰 없음의 습관에 휘둘리지 않으면서도 자신의 정체성을 지키는 것이 중요하다는 뜻이다. 사실, 섞여 있어서 더 절실한 것이 정체성이다.

아우구스티누스는 교만과 지배욕에 휩쓸리는 로마의 모습을 추켜세우기보다 하나님의 도성에 속한 자들에게 정체성을 일깨우려 했다. 순례자들은 '자신을 미워하면서까지 하나님을 사랑하며 하나님을 향유하기 위하여 세상을 사용하는' 자로서의 정체성을 지녀야 한다.

이렇게 생각해보자. 출생국가를 떠나 외국에 이민 혹은 거류하는 경우, '시민권'과 '영주권'을 구분해야 한다는 소리를 들은 적이 있다. 용어상, 영주권은 일정한 자격을 갖춘 외국인에게 그 나라에서 영주할 수 있는 권리를 준 것이고, 시민권은 그 나라의 국민으로 국적까지 바뀌는 경우라고 한다. 영주권을 취득한 후 일정시간과 요건이 맞는 경우 시민권을 얻을 기회를 가질 수 있다는 소리였다.

법률용어로서 영주권과 시민권을 구분하는 것은 큰 의미가 있기는 하지만, 아우구스티누스를 읽는 과정에서는 굳이 세부적인 구분까지 필요한 것은 아니다. 예를 들어, '시민권'이라는 단어를 사용하는 경우에 성경에서 말하는 '하늘의 시민권'(빌3:20)을 떠올리게 된다. 그리고 로마의 시민권과 하늘의 시민권을 문학적으로 병치시키는 부분을 읽어낼 단초가 된다.

정말 중요한 것은 '정체의식' 혹은 '정체성'이다. 아우구스티누스가 내적 성찰을 통해 속사람의 가치를 강조하고 새로워진 가치관에 따른 새사람의 사회윤리를 말했다는 점에서, 『신국론』을 읽을 때 각별히 유의해야 한다. 비록 주민등록증은 국가의 권위가 공인한 권리로서의 시민권을 상징하지만, 내적 성찰을 지닌 새사람으로서의 정체성을 지키며 살아가려는 문제의식이 필요하다는 뜻이다.

아우구스티누스가 평화와 정의에 적극 관심했던 것처럼, '새사람' 즉 내적 성찰에 기초한 사회적 영성을 구현하려는 자는 공공성 강한 순례자로 나서야 한다. 지상의 도성을 지내는 동안, 평화를 추구하며 평화를 위해 노력해야 한다. 그러나 지상의 도성에 집착할 것 아니라, 영원한 도성을 향한 순례자이어야 한다. 지상에서의 평화는 불완전하지만 진정한 평화를 영원한 도성에서 완성된다는 사실을 내다보면서 '평화의 순례자'로 살아야 한다.

평화의 문제는 '다시, 밖으로' 나가는 자로서, 아우구스티누스가 역사적 현실을 어떻게 인식했는가를 읽어 내려가는 과정에서 결코 빠뜨릴 수 없는 주제이다. 내적 성찰에 기초한 사회윤리를 바르게 이해하기 위한 필수적인 요소라 하겠다. '세상에 살지만 세상에 속하지 않는 자'로서 평화를 추구하는 순례의 길에 나서야 한다는 뜻이다.

5) 미리 쓰는 여행후기: visio Dei

여행전기

'여행후기'라는 것이 있다. 물론, '후기'라는 말이 더 큰 것 같기는 하다. 체험후기, 구매후기 등등 쓰임새가 다양하다. 여행후기는 여행자들이 여행을 마치고 쓰는 경우에 해당하겠다. 여행의 즐거움과 불편함, 추억과 경험들을 기록하면서 여행에 대한 자기평가는 물론이고 남들에게도 여행에 대한 정보를 알려주는 기능이 있다. 재미있게 잘 쓴 경우, SNS 방문자가 많아지기도 한다. 거기에 멋진 사진이 곁들여지면 효과가 더 커진다.

응용해보면, 아우구스티누스의 경우도 순례길에 올랐다는 점에서 여행후기를 쓸 수 있겠다. 하지만, 순례의 종착점이 미래라는 점에서 후기(後記)라기보다는, 전기(前記) 혹은 예측이라고 하는 것이 맞을 듯싶다. 누군가의 표현처럼, '가불'(receive in advance)이라고 하는 것도 나쁘지 않겠다. '당겨서 미리 맛보는 종말'을 뜻한다.

아우구스티누스의 여행이야기는 『신국론』에 담겨있다. 『신국론』을 통해서, 우리는 아우구스티누스가 미리 맛본 미래를 '하나님을 뵈옵는 비전'(visio Dei)에서 읽어낼 수 있다. 지상의 도성에서 순례의 길을 가고 있지만, 아우구스티누스의 마음에는 지상에 속한 시간적 영역의 모든 것에 집착하지 않고 그것들 모두를 상대화시킨다. 영원불변의 가치에 비해 볼 때, 지상의 도성에서 마주하는 것들은 상대적일 뿐이다.

사회윤리에서도 다르지 않다. 아우구스티누스의 표현대로 하자면, 사회윤리가 필요한 것은 틀림없지만, 사회윤리에 관심하는 것 자체로 완결이 되는 것은 아니다. 사회윤리만으로 지상의 도성을 바로잡을 수 있으리라 생각해서는 안 된다. 사회적 문제와 역사적 현실에 대해 관심을 가진다는 점은 공통적일 수 있고 상호협력의 여지도 있겠다. 하지만, 현실을 해석하는 관점에서는 분명히 다르다.

내적 성찰을 가진 사회윤리와 내적 성찰을 생략한 사회윤리는 같은 것일 수 없다. 아우구스티누스의 경우는 사회문제와 역사적 현실을 외면하지 않으면서도 영원한 도성을 향한 순례의 관점을 강조한다. 특히, 지상의 도성을 절대시하지 않는다. 영원한 도성을 기준으로 지상의 도성이 지닌 상대성이라는 한계를 직시한다. 순례의 길을 가는 동안, 세계사랑의 필요성은 충분하지만 그것이 세상사랑으로 변질되지 않도록 경계해야 한다고 말하는 이유도 이것이다.

비시오 데이

아우구스티누스에게 여행소감을 기대한다면, 아마도 '순례'라는 단어가 그 핵심일 듯싶다. 현실도피를 말하는 것이 아니다. 지상의 도성을 지내는 동안 정의와 평화를 위해 수고해야 하는 것은 분명하지만, 영원한 도성에서 구현될 참된 평화와 정의를 바라보는 관점을 놓쳐서는 안 된다는 뜻이다.

순례의 길을 가는 자들은 마침내 완성될 하나님의 도성에서 하나님을 뵈옵는 행복을 누리게 될 존재들이다.[46] 하나님의 도성을 향한 순례자로 인식된다. 비록 지상의 도성을 살아가고 있지만, 하나님의 도성을 향한 순례의 길을 '나그네처럼' 살아야 한다. 자족하는 일체의 비결을 교훈하면서 그리스도인의 시민권이 하늘에 있음을 깨우쳐준 바울의 관점이 아우구스티누스에게 계승된 셈이다.

'visio dei'는 행복의 행복 혹은 완성된 행복으로서, 영원성과 일맥상통한다. 행복의 완성은 변화하는 영역에 있지 않으며 영원한 영역에서 가능하다. 이러한 뜻에서, 아우구스티누스는 행복의 조건에 영생을 포함시켜야 한다고 주장한다.[47] 최고선, 즉 선의 완성은 영원한 생명에서 얻을 수 있는 것이며, 영원한 평화를 누리는 행복이야말로 진정한 완성일 것이기 때문이다.[48]

참된 행복으로서의 'visio Dei'는 중요한 윤리적 비전이다. 영원한 행복에 이르기까지 이 세상에서의 삶은 '시련'의 과정이며,[49] 시련 속에서도 순례의 길을 가야 하는 자로서, 카리타스의 실천을 통하여 마침내 완성될 하나님의 도성에서 비로소 '하나님을 뵈옵는 복'을 누리게 될 것이라는 뜻이다.[50] 현실을 도피해서도 안 되고 내적 성찰을 사사화시켜서도 안 되는 이유이다.

이러한 뜻에서, 아우구스티누스의 여행소감은 '순례의 길을 걸어왔노라,' 그리고 '마침내 영원한 도성에서 참된 평화와 정의의 나라를 경험하고 있노라'는 내용으로 빼곡하게 정리될 것 같다. 순례의 가치관이 지상의 도성을 지내고 있는 현대인 모두에게 사회윤리의 구현에 관심해야 할 이유를 말해주는 듯싶다.

내적 성찰에 기초한 사회윤리

아우구스티누스가 평화와 정의를 추구하는 순례자로서 살아가도록 권한 것은 그 자체로 하나의 '길'이다. 진리의 길을 찾아 나선 아우구스티누스가 밖으로 나가는 길에서는 찾을 수 없던 진리를 안으로 들어가는 길에서 찾아낸 것처럼, 그리고 안에서 위를 향하여 나아가는 길에서 그 길의 본질적 가치를 발견했던 것처럼, 그 길을 따라 살아가는 삶을 권한 것이기 때문이다.

밖에서, 안으로, 그리고 위를 향하는 길에서 진리를 발견한 아우구스티누스가 내적 성찰에 자폐되지 않고 '다시' 밖으로 나가는 과정을 놓치지 않았다는 것은 중요한 의의가 있다. 진리의 길을 찾아낸 자로서, 그 길을 순례하며 살아감으로써 종결되는 것이 아니라, 길을 찾는 사람들에게 그 길을 알려주는 역할에 관심했다는 뜻이다. 아우구스티누스를 '길 찾는 자'로 해석하는 것은 덕 윤리를 통해 개인윤리와 사회윤리의 통전적 관점에 이르게 한다. 말하자면, 아우구스티누스의 사회윤리는 '내적 성찰을 가진 자의 사회윤리'이자 '순례자의 사회윤리'이다.

3.
성찰하며, 순례하라

'어쩌다' 그리스도인?

　조심스럽지만, 짚어볼 것이 있다. 아우구스티누스가 내적 성찰을 권하는 대상은 과연 누구일까? 모든 사람들이 밖으로 나가는 경향을 지니고 있다는 점에서, 모두에게 관심했다고 할 수 있다. 그의 어드바이스는 모두를 위한 것임에 틀림없지만, 그중에서도 일차적인 대상은 기독교신앙인 즉 그리스도인이었을 듯싶다. 아우구스티누스 자신이 그리스도인이었고 그리스도인들을 그의 일차적인 독자들로 상정했으리라 생각된다. 모두가 귀 기울여야 할 어드바이스라는 뜻이지만, 특히 그리스도인에게 직접적으로 영향을 주는 교훈이라는 뜻이다.

　이러한 뜻에서, 생각해 볼 이슈가 있다. 어느 종편에, '어쩌다 어른'이라는 코너가 있었다. 무슨 뜻일지 검색해 보았다. 숨 가쁘게 달려오다 보니, 어느 사이에 가장이 되어 있는 세대를 힐링하기 위한 것이라고 적혀있었다. 힐링을 명분으로 특강 프로그램을 그럴싸하게 포장해 놓은 것 같다.

특히, '어쩌다'라는 표현에 관심이 간다. '어쩌다 보니, 어른이 되어 있더라'는 표현 말이다.

그리스도인의 경우는 어떨까? '어쩌다 그리스도인' 아닐까? 기독교 가정에 태어나서, 친구 따라 교회 다니다가, '어쩌다 보니, 그리스도인'이라고 말하는 것 아닐까? 나쁘다고는 할 수 없다. 내적 성찰을 통해 영원한 가치를 발견하는 길에 들어설 가능성을 가지고 있다는 점에서, 오히려 유리하기는 하다.

문제는 내적 성찰 없는 신앙인으로 안주하기 쉽다는 위험성이다. 성찰하는 신앙인으로 성숙하지 못한 채, 어쩌다 걸어온 길에서 어정쩡하게 지내기 쉬운 것이 문제라는 뜻이다. 기왕에 가지고 있는 신앙의 자원을 통해 삶의 여러 계기와 과정을 겪으면서 성숙할 수 있으면 정말 좋을 것 같다.

짚어야 할 것이 있다. '어쩌다 그리스도인'이 성찰하는 신앙인으로 성숙되어야 하겠지만, 번영의 복음을 들으며 성장해 온 탓에 '어쩌다 보니' 번영의 복음에 길들여진 것 아닐까? 만사형통해야 하고 잘 되는 삶을 살아야 한다는 식으로 학습되어 있는 것은 아닌지, 자성이 필요하다.

현대의 신앙인에게, 번영에 대한 기대와 탐욕을 끊어낸다는 것은 쉽지 않다. 특히 한국교회는 탐욕을 정당화시켜왔다. 잘 되는 것이 복음이요 개인의 소원을 성취하게 하는 것이 축복이라고 오해했던 점, 자성해야 한다. 아우구스티누스가 그토록 금하는 '밖으로 나가는 길'을 권장해온 것은 아닌지, 안으로 들어가 위를 향하게 하는 진정한 성화의 길을 생략해 온 것은 아닌지, 자성해야 한다.[51]

바람직한 것은 '어쩌다 그리스도인'이기보다 복음을 중심으로 세상을 바라보는 '그리스도인다운 그리스도인'으로의 성숙이겠다. 번영을 위해 덮어놓고 추종하거나 맹목적으로 답습하는 단계를 넘어서는 것 말이다.

그렇게 되기 위해서는 복음의 본질에 대한 바른 이해가 필요하고, 복음에 합당한 삶을 살아내려는 결단과 노력이 수반되어야한다.

평화의 복음, 사회적 증인

'복음의 사회적 증인됨'(being social witness of gospel)이라는 표현은 많은 것을 생각하게 해준다. 용어 자체는 하우어워스의 것이지만, 아우구스티누스의 관심을 '내적 성찰에 기초한 사회윤리'로 해석할 근거가 된다.

아우구스티누스를 통해 살펴본 것처럼, 지상의 도성에서 평화의 정의는 결코 외면해서는 안 될 과제이다. 동시에, 그것은 잠정적이며 진정한 완성은 하나님의 도성에서라야 가능하다. 하나님의 도성을 향하는 자들은 지상의 도성을 순례자로 살아가는 동안, 하나님의 도성에서 완성될 참된 평화의 비전을 보여주어야 한다.

말하자면, 참된 평화를 증언해주는 증인이어야 한다. 복음이야말로 참된 평화의 원천이라는 점에서, 평화의 문제는 복음의 사회적 증인됨의 중요한 계기이다. 이러한 뜻에서, 순례의 길에 오른 자들은 번영의 복음에 집착할 것이 아니라 '복음의 사회적 증인'으로 나서야 한다.

사실, 평화와 정의에 대한 관심은 너무 오래되었으며 결코 완성되지 않을 것 같은 과제이다. 하지만, 그것은 식상하거나 포기해야 할 일이 아니다. 지상의 도성이 추구하는 평화는 완성되지 않는다. 평화와 정의는 지상의 도성에서 완성될 수 없으며 참된 평화와 온전한 정의는 하나님의 도성에서라야 완성된다. 순례의 길에서, 복음의 사회적 증인이 되어야 한다고 말하는 이유이다.

평화와 정의에 대한 관심은 내적 성찰에 근거한 사회적 영성을 펼쳐내는 과정에서 필수적인 과제이다. 순례자로서, 초연함을 명분으로 사회적 문제와 역사적 현실로부터 도피하는 것은 옳지 않다. 더구나, 복음이 평화와 정의를 요구한다. 복음은 신앙인들에게 내적 성찰에 자폐될 것이 아니라, 평화를 위해 일하는 자가 되기를 요청한다.

> 화평하게 하는 자는 복이 있나니 그들이 하나님의 아들이라 일컬음을 받을 것임이요.(마5:9)

평화를 숭상하라는 것이 아니다. 평화만이 복음의 전부인 것도 아니다. 평화가 그리스도의 복음이기에, 평화의 증인이 되어야 마땅하다. 이러한 관점은 사도 베드로의 권면을 통해서도 응용될 수 있다. 베드로는 우리에게 순례자로서 자연적 경향성을 거부하고 말씀을 따라 사는 증인이 되기를 권한다.

> 사랑하는 자들아 거류민과 나그네같은 너희를 권하노니 영혼을 거슬러 싸우는 육체의 정욕을 제어하라.(벧전2:1)

이 부분에서, 하우어워스의 기도문은 순례자들이 무엇을 추구해야 하는지 말해주는 듯싶다. 평화와 정의를 위한 실천적 관심 그 자체에 매몰되라는 뜻이 아니라, 평화의 사람으로 변화되는 것이 더 중요함을 일깨워주는 기도문으로 읽혀지기 때문이다. 하우어워스가 강의를 시작할 때마다 기도했다는 기도문의 한 구절이다.

> 당신의 평화를 전하기에 합당한 자로 우리를 빚으셔서 서로 다툴 때

조차 세상이 보고 이들은 서로를 얼마나 사랑하는지 보라고 말할 수 있

게 하소서.[52]

하우어워스의 기도문에서, 평화의 복음을 위한 관심과 실천의 중요성을 재확인하게 된다. 그의 해석을 응용하여, 아우구스티누스를 재음미해 보자. 내적 성찰을 통해 순례자의 정체의식을 가져야 하며, 소극적으로는 번영의 복음을 넘어서야 하고 적극적으로는 복음의 사회적 증인이 되어야 한다. 이것이 내적 성찰과 사회윤리의 핵심이다. 내적 성찰을 회복한 자로서, 광장으로 나가 사회윤리를 실천해야 한다는 뜻이다. 이것이야말로 아우구스티누스의 가이드를 받아 걸어온 여정의 종착점이자 핵심이다.

에필로그
아우구스티누스와 함께,
'성찰하는 신앙과 윤리'

아우구스티누스의 가이드를 따라서 걸어온 길을 되돌아보면, 아우구스티누스의 교훈을 몇 가지 문장으로 간추릴 수 있겠다. 스마트 시대의 자화상으로부터 시작하여, 밖으로 나가지 말고 안으로 들어갈 것을 권하는 아우구스티누스의 성찰을 '내적 윤리'와 '사회윤리'로 확장시키는 과정이었다.

1) 밖으로 나가는 길은 오류를 낳는다. 밖으로 나가지 말라!

2) 안으로 들어가야 진리를 찾을 수 있다. 안으로 들어가라!

3) 안에서 마주한 죄인의 한계를 극복하라. 위를 향하라!

4) 영원과 시간의 가치를 왜곡하는 탐욕의 마음을 고쳐라!

5) 성찰을 회복하여, 공공성을 구현하라. 다시, 밖으로 나가라!

6) 섞여 살고 있지만, 공감과 환대의 사회적 영성을 펼쳐라!

7) 순례길에서 평화를 추구하라. 그리고, 순례하라!

밖으로 나가는 경향을 지닌 현대인 모두에게, 아우구스티누스의 통찰은 중요한 길잡이가 되어 주리라 기대된다. 여기에 요약한 일곱 가지 어드바이스가 내적 성찰에 관심하는 모든 현대인에게 설득력과 호소력 있는 교훈이기를 기대해본다. 아우구스티누스의 관점은 종교를 넘어서, 모두에게 통찰을 주는 인문학의 고전으로 읽을 수 있는 가치를 지니고 있기 때문이다.

한 걸음 더 나아갈 수 있으면 좋겠다. 예배 중에도 '좋아요'를 누르는 모습을 보면서, 스마트 시대의 인문학적 성찰이 신앙의 영역으로 확장되어야 함을 절감한다. 집중하고 경건해야 할 순간에 검색하고 연결되며 멀티태스킹을 시도하는 모습을 정죄하려는 것이 아니다. 성찰하는 신앙이 절실하다. 신앙인과 교회의 성찰 없음을 고발하려는 것은 아니다. 하나의 자성이자 제언이다.

사실, 이 책은 일차적으로 그리스도인으로 하여금 자신들이 걸어가고 있는 길을 확인하고 확신하게 하며 성숙하도록 이끌어주려는 목적을 지닌다. 앞에서 말했던 이야기를 다시 한 번 짚어보자. 아우구스티누스가 여러 글을 쓸 때, 아우구스티누스 자신이 내적 성찰을 지닌 그리스도인이었으며 그리스도인들이 그의 일차적인 독자들이었을 듯싶다. 내적 성찰을 가진 자로서, 혹은 아우구스티누스가 제시한 그 길을 이미 알고 있는 자로서, 그리스도인들이 자신들의 정체성을 재확인하는 기회가 되기를 바라는 마음이 이 책에 담겨있는 셈이다.

사실, 대부분의 경우에 신앙생활은 역동적이다 못해 분주할 정도로 헌신해야 하는 것으로 인식되어 왔다. 큰 소리로 기도하고 동작을 크게 하여 찬양해야 하는 것으로 생각해왔던 것 또한 사실이다. 시끄럽다는 반응은 있을지 몰라도, 잘못된 것은 아니다. 그 와중에 '번영의 복음'에 길들여졌다면, 교회의 외적 성장과 화려함에 집착해왔다면, 자성이 필요해 보인다. 성찰하는 신앙으로, 성찰하는 기독교로 성숙해야 할 과제가 주어진다. 내적 성찰을 통해 복음의 본질에 다가서고 성숙해야 한다.

한 가지, 오해하지 말아야 할 것이 있다. 밖을 무시하라는 뜻이 결코 아니다. 내면에만 집중하라는 뜻으로 읽어서도 안 된다. 밖으로만 나가려는 것도 문제이지만, 안으로만 들어가려는 것도 옳지 않다. 정말 안타까운 것은, 신앙에서조차 밖으로 나가려 하거나 밖으로 드러나는 것에 집착하는 강박이 나타난다는 점이다. 드러나는 것 이전에 내적 성숙이 중요하다는 점을 강조하려는 취지이다. 성찰하는 신앙으로 성숙하자는 뜻이다.

더구나 '소통'해야 하고 '사회적 영성'이 요청되는 시대를 우리는 살고 있다. 광장의 실천에 주목한 나머지 골방의 영성을 상실하는 것도 옳지 않고, 골방에만 갇혀서 광장에 무관심한 것 역시 바람직하지 못하다. 골방의 영성을 회복하고 광장의 실천을 향하여 나아가야 한다는 뜻이다. 광장 없는 골방은 자폐적이기 쉽고 골방 없는 광장은 독선에 흐를 수 있다. 우리의 신앙이 내적 성찰을 통해 성숙해야 하며 그것을 바탕으로 다시 밖으로 나가서 공감과 환대의 '사회적 영성'을 가져야 한다.

이 책을 통해 '내적 성찰에 기초한 사회윤리'를 향하는 길에 여러분을 초대하고 싶다. 이 길에, 아우구스티누스가 '가이드'이자 '멘토'로 기꺼이 나섰다. 특히, 아우구스티누스가 당시의 문화와 광범위한 대화를 지속적으로 추구하여 그들과의 소통을 통해 논박과 토론의 근거를 공유하고 있었다는 점은 그가 우리에게 나누어줄 이야기를 지니고 있음을 반증해 주는 듯싶다.[1] 소통과 연결이 중요해진 우리시대를 향하여 성찰의 중요성에 대해, 성찰하는 신앙의 필요성에 대해, 아우구스티누스가 결정적인 통찰을 줄 수 있으리라 기대된다.

물론, 라틴어로 사유했던 사상가를 따라가야 한다는 점에서 난이도가 있어 보이기는 하다. 책의 두께에 부담을 느끼실 분도 계실 듯싶나. 하지만 걱정하실 필요까지는 아니다. 교양인이라면 납득할 만한 이야기들로 풀어내고자 했기 때문이다. 아우구스티누스와 함께 나선 길에서, 스마트시대를 위한 내적 성찰을 회복하는 것은 물론이고 '성찰하는 신앙'으로 성숙할 단초를 얻을 수 있으면 좋겠다.

다시 한 번, 이 책의 요점을 간추리고 싶다. '밖으로 나가지 말라', '안으로 들어가라', '위를 향하라', '마음을 고쳐라', '다시, 밖으로 나가라', '사회적 영성을 펼쳐라', '그리고, 순례하라'. 이것이 길찾아 나선 존재(homo viator) 아우구스티누스가 찾아낸 바른 길이다. 동시에 그 길이 하나님의 도성을 향한 '순례의 길'이라는 사실을 깨닫고 그 길에서 살아간 아우구스티누스를 통하여 우리의 삶이 성숙될 수 있기를 기대해 본다.

* 이 책에는 필자의 다음 글들이 반영되어 있다.
"니버의 사회윤리에 관한 공공신학적 해석", 『기독교사회윤리』 16(2008), 99~121.; "하우어워스의 '교회됨'의 성찰을 통해 본 기독교 덕 윤리의 意義", 『대학과 선교』 23(2012), 81~108.; "아우구스티누스의 사회윤리: 현실주의? 공동체주의?", 『기독교사회윤리』 29(2014), 7~37.; "탐욕의 길 vs. 제자의 길: 본회퍼 윤리의 한 응용", 『한국기독교신학논총』 98(2015), 177~201.; "아우구스티누스의 De Continentia에 나타난 내적 윤리", 『대학과 선교』 32(2016), 179~204.; "『고백록』 10권의 시점(視點)에서 본 '탐욕'과 '윤리'", 『기독교사회윤리』 34(2016), 41~68.; "아우구스티누스를 통해 본 개인의 성화와 사회적 성화", 『장신논단』 49-1(2017), 307~329.; "규칙서에 나타난 아우구스티누스의 내적 윤리", 『남서울대 논문집』 22(2018), 97~113.; "『신국론』에 나타난 아우구스티누스의 사회윤리", 『기독교사회윤리』 41(2018), 71~99.; "현자에서 제자로: 아우구스티누스와 윤리 메타모포시스", 『한국기독교문화연구』 12(2019), 235~262.; "제자도에 근거한 사회적 영성의 모색: 하우어워스를 중심으로", 『선교와 신학』 50(2020), 45~71.

참고문헌

아우구스티누스의 원전들

Confessiones

De civitate Dei

De Continentia

De Vera Religione

De Trinitate

Epistolae

In Evangelium Ioannis tractatus

Regula Sancti Augustini

*라틴 원전은 인터넷 원문서비스 활용(http://www.augustinus.it/latino/index.htm)

2차 문헌들

강용수, "공적 감정으로서의 공감에 대한 연구: 스토아주의와 자연주의를 중심으로", 『철학탐구』 45(2017), 119~148.

김광열, "총체적 복음의 관점에서 바라본 성화론", 『조직신학연구』 16(2012), 30~57.

김대군, "분노조절에 대한 윤리상담적 접근: 세네카의 분노론을 중심으로", 『윤리교육연구3』 4(2014), 76~99.

김동만, 이철현, "초등학생의 스마트폰 과몰입 경험에 대한 현상학적 접근", 『한국실과교육학회지』 28-2(2015), 65~90.

김용민, "행복의 철학과 영혼치료학으로서의 철학의 위상정립을 위한 키케로의 시도: 『투스쿨룸에서의 대화』를 중심으로", 『정치사상연구』 19-2(2013), 97~128.

김정숙, "기독교 신학적 사유를 통한 한나 아렌트의 세계 사랑의 의미: 성 아우구스티누스의 사랑의 개념과 세계 이해를 중심으로", 『신학사상』 175(2016), 205~239.

김진호 외, 『사회적 영성』, 서울: 현암사, 2014.

김홍중, "마음의 사회학: 진정성의 기원과 구조", 『한국사회학회 사회학대회 논문집』(2008.12), 233~241.

나용화, "성화와 기독교윤리", 『개신논집』 2(1995), 65~102.

박명림, "사회적 영성, 내면 윤리의 사회적 구성", 『복음과 상황』 315, http://www.goscon.co.kr/news/articleView.html?idxno=29838(2019.12.9.접속)

박은희 엮음, 『자기를 잃어버린 사람』, 파주: 모퉁이돌, 2012.

백승현, "기독교와의 관련성에서 본 스토아주의의 이해", 『사회과학연구』 41-3(2015), 83~102.

변종찬, "아우구스티누스 규칙서에 나타난 복음적 권고", 『사목연구』 19(2007), 255~283.

선한용, "어거스틴의 『신국론』에 나타난 두 도성에 대한 문제 연구", 『신학과 세계1』 2(1986), 169~186.

_____, 『성 어거스틴에 있어서 시간과 영원』, 성광문화사, 1986.

_____, 『성 어거스틴의 고백록』, 대한기독교서회, 2011.

_____, 『성 어거스틴의 고백록 해설』, 대한기독교서회, 2019.

손병석, "무정념: 현인에 이르는 스토아적 이상과 현실", 『철학연구8』 0(2008), 41~60.

송용민, "마음의 신학, 그 가능성과 한계", 『누리와 말씀2』 0(2006), 111~153.

송재룡, "영성 사회학 테제의 가능성: 쟁점과 전망", 『사회이론4』 4(2013), 257~289.

양명수, "아우구스티누스가 본 정치의 의미와 한계: 『신국론』 19권을 중심으로", 『한국기독교신학논총』 62(2009), 133~157.

오대영, 이정기, "청소년들의 스마트미디어 이용과 중독, 효과에 관한 연구", 『미디어, 젠더&문화』 29-3(2014), 125~158.

왕대일, "나그네(게르)-구약신학적 이해", 『신학사상』 113(2001), 101~121.

유지황, 『어거스틴의 신학사상 이해』, 서울: 땅에 쓰신 글씨, 2005.

이명곤, "중세철학에서 내면성의 의미: 아우구스티누스의 『고백록』과 토마스 아퀴나스의 『영혼론』을 중심으로", 『중세철학』 15(2009), 1~41.

이석재, "거짓말의 윤리적 의미: 언어현상의 분석적 접근을 통하여", 『코기토2』 7(1995), 291~312.

이선, "감정과 인간의 삶: 마사 누스바움의 『감정의 격동』에 대한 서평", 『아세아여성법학1』 8(2015),

333~340.

이정석, "한국교회의 성화론", 『개신논집』 2(1995), 103~137.

이창우, "스토아적 감정이론: 추론적 구조, 동의 그리고 책임", 『인간 · 환경 · 미래8』(2012),
    91~120.

임옥희, "마사 누스바움: 인문학적 상상력과 정치적 감정", 『여성이론3』 5(2016), 55~60.

전재원, "아리스토텔레스의 선택개념", 『철학논총』 66(2011), 363~379.

전현상, "소망과 품성: 이성적 욕구와 영혼의 비이성적 상태들", 『서양고전학연구2』 1(2004),
    107~140.

정승익, "삼위일체론 안에 나타난 심리학적 삼위일체론의 유비들", 『누리와 말씀3』 4(2014), 1~58.

차정식, "속사람의 신학적 인간학과 대안적 인성 계발", 『신약논단1』 8-1(2011), 163~197.

Adams, Jay Edward, *War within : the biblical strategy for spiritual warfare* / 유재덕 역,
    『죄와의 내적 전쟁: 죄의 유혹을 극복하고 세상을 이기는 힘』, 서울: 브니엘, 2016.

Allen, Joseph J., *Inner Way: Toward a Rebirth of Eastern Christian Spiritual Direction*,
    Brookline, MA: Holy Cross Orthodox Press, 2000.

Armstrong, Hilary A., ed., *The Cambridge History of Later Greek and Early Medieval
    Philosophy*, Cambridge: Cambridge University Press, 1970.

Arendt, Hannah, trans. by Joanna Vecchiarelli and Scott Judith Chelius Stark, *Love and
    St. Augustine, Edited and with an interpretive essay.* / 서유경 역, 『사랑 개념과 성
    아우구스티누스』, 서울: 텍스트, 2013.

Babcock, William S., *The Ethics of St. Augustine* / 문시영 역, 『아우구스티누스의 윤리학』,
    서울: 서광사, 1998.

Barrett, Lee C., *Eros and Self-emptying: The Intersections of Augustine and
    Kierkegaard*, Grand Rapids, Mi: William B. Eerdmans Publishing Company, 2013.

Byers, Sarah. 'The psychology of compassion: Stoicism in City of God 9.5', in ed. by
    James Wetzel, *Augustine's City of God*, Cambridge: Cambridge University Press,
    2012.

Booth, Frances, *Distraction Trap: How to Focus in a Digital World* / 김선민 역, 『디지털
    디톡스』, 서울: 처음북스, 2016.

Bradshaw, John, *Home Coming: Reclaiming and Championing Your Inner Child* / 오재은
    역, 『상처받은 내면아이 치유』, 서울: 학지사, 2004.

Bray, Gerald, *Augustine on the Christian Life*, Wheaton, Il: Crossway Publishing Co,
    2015.

Brown, Peter, *Augustine of Hippo* / 정기문 역, 『아우구스티누스』, 서울: 새물결, 2012.

Burnaby, John, Amor Dei: A Study of the Religion of St. Augustine, Eugene, OR: Wipf & Stock Pub, 2007.

Cary, Philip, Augustine's Invention of the Inner Self: The Legacy of Christian Platonist, Oxford: Oxford University Press, 2000.

_____, Inner Grace: Augustine in the Traditions of Plato and Paul, Oxford: Oxford University Press, 2008.

Chadwick, Henry, Augustine / 전경훈 역, 『교부 아우구스티누스』, 서울: 뿌리와 이파리, 2016.

Davidow, William H., Overconnected / 김동규 역, 『과잉연결시대』, 서울: 수이북스, 2011.

Ellingsen, Mark, The Richness of Augustine: His Contextual and Pastoral Theology, Louisville, KY; Westminster John Knox Press, 2005.

Ferlisi, Gabriele, 'S. Augustino: Un'esperienza Di Interiovità', 이건 역, '아우구스티노의 내면성 체험: 돌아오라, 마음으로 돌아오라', 「신학전망」161 (2008), 140~160.

Fitzgerald, Allan D., ed., Augustine through the Ages, Grand Rapids, MI: William B. Eerdmans Publishing Co., 1999.

Gill Robin, ed., The Cambridge Companion to Christian Ethics, Cambridge: Cambridge University Press, 2001.

Gilson, Etienne, Introduction a L'Etude de Saint Augustin / 김태규 역, 『아우구스티누스 사상의 이해』, 서울: 성균관대 출판부, 2010.

Gilster, Paul, Digital literacy / 김정래 역, 『디지털 리터러시』, 서울: 해냄출판사, 1999.

Harding, Brian, Augustine and Roman Virtue, New York, NY: Continuum International Publishing Group, 2008.

Harrington, Daniel, SJ and Keenan. James F., SJ, Jesus and Virtue Ethics: Building Bridges between New Testament Studies and Moral Theology, New York, NY: Sheed & Ward Co., 2002.

Harvey, John F., Moral theology of the confessions of Saint Augustine / 문시영 역, 『고백록, 윤리를 말하다』, 성남: 북코리아, 2011.

Hauerwas, Stanley, Burrell, D., & Bondi, R., eds., Truthfulness and Tragedy: Further Investigations into Christian Ethics, Notre Dame: University of Notre Dame Press, 1977.

_____, The Peaceable Kingdom: A Primer In Christian Ethics, Notre Dame, IN: Notre Dame University Press, 1983.

_____, Stanley, Character and the Christian Life: A Study in Theology Ethics, Notre Dame, IN: University of Notre Dame Press, 1985.

_____, Vision And Virtue: Essays in Christian Ethical Reflection, Notre Dame, IN: Notre Dame University Press, 1986.

_____, 'How Christian Ethics Came to Be' in John Berkman and Michael Cartwright, ed. *The Hauerwas Reader*, Durham, NC: Duke University Press, 2001.

_____ and Wells, Samuel, eds., *The Blackwell Companion to Christian Ethics*, Malden, MA: Blackwell Publishing, 2006.

_____, *After Christendom?: How the Church Is to Behave If Freedom, Justice, and a Christian Nation Are Bad Idea*, Nashville, TN: Abingdon Press, 1991.

_____ and Willimon, William, *Resident Aliens: Life in the Christian Colony* / 김기철 역, 『하나님의 나그네 된 백성』, 서울: 복있는사람, 2008.

Herdt, Jennifer A.. *Putting on Virtue: The Legacy of the Splendid Vices*, Chicago: University of Chicago Press, 2008.

Hollingworth, Miles, *The Pilgrim City: St. Augustine of Hippo and his Innovation in Political Thought*, New York, NY: T&T Clark International, 2010.

Lacan, Jacques, *Ecrits: four fundamental concepts of psycho-analysis Feminine sexuality* / 권택영 외 편역, 『욕망이론』, 서울: 문예출판사, 1994.

MacDonald, Gordon, *Ordering your private world* / 홍화옥 역, 『내면 세계의 질서와 영적 성장』, 서울: IVP, 2003.

Mann, William E., 'Inner-life Ethics', in Gareth B. Matthews, ed., *The Augustinian Tradition*, Berkeley, CA: University of California Press, 1999.

Mausbach, Joseph, *Die Ethik des heiligen Augustinus*, Freiburg: Herder & Co. G.M.B.H., 1929.

May, Rollo, *Man's search for himself* / 백상창 역, 『자아를 잃어버린 현대인』, 서울: 문예출판사, 2010.

Morea, Peter, *In Search of Personality* / 정은심 역, 『기독교 인격론』, 서울: CLC, 2017.

Niebuhr, Reinhold. 'Augustine's Political Realism' in *Christian Realism and Political Problems*, New York: NY, Charles Scribner's Sons, 1953.

Niebuhr, Reinhold, *Moral Man and Immoral Society*, New York, NY: Charles Scribner's Sons, 1960.

Nussbaum, Martha, 'Augustine and Dante on the Ascent of Love', in ed. by Garet Matthews, *The Augustinian Tradition*, Berkeley: University of California Press, 1999.

O'Donnell, James J., *Augustine: Confessiones*, Oxford: Oxford University Press, 2012.

Peterson, Eugene H., Long obedience in the same direction : discipleship in an instant society / 김유리 역, 『한 길 가는 순례자』, 서울: IVP, 2000.

Possidius, *Vita Augustini* / 이연학 · 최원오 역, 『아우구스티누스의 생애』, 왜관: 분도출판사, 2008.

Reinhold Niebuhr, "Augustine's Political Realism" in Christian Realism and Political Problems, New York, NY; Charles Scribner's Sons, 1953.

Strauss. Leo. and Cropsey, Joseph, *History of Political Philosophy*, Chicago, IL: The University of Chicago Press, 1972.

Stump, Eleonore, & Kretzmann, Norman, ed., *The Cambridge Companion to Augustine*. Cambridge: Cambridge University Press, 2001.

TeSelle, Eugene, *Augustine the Theologian*, Eugene, OR: Wipf and Stock Publishers, reprinted 2002.

Teselle, Eugene, *Augustine*, Nashville, TN: Abingdon Press, 2006.

Thompson, Christopher J., *Christian Doctrine, Christian Identity*, Lanham, ML: University Press of America, 1999.

Un moine bénédictin, *Decouvrir la vie interieure : peut-on devenir l'ami de dieu* / 추교윤 역, 『내적인 삶의 발견』, 서울: 가톨릭출판사, 2013.

Van Oort, Johannes, *Jerusalem and Babylon: A Study of Augustine's City of God and the Source of his Doctrine of the Two Cities*, Leidne · Boston: Brill Publishing, 2013.

Vigini, Giuliano, Sant'Agostino. *L'avventura della grazia e della carità* / 이연학, 최원오 역, 『성 아우구스티누스: 은총과 사랑의 모험』, 왜관: 분도출판사, 2015.

Walsh, Brian, and Keesmaat, Sylvia, *Colossians remixed*, 홍병룡 역, 『제국과 천국』, 서울: IVP, 2016.

Weithman, Paul, "Augustine's political philosophy," in Eleonore Stump and Norman Kretzmann, eds., The Cambridge Companion to Augustine, Cambridge, UK; Cambridge University Press, 2001.

Wetzel, James, ed., *Augustine's City of God: A Critical Guide*, Cambridge: Cambridge University Press, 2012.

Zamagni, Stefano, *Avarizia : la passione dell'avere* / 윤종국 역, 『인류 최악의 미덕, 탐욕』, 서울: 북돋움, 2014.

Zumkeller, Adolar, *Augustine's rule : a commentary* / 이형우 역, 『아우구스티누스 규칙서』, 왜관: 분도출판사, 2006.

加藤信朗, 『アウグスティヌス「告白錄」講義』 / 장윤선 역, 『아우구스티누스 고백록 강의』, 서울: 교유서가, 2016.

미주

I
안으로 들어가라!

1장 밖으로 나가지 말라

1   *De Vera Religione*, 39.72~73.

2   네이버 사전(http://terms.naver.com/entry.nhn)을 참고했다. *2019.9.13.접속

3   Paul Gilster, *Digital literacy*, 김정래 역, 『디지털 리터러시』(서울: 해냄출판사, 1999), 15~42.

4   김동만, 이철현, '초등학생의 스마트폰 과몰입 경험에 대한 현상학적 접근', 「한국실과교육학회지」 28-2(2015), 86.

5   오대영, 이정기, '청소년들의 스마트미디어 이용과 중독, 효과에 관한 연구', 미디어, 젠더&문화29-3(2014), 126.

6   Frances Booth, *Distraction Trap: How to Focus in a Digital World*, 김선민 역, 『디지털 디톡스』(서울: 처음북스, 2016), 26.

7   같은 책, 57.

8   Joseph A. Ratzinger, '추천의 말', Giuliano Vigini, *Sant'Agostino. L'avventura della grazia e della carità*, 이연학 · 최원오 역, 『성 아우구스티누스』(왜관: 분도출판사, 2015). 9.

9   Lee C. Barrett, *Eros and Self-emptying: The Intersections of Augustine and Kierkegaard* (Grand Rapids, Mi: William B. Eerdmans Publishing Company, 2013), 115.

10   *De Vera Religione*, 39.72~73.

11   *In Evangelium Ioannis tractatus*, 18.10.

12   이에 대해서는 다음 책을 참고하기 바란다. Peter Morea, *In Search of Personality*, 정은심 역, 『기독교 인격론』(서울: CLC, 2017)

13   Gerald Bray, *Augustine on the Christian Life* (Wheaton, Il: Crossway Publishing Co, 2015), 197.

14   이 부분은 다음 책을 참고하시기를 권한다. 유지황, 『어거스틴의 신학사상 이해』(서울: 땅에 쓰신 글씨, 2005). 참고로, 『고백록』의 여러 번역이 있지만 다음 책들을 추천하고 싶다. 선한용 역, 『성 아우구스티누스의 고백록』(서울: 대한기독교서회, 1990), 최민순 역, 『고백록』(서울: 바오로딸, 1989), 그리고 성염 역, 『고백록』(파주: 경세원, 2016)도 추천한다.

15   *Retractationes*, 2.6.

16   加藤信朗, アウグスティヌス「告白録」講義, 장윤선 역, 『아우구스티누스 고백록 강의』(서울: 교유서가, 2016), 10.

17   Peter Brown, *Augustine of Hippo*, 정기문 역, 『아우구스티누스』(서울: 새물결, 2012), 63.

18   Peter Brown, 『아우구스티누스』, 79.

19   *Confessiones*, VIII.1.1~2

20   James J. O'Donnell, *Augustine: Confessiones* (Oxford: Oxford University Press, 2012), 'introduction', XXVIII.

21   *Confessiones*, X.20.29.

22   아우구스티누스의 행복 개념에 관해서는 문시영, 『아우구스티누스와 행복의 윤리학』(서울: 서광사, 1996)을 참고하도록 권한다.

23   *Confessiones*, IV.11.17.

24   John F. Harvey, *Moral theology of the confessions of Saint Augustine*, 문시영 역, 『고백록, 윤리를 말하다』(성남: 북코리아, 2011), 35~124.

25   네이버 사전(http://terms.naver.com/entry.nhn)을 참고했다. *2020.2.23접속

26   *Confessiones*, V.10.19.

27   *Confessiones*, VII.1.2.

28   박은희 엮음, 『자기를 잃어버린 사람』(파주: 모퉁이돌, 2012) *eBook으로 읽었음.

29   Frances Booth, *Distraction Trap: How to Focus in a Digital World*, 김선민 역, 『디지털 디톡스』, 30.

30   Rollo May, *Man's search for himself*, 백상창 역, 『자아를 잃어버린 현대인』(서울: 문예출판

사, 2010), 15~16.

31 　같은 책, 41.

②장 안으로 들어가라

1 　*In Evangelium Ioannis tractatus*, 18.10.

2 　웹(*https://namu.wiki/w/)에서 인용했다. *2020.1.2.접속

3 　'네이버 사전'(https://terms.naver.com/entry)을 인용했다. 2020.1.25.접속

4 　'네이버 사전'(https://terms.naver.com/entry)을 인용했다. 2020.1.25.접속

5 　'네이버 영화'(https://movie.naver.com/movie)를 인용했다. 2020.1.25.접속

6 　*De Vera Religione*, 39.72~73.

7 　*In Evangelium Ioannis tractatus*, 18.10.

8 　유지황, "마음의 신학: 성 어거스틴 고백록의 분석적 이해", 「한국교회사학회지」13(2003), 252.

9 　加藤信朗,『아우구스티누스 고백록 강의』, 169.

10 　같은 책, 307.

11 　Etienne Gilson, *Introduction a L'Etude de Saint Augustin*, 김태규 역,『아우구스티누스 사상의 이해』(서울: 성균관대 출판부, 2010), 14.

12 　*Confessiones*, X.33.50.

13 　Hannah Arendt, *Love and St. Augustine*, Edited and with an interpretive essay by Joanna Vecchiarelli and Scott Judith Chelius Stark, 서유경 역,『사랑 개념과 성 아우구스티누스』(서울: 텍스트, 2013), 117.

14 　加藤信朗,『아우구스티누스 고백록 강의』, 289.

15 　야스퍼스(K. Jaspers)의 표현을 인용한 것으로서, 국내에서는 희귀본이 되어 국회도서관을 통해 복사본을 사용할 수밖에 없는 책을 참고하였다. 칼 야스퍼스/ 정영도 역,『근원에서 사유하는 철학자들』(서울: 이문출판사, 1984)

16 　加藤信朗,『아우구스티누스 고백록 강의』, 180.

17 　*Confessiones*, III. 4. 7~8. 아우구스티누스에 대한 키케로의 영향을 '화학적 촉매'라고 표현한 경우도 있다. Henry Chadwick, Augustine, 전경훈 역,『교부 아우구스티누스』(서울: 뿌리와 이파리, 2016), 24.

18 　Allan D. Fitzgerald, ed., *Augustine through the Ages* (Grand Rapids, MI: William B. Eerdmans Publishing Co., 1999), 819.

19 Philip Cary, *Augustine's Invention of the Inner Self: The Legacy of Christian Platonist* (Oxford: Oxford University Press, 2000), 10.

20 같은 책, preface, VIII.

21 같은 책, 3.

22 *Confessiones*, X,8,15.

23 *Confessiones*, X,16,25.

24 *Confessiones*, X,17,26.

25 Etienne Gilson,『아우구스티누스 사상의 이해』, 156.

26 같은 책, 421.

27 정승익, '삼위일체론 안에 나타난 심리학적 삼위일체론의 유비들',「누리와 말씀」, 34(2014), 19.

28 *Confessiones*, II,8,16.

29 *Confessiones*, I,7,11~12.

30 문시영, '아우구스티누스의 *De Continentia*'에 나타난 내적 윤리',「대학과 선교」32(2016), 179~204.

31 *De Conontinentia*, 1.1.

32 *De Conontinentia*, 2.4.

33 내적 동기와 행위와의 연관성에 관한 아우구스티누스의 관점이 후대에 칸트(I. Kant)에게 영향을 주었는지, 혹은 베버(M. Weber)의 '심정윤리'(Gesinnungsethik)와 어떤 연관이 있는지의 문제는 별도의 논의가 필요해 보인다. 이 글의 취지와 관련해서, 칸트의 윤리보다는 현대윤리학의 분류법을 따라 덕 윤리에 속한다고 말하는 것이 옳겠다.

34 *De Conontinentia*, 2.3.

35 William E. Mann, "Inner-life Ethics," in Gareth B. Matthews, ed., *The Augustinian Tradition* (Berkeley, CA: University of California Press, 1999), 145.

36 이에 관해서는 다음 글을 참고하도록 권한다. 문시영, "『고백록』10권의 시점(視點)에서 본 탐욕과 윤리,"「기독교사회윤리」34(2016), 41~69.

37 *Enarrationes in Psalmos*, 인터넷판 참고, http://www.augustinus.it/latino/index.htm. *이 책은 라틴어 원문서비스가 되지 않는 관계로, 같은 싸이트에서 제공한 영역판의 시편 141편 4절 부분을 참고했다. *2018.5.25.접속

38 *De mendacio*, 8,11.

39 *Contra mendacium*, 10,24.

40 *Contra memdacium*, 12,16.

41 *De mendacio*, 14.

42 *Enchiridion de Fide, Spe et Charitate*, 7.2. omnes mendacium esse peccatum.

43 이석재, "거짓말의 윤리적 의미: 언어현상의 분석적 접근을 통하여", 「코기토」27(1995), 7.

44 송용민, "마음의 신학, 그 가능성과 한계", 「누리와 말씀」20(2006), 27.

45 같은 글, 6.

46 같은 글, 38.

47 같은 글, 1.

48 '내면화' 개념은 다음 글을 따랐다. 정승익, '삼위일체론 안에 나타난 심리학적 삼위일체론의 유비들', 「누리와 말씀」, 34호(2014).

49 Philip Cary, *Augustine's Invention of the Inner Self: The Legacy of Christian Platonist* (Oxford: Oxford University Press, 2000), preface, IX.

50 같은 책, preface, IX.

51 같은 책, 115.

52 같은 책, 5.

53 같은 책, 31.

54 Confessiones, 7.20.26.

55 Confessiones, 7.21.27.

56 Joseph J. Allen, Inner Way: Toward a Rebirth of Eastern Christian Spiritual Direction (Brookline, MA: Holy Cross Orthodox Press, 2000), 13.

57 같은 책, 137. 동방교회 전통에서, 아우구스티누스의 내면성에 대한 관심의 가장 중요한 특징은 그리스도를 향하고 있다는 점이라고 해석된다. 그리스도를 중심으로 하는 인간학을 지향하고 있다는 뜻이 되겠다.

58 같은 책, 28.

59 Hannah Arendt, 『사랑 개념과 성 아우구스티누스』, 71.

60 加藤信朗, 『아우구스티누스 고백록 강의』, 299.

61 Gabriele Ferlisi, 'S. Augustino: Un'esperienza Di Interiovità', 이건 역, '아우구스티노의 내면성 체험: 돌아오라, 마음으로 돌아오라', 「신학전망」161(2008), 154.

62 이명곤, "중세철학에서 내면성의 의미: 아우구스티누스의 『고백록』과 토마스 아퀴나스의 『영혼론』을 중심으로." 「중세철학」15(2009), 2.

63 같은 글, 21.

64 Gabriele Ferlisi, 이건 역, "아우구스티노의 내면성 체험: 돌아오라, 마음으로 돌아오라," 155.

65 같은 글, 151.

3장 위를 향하라

1 *De Vera Religione*, 39.72~73.

2 이에 관해서는 다음 책을 추천한다. John Bradshaw, *Home coming: Reclaiming and championing your inner child*, 오재은 역, 『상처받은 내면아이 치유』(서울: 학지사, 2004)

3 이 문제는 다음 책을 참고하라. 정태흥, 『내적 치유의 허구성: 심리학의 종이 될 것인가? 예수 그리스도의 종이 될 것인가?』(도서출판 등과 빛, 2014)

4 네이버 사전(https://terms.naver.com/entry.nhn?)을 참고했다. *2020.1.2.접속

5 *De Vera Religione*, 39.72~73.

6 *In Evangelium Ioannis tractatus*, 18.10.

7 Philip Cary, *Augustine's Invention of the Inner Self*, 39.

8 加藤信朗, 『아우구스티누스 고백록 강의』, 313.

9 같은 책, 73.

10 Robin James Lane Fox, *Augustine: Conversions and Confessions*, 박선령 역, 『아우구스티누스』 (서울: 21세기북스, 2020), 457.

11 같은 책, 22.

12 같은 책, 21.

13 James J. O'Donnell, *Augustine: Confessiones* (Oxford: Oxford University Press, 2012), 'introduction', XXVIII.

14 Stanley Hauerwas, David Burrell, & Richard Bondi, eds., *Truthfulness and Tragedy: Further Investigations into Christian Ethics* (Notre Dame: University of Notre Dame Press, 1977), 32.

15 *Confessiones*, VI,15,25.

16 정현종, "생명의 황홀함에 바쳐진 시학", *http://jmagazine.joins.com, *2018.12.7.접속

17 *Confessiones*, VIII,7,17.

18 Robin James Lane Fox, 『아우구스티누스』, 406.

19 *Confessiones*, VIII.5.10.

20 *Confessiones*, VIII.5.12.

21 *Confessiones*, VIII.12.29. 'Tolle lege, tolle lege.'

22 加藤信朗, 『아우구스티누스 고백록 강의』, 39.

23 같은 책, 38.

24 Jay Edward Adams, *The War Within*, 유재덕 역, 『죄와의 내적 전쟁: 죄의 유혹을 극복하고 세상을 이기는 힘』(서울: 브니엘, 2016), 7.

25 Un moine bénédictin, *Decouvrir la vie interieure : peut-on devenir l'ami de dieu*, 주교윤 역, 『내적인 삶의 발견』(서울: 가톨릭출판사, 2013), 204.

26 *Confessiones*, VIII.12.30.

27 『황금전설』에 실려 있다고 전해지고 있지만, 관련된 자료를 찾아보아도 이 부분의 출처를 명확하게 표기할 길은 없는 듯싶다.

28 *De Conontinentia*, 7.18.

29 *De Conontinentia*, 12.26.

30 *De Conontinentia*, 4.10.

31 *De Conontinentia*, 1.1., 5.13., 12.26.

32 *De Conontinentia*, 1.1.

33 William E. Mann, "Inner-life Ethics," 160~162.

34 *De Conontinentia*, 5.13.

35 *De Conontinentia*, 7.17.

36 *Confessiones*, X.27.38

37 *Confessiones*, I.1.1.

38 *Cofessiones*, XIII.36.51.

4장 마음을 고쳐라

1 *De Trinitate*, XV, 28.51.

2 William H. Davidow, *Overconnected*, 김동규 역, 『과잉연결시대』(서울: 수이북스, 2011), 208..

3 같은 책, 9.

4 같은 책, 7.

5 Hannah Arendt, 『사랑 개념과 성 아우구스티누스』, 77.

6 Hannah Arendt, 『사랑 개념과 성 아우구스티누스』, 70.

7 *De Trin.* XV.28.51. Meminerim tui, intellegam te, diligam te. Auge in me ista, donec me reformes ad integrum.

8 문시영, 『아우구스티누스와 덕 윤리: 기독교적 재조명』(성남: 북코리아, 2014), 143.

9 *De beata vita*, 13.

10 *De beata vita*, 23.

11 Bonnie Kent, "Augustine's ethics" in Eleonore Stump & Norman Kretzmann, ed., *The Cambridge Companion to Augustine* (Cambridge: Cambridge University Press, 2001), 209.

12 Brian Harding, *Augustine and Roman Virtue*, (New York, NY: Continuum International Publishing Group, 2008), 148.

13 *Confessiones*, XI.14.17.

14 *Confessiones*, XI.20.26.

15 *Confessiones*, XI.26.33.

16 *Confessiones*, XII.10.10.

17 *Confessiones*, XIII.9.10.

18 Etienne Gilson, 『아우구스티누스 사상의 이해』, 261.

19 같은 책, 264.

20 *De civitate Dei.*, XV.7.

21 영어로 'cupidity'(탐욕)와 'charity'(박애)로 번역하지만, 라틴어 'cupiditas'와 'caritas'에 동치가 되는 것은 아니다. 아우구스티누스의 용법에는 가치의 질서 개념이 개입된다. 탐욕은 일상적 의미에서의 극복과제라기보다 어긋난 사랑으로서의 cupiditas에 해당한다. 하나님을 향한 바른 사랑으로서의 caritas의 상대어로 인식되어야 한다는 뜻이다. 이에 대해서는 문시영, 『아우구스티누스와 덕 윤리』(북코리아, 2014)를 참고하기 바란다.

22 이에 관해서는 다음 책을 참고하도록 권한다. 문시영, 『아우구스티누스와 덕 윤리』(성남: 북코리아, 2014).

23 참고로, "바른 사랑"의 단락에는 다음 글이 반영되어 있음을 밝혀둔다. 문시영, "고백록 10권의 시점에서 본 탐욕과 윤리," 「기독교사회윤리」34(2016), 41~68.

24 *De Doctrina Christiana*,I.3.

25 *De Doctrina Christiana*,I.4.

26 Daniel Harrington SJ and James F. Keenan SJ, *Jesus and Virtue Ethics: Building Bridges between New Testament Studies and Moral Theology* (New York, NY: Sheed & Ward Co., 2002), 91.

27 같은 책, 91.

28 *Enarrationes in Psalmos*, XXXI.2.5.

29 *In Epistolam Ioannis ad Parthos*, 7,8. 'Dilige, et quod vis fac'

30 참고로, "현자의 길? 제자의 길"의 단락에는 다음 글의 내용이 반영되어 있음을 밝혀둔다. 문시영, "현자에서 제자로: 아우구스티누스와 윤리 메타모포시스," 「한국기독교문화연구」12(2019), 235~262.

31 성화에 대한 요점만 간추리자면, 믿음으로 말미암아 하나님 은혜로 구원받은(稱義, justification through faith) 성도들이 구원 이후에 삶의 변화를 수반해야 한다는 관점에서 접근하는 것이 좋겠다. 인간 스스로의 도덕적 노력만으로 구원을 받는다는 것과 다른 차원이다. 구원 받은 이후에 은혜를 힘입어 거룩한 삶을 향하여 나아가야 한다는 취지에서 성화라는 단어를 쓴다.

32 *Confessiones*, XIII,7,8.

33 *Confessiones*, XI,29,39.

34 유지황, "마음의 신학: 성 어거스틴 고백록의 분석적 이해", 272.

35 『고백록』을 윤리학의 관심사로 상정하는 시도가 많지 않은 데에는 신앙서적에 속하는 것이라는 선입견이 작용한 탓이겠지만, 이것은 『고백록』의 가능성을 제한하는 것일 수 있다. 『고백록』에 대한 윤리학적 관심을 대변하는 책으로 다음 책을 추천한다. John Harvey, *Moral theology of the confessions of Saint Augustine*, 문시영 역, 『고백록, 윤리를 말하다』(북코리아, 2011).

36 John Burnaby, *amor Dei : A Study of the Religion of St. Augustine*, 25.

37 이에 관해서는 문시영, 『지식을 만드는 지식 천줄읽기: 고백록』(지식을 만드는 사람들, 2008), 『아우구스티누스의 고백록 읽기』(세창미디어, 2014)를 참고하도록 추천한다.

38 "지하철 '여성몰카' 혐의 현직 판사 입건", *http://news.kbs.co.kr/news *2018.7.22.접속

39 Sarah Byers, 'The psychology of compassion: Stoicism in City of God 9.5', in ed. by James Wetzel, *Augustine's City of God* (Cambridge: Cambridge University Press, 2012), 132.

40 전현상, '소망과 품성 : 이성적 욕구와 영혼의 비이성적 상태들', 「서양고전학연구」21(2004), 107~140.

41 전재원, '아리스토텔레스의 선택개념', 「철학논총」66(2011), 363~379.

42 Jennifer A. Herdt, Putting on Virtue: The Legacy of the Splendid Vices (Chicago, IL: University of Chicago Press, 2008), 51.

43 손병석, '무정념: 현인에 이르는 스토아적 이상과 현실', 「철학연구」80(2008), 42.

44 김대군, '분노조절에 대한 윤리상담적 접근: 세네카의 분노론을 중심으로', 「윤리교육연구」34(2014), 70.

45 이창우, '스토아적 감정이론: 추론적 구조, 동의 그리고 책임', 「인간 · 환경 · 미래」8(2012), 116.

46 백승현, '기독교와의 관련성에서 본 스토아주의의 이해', 「사회과학연구」41-3(2015), 92.

47 Sarah Byers, 'The psychology of compassion: Stoicism in *City of God* 9.5', 132.

48 김용민, '행복의 철학과 영혼치료학으로서의 철학의 위상정립을 위한 키케로의 시도: 『투스쿨룸에서의 대화』를 중심으로', 「정치사상연구」19-2(2013), 97.

49 강용수, '공적 감정으로서의 공감에 대한 연구: 스토아주의와 자연주의를 중심으로', 「철학탐구」45(2017), 139.

50 David Brooks, *The Road to Character*, 김희경 역,『인간의 품격』(서울: 부키, 2015), 333~378.

51 *Confessiones*, II.2.2.

52 *Confessiones*, III.1.1.

53 *Confessiones*, VIII.7.17.

54 *Confessiones*, X.29.40.

55 *Confessione*s, X.30.40.

56 *Confessiones*, X.31.45.

57 John Harvey,『고백록, 윤리를 말하다』, 162.

58 『고백록』이후의 아우구스티누스에 대한 기록이라는 점에서,『고백록』과 함께 읽기를 추천하고 싶다. Possidius, *Vita Augustini*, 이연학 · 최원오 역,『아우구스티누스의 생애』(분도출판사, 2008).

59 Aurelius Augustinus, 'Of Continence', translated by C. L. Cornish and H. Browne., *Seventeen short treatises of St. Augustine, Bishop of Hippo* (Oxford: Banter, 1885., reprinted in San Bernardino: Biblio Bazaar, 2009), 243.

60 같은 글, 269.

61 *Confessiones*, X.31.43-45.

62 Etienne Gilson,『아우구스티누스 사상의 이해』, 335.

63 Robert A. Markus. "Human action: will and virtue" in Hilary A. Armstrong, ed., *The Cambridge History of Later Greek and Early Medieval Philosophy* (Cambridge: Cambridge University Press, 1970), 386.

64 *Enchiridion de Fide, Spe et Charitate*, 121. *아우구스티누스는 사랑이 성령의 주입에 의한 것임을 잊지 않는다.

65 *De civitate Dei*. X.3.2.

66 참고로, "탐욕의 시대, 복음적 가난을"의 단락은 다음 글을 요약하고 보완하여 반영했음을 밝혀둔다. 문시영, "『규칙서』에 나타난 아우구스티누스의 내적 윤리," 「남서울대 논문집」24(2018), 97~113.

67 이형우, '머리말', Adolar Zumkeller, *Regula ad servos Dei*, 이형우 역,『아우구스티누스 규칙서』(왜관: 분도출판사, 2006), 17.

68 Possidius, 이연학 · 최원오 역,『아우구스티누스의 생애』, 99.

69 이형우, '머리말', Adolar Zumkeller,/ 이형우 역,『아우구스티누스 규칙서』, 9.

70 변종찬, '아우구스티누스 규칙서에 나타난 복음적 권고', 「사목연구」19(2007), 256.

71 이형우, '머리말', Adolar Zumkeller,/ 이형우 역,『아우구스티누스 규칙서』, 26.

72 Giuliano Vigini,/ 이연학 · 최원오 역,『성 아우구스티누스: 은총과 사랑의 모험』, 127.

73 같은 책, 138.

74 변종찬, '아우구스티누스 규칙서에 나타난 복음적 권고', 268.

75 *Regula Sancti Augustini*, VIII.1.

76 같은 책, 32.

77 Adolar Zumkeller, 『아우구스티누스 규칙서』, 141.

78 같은 책, 77.

79 Adolar Zumkeller, 『아우구스티누스 규칙서』, 47.

80 변종찬, '아우구스티누스의 규칙서에 나타난 복음적 권고', 268.

81 Giuliano Vigini, 『성 아우구스티누스: 은총과 사랑의 모험』, 138.

82 Adolar Zumkeller, 『아우구스티누스 규칙서』, 56.

83 *Regula Sancti Augustini*, 3.5.

84 같은 책, 50.

85 같은 책, 94.

86 Gordon MacDonald, *Ordering your private world*, 홍화옥 역, 『내면 세계의 질서와 영적 성장』(서울: IVP, 2003), 30.

87 '작지만 확실한 행복'을 추구한다는 '소확행'의 시대에 그리스도인이 절제와 청빈의 삶을 통해 탐욕을 이겨낼 길을 제시할 수 있다면 그것 자체로 삶의 예술을 보여줄 수 있을 듯싶다. 이에 관해서는 문시영, '소확행, 어쩌다 그리스도인을 일깨우다', 「목회와 신학」344(2018.2), '미니멀 라이프를 통한 소확행, 절제와 청빈으로 리드하라', 「교회성장」301(2018.7) 등을 참고하기 바란다.

88 〈중앙일보〉*http://news.joins.com/article/ *2019.7.3.접속

5장 다시, 밖으로 나가라

1 *De civitate Dei*, I, preafatio.

2 '광장'이라는 표현과 관련하여, '정파적' 관점 혹은 진영논리가 개입되지 말아야 한다. 대부분은 한국기독교가 교회 안에 갇혀 있어서 광장에 무관심했던 것을 문제 삼는 경향이지만, 기독교가 광장에 관심하는 것을 두고 엇갈린 반응도 나온다. 2020년 1월 11일 KBS가 방영한 '시사기획 창'이 '교회정치, 광장에 갇히다'(https://news.kbs.co.kr/news/view.do?ncd=4360401)라는 제목으로 이 문제를 다룬 것이 대표적인 예가 될 듯싶다. 이 글은 내적 성찰을 사사화시켜 '골방'에 갇히게 하는 현상의 상대개념으로 '광장'을 말하고 있음을 밝혀둔다. 이 글의 문제의식이 정파적 관점 혹은 진영논리에 의해 왜곡되게 읽히지 않기를 바라는 마음 간절하다.

3 네이버 사전(https://terms.naver.com/entry.nhn?)을 참고했다. *2019.3.3.접속

4 "김정기의 소통카페: 건강한 소셜 미디어에 대한 기대," 중앙일보 2019.4.29.일자. *https://news.joins.com/article/23453407 *2019.12.19접속

5 저술출판(교양서) 과제의 종료평가에서 익명의 평가위원께서 주신 의견에 감사한다. "『신국론』은 하나님 나라와 세상 나라의 차별성이 강한 반면에, 통전적으로 연결하려는 시도를 논리적 비약이라고 비평하는 경우에 어떻게 반박할 것인가?" 놓치지 말아야 할 부분을 짚어주신 셈이다. 하지만, 분명히 해 둘 것이 있다. 필자의 의도는 하나님의 도성과 지상의 도성을 통전적으로 연결하려는 것이 아니다. 이 책은 두 도성의 차별성 및 변증법적 관계를 결코 간과하지 않는다. 필자가 관심하는 것은 『고백록』과 『신국론』 사이의 연관성이다. 이 점에 착안하여 개인윤리와 사회윤리의 통전성 혹은 통합성에 초점을 맞추었다. 『고백록』의 내적 성찰을 통한 '속사람'의 윤리에 주목하면서도 거기에 자폐될 것이 아니라, 『신국론』에 나타난 것처럼 하나님의 도성의 시민권을 지닌 '새사람'의 윤리를 지상의 도성에서 실천해야 한다는 취지이다. 이것은 최초 제안서에서부터 일관되게 유지해온 관점으로서, 2017년 선정평가에서는 오히려 이 부분을 긍정적으로 언급했다는 점을 참고해 주시기 바란다.

6 Gabriele Ferlisi, "아우구스티노의 내면성 체험: 돌아오라, 마음으로 돌아오라," 155.

7 같은 글, 156~160.

8 스택하우스의 공공신학 개념에 관해서는 다음 책을 참고하도록 권한다. 문시영, 『교회의 윤리개혁을 향하여: 공공신학과 교회윤리』(서울: 대한기독교서회, 2016).

9 김홍중, '마음의 사회학: 진정성의 기원과 구조', 「한국사회학회 사회학대회 논문집」 (2008.12), 15.

10 Un moine bénédictin, 『내적인 삶의 발견』, 13.

11 김홍중, '마음의 사회학: 진정성의 기원과 구조', 18.

12 Un moine bénédictin, 『내적인 삶의 발견』, 247.

13 송용민, '마음의 신학, 그 가능성과 한계', 40.

14 김광열, '총체적 복음의 관점에서 바라본 성화론', 「조직신학연구」16(2012), 51,

15 홍순원, '성령과 사회적 성화: 존 웨슬리의 성령론적 윤리', 「신학과 실천」35(2013), 567.

16 이정석에 따르면, 한국교회의 성화론은 인간종교와 자연신학에 오염되어 있다. 세 가지 유형을 생각해 볼 수 있다. (1)수양적 성화론: 인격수양이 성화라는 관점으로, 성화의 주체를 인간으로 생각하게 만들었고 영적 소수정예주의로 나타나 평신도의 성화에 대한 무관심을 조장했다. (2)운명적 성화론: 불교의 업보사상 등을 배경으로 나타난 것으로서, 하나님께서 적절한 때에 그의 방법으로 성화시키실 것이라고 생각하게 했고 성화 없이도 구원받을 수 있다는 왜곡을 낳았다. (3)신비적 성화론: 성령세례에 의해서만 성화될 수 있다는 생각으로, 성화를 황홀경 신비체험으로 오해하게 했고 신비체험 없는 성화를 부정하기도 한다. 이정석, '한국교회의 성화론', 「개신논집」2(1995), 129~136.

17 나용화, '성화와 기독교윤리', 「개신논집」2(1995), 101.

18 Eugene TeSelle, *Augustine the theologian* (Eugene, OR: Wipf and Stock Publishers, reprinted 2002), 23.

19 문시영, '아우구스티누스를 통해 본 개인의 성화와 사회적 성화', 「장신논단」49-1(2017), 309~329.

20 Lee C. Barrett, *Eros and Self-emptying: The Intersections of Augustine and Kierkegaard*, 73.

21 Reinhold Niebuhr, *Moral Man and Immoral Society*(New York, NY: Charles Scribner's Sons, 1960), 8.

22 Michael J. Smith, *Realist Thought from Weber to Kissinger* (Baton Rouge, LA: Louisiana State University Press, 1986), 18., Donald Meyer, T*he Protestant Search for Political Realism 1919-1941* (Middletown, CT: Wesleyan University Press, 2nd ed. 1988), 237.

23 Reinhold Niebuhr, "Augustine's Political Realism" in *Christian Realism and Political Problems* (NY; Charles Scribner's Sons, 1953), 120.

24 문시영, '니버의 사회윤리에 관한 공공신학적 해석,' 「기독교사회윤리」16(2008), 99~121.

25 Rasmussen L., ed., 'Introduction'. in *Reinhold Niebuhr, The Theologian of Public Life* (Fortress Press, 1991), 1. *라스무센은 Reinhold Niebuhr Professor of Social Ethics였다.

26 같은 글, 5.

27 Tomoaki Fukai., 'Theology of Japan as Public Theology' in *A Theology of Japan: Origins and*

Task in the Age of Globalization (Seigakuin Univ. Press, 2005), 91.

28 M. 스택하우스, '공공신학이란 무엇인가?' 새세대 교회윤리연구소 편, 『공공신학, 어떻게 실천할 것인가?』(북코리아, 2008), 15

29 Peter Brown, 『아우구스티누스』, 336.

30 Gabriele Ferlisi, '아우구스티노의 내면성 체험: 돌아오라, 마음으로 돌아오라', 156~160.

31 Joseph A. Ratzinger, '추천의 말', Giuliano Vigini, / 이연학 · 최원오 역, 『성 아우구스티누스』, 11.

32 유종열, "사람이면 다 사람이냐"〈중부매일〉 2017.3.8.일자. *http://www.jbnews.com/news/articleView *2019.7.3.접속

33 Confessiones, III. 4. 7~8. 아우구스티누스에 대한 키케로의 영향을 '화학적 촉매'라고 표현한 경우도 있다. Henry Chadwick, Augustine, / 전경훈 역, 『교부 아우구스티누스』(서울: 뿌리와 이파리, 2016), 24.

34 이 용어는 종교개혁자들의 것으로서, 19세기 신학자들에 의해 본격적으로 사용되기 시작했다. '칭의'(稱義, justification)와 성화는 은혜의 두 측면으로 이해된다. 최근, 한국교회에 성화에 대한 강조가 부족했다는 자성이 나오고 있다는 점은 유의하여 읽어야 할 부분일 듯싶다.

35 차정식, '속사람의 신학적 인간학과 대안적 인성 계발', 「신약논단」18-1(2011), 171.

36 같은 글, 184.

37 Leo Strauss and Joseph Cropsey, History of Political Philosophy (Chicago, IL: The University of Chicago Press, 1972), 151~181.

38 De civitate Dei, I, preafatio.

39 Étienne H. Gilson, 『아우구스티누스 사상의 이해』, 335.

40 De civitate Dei., XIV.1., XIV.4.

41 De vera Religione, 26., 29.

42 네이버 지식백과(http://terms.naver.com/entry.nhn?)를 참고했다. *2019.2.15.접속

43 같은 검색.

44 차정식, '속사람의 신학적 인간학과 대안적 인성 계발', 184.

45 Confessiones.I.18.28.

46 Confessiones. VIII.12.30. "Convertisti enim me ad te." 문장주어를 살려서 번역하면 이렇게 된다. "주께서 나를 주께로 돌이키게 하셨습니다."

47 Stanley Hauerwas, David Burrell, & Richard Bondi, eds., Truthfulness and Tragedy: Further Investigations into Christian Ethics (Notre Dame: University of Notre Dame Press, 1977), 32.

48 Eugine TeSelle, Augustine the Theologian (Eugene, OR: Wipf and Stock Publishers, 1970),

191~197.

49   Miles Hollingworth, *The Pilgrim City*, 183.

50   Mark Ellingsen, *The Richness of Augustine: His Contextual and Pastoral Theology*, 141.

51   William S. Babcock, *The Ethics of St. Augustine*, 문시영 역, 『아우구스티누스의 윤리학』(서울: 서광사, 1998), 278~279.

52   Stanley Hauerwas, *Character and the Christian Life: A Study in Theology Ethics* (Notre Dame, IN: University of Notre Dame Press, 1985), 224.

53   Eugine TeSelle, *Augustine the Theologian*, 349.

54   양명수, '아우구스티누스가 본 정치의 의미와 한계: 『신국론』 19권을 중심으로,' 「한국기독교신학논총」제62집(2009), 135.

55   *De civ. Dei.*, XIV.2.28. "Quae duae civitates sint" Fecerunt itaque civitates duas amores duo, terrenam scilicet amor sui usque ad contemptum Dei, caelestem vero amor Dei usque ad contemptum sui. *한글번역은 성염, 『신국론』(왜관: 분도출판사, 2004)를 사용했다. 성염 교수의 번역으로 아우구스티누스 연구에 도움을 받게 된 점, 감사드린다.

56   선한용, '어거스틴의 『신국론』에 나타난 두 도성에 대한 문제 연구,' 「신학과 세계」제12집(1986), 170.

57   같은 글, 169, 174.

58   Allan D. Fitzgerald, ed., *Augustine through the Ages* (Grand Rapids, MI: William B. Eerdmans Publishing Co., 1999), 196.

59   아우구스티누스의 저작에 등장한 이 사람은 당시 로마황실의 관리로서, 그의 요청이 집필 동기였다고 전해진다. 『신국론』은 그에게 헌정되는 형식을 취하고 있다.

60   *De civitate Dei*, I, preafatio.

61   네이버사전(https://ko.dict.naver.com)을 참고했다. *2020.3.31.접속

6장   사회적 영성을 펼쳐라

1   *De civitate Dei*, I.1.7.

2   JTBC, 2019.01.09.일자. http://news.jtbc.joins.com. *2019.6.30.접속

3   참고로, '무세계성'과 관련하여 다음 글을 수정하고 보완하여 반영했음을 밝혀둔다. 문시영, "『신국론』에 나타난 아우구스티누스의 사회윤리," 「기독교사회윤리」40(2018), 71~100.

4   김정숙, '기독교 신학적 사유를 통한 한나 아렌트의 세계 사랑의 의미', 212.

5   같은 글, 224. 아렌트가 하나님 사랑과 이웃 사랑이 모순되지 않는 적실성을 보여줄 후보

로 기독교 신앙인들의 공동체에 주목한 것은 사실이지만, 사회적 유기체 안에서 동료의식을 가질 수 있으리라는 아렌트의 기대는 실망으로 바뀐다. 아우구스티누스가 말하는 이웃사랑은 오직 하나님 앞에서 결단한 한 개인이 다른 개인을 하나님께 인도하는 이웃사랑일 뿐, 현실에서 이웃사랑을 실천하는 상호사랑이 아니라는 뜻이다.

6 같은 글, 230.

7 서유경, '역자후기', 361.

8 Hannah Arendt, 『사랑 개념과 성 아우구스티누스』, 46.

9 이 선, '감정과 인간의 삶: 마사 누스바움의 『감정의 격동』에 대한 서평', 『아세아여성법학』18(2015), 333.

10 박민수, '감성과 인문교육 그리고 세계시민주의: 마사 누스바움에 관하여', 『해항도시문화교섭학』(2016), 77.

11 강용수, '공적 감정으로서의 공감에 대한 연구', 132.

12 임옥희, '마사 누스바움: 인문학적 상상력과 정치적 감정', 『여성이론』35(2016), 143.

13 Martha Nussbaum, 'Augustine and Dante on the Ascent of Love', in ed. by Garet Matthews, *The Augustinian Tradition* (Berkeley: University of California Press, 1999), 61~90.

14 이 선, '감정과 인간의 삶', 338.

15 *De civitate Dei*, II.13

16 *De civitate Dei*, I.17

17 John Milbank, *Theology and Social Theory: Beyond Secular Reason* (Cambridge: Basil Blackwell, 1991), 392. *번역은 『신학과 사회이론』(새물결플러스)를 인용했다.

18 Paul Weithman, "Augustine's political philosophy," in Eleonore Stump and Norman Kretzmann, eds., *The Cambridge Companion to Augustine* (Cambridge, UK; Cambridge University Press, 2001), 234.

19 Eugene TeSelle, *Augustine the theologian*, 278.

20 선한용, "어거스틴의 『신국론』에 나타난 두 도성에 대한 문제 연구," 175~177.

21 *De civitate Dei*, I.35.

22 Mark Ellingsen, *The Richness of Augustine: His Contextual and Pastoral Theology* (Louisville, KY; Westminster John Knox Press, 2005), 133.

23 Miles Hollingworth, *The Pilgrim City: St. Augustine of Hippo and his Innovation in Political Thought* (New York, NY: T&T Clark International, 2010), 208.

24 James J. O'Donnell, *Augustine: Confessions, Vol.3. Commentary books 8-13*, (Oxford: Oxford University Press, paperback, 2012), 191.

25 Gerald Bray, *Augustine on the Christian Life* (Wheaton, Il: Crossway, 2015), 186.

26 Miles Hollingworth, *The Pilgrim City*, 1.

27 '문학적 병치'는 Peter Brown, 『아우구스티누스』의 관점을 수용한 것임을 밝혀둔다.

28 Johannes van Oort, *Jerusalem and Babylon: A Study of Augustine's City of God and the Source of his Doctrine of the Two Cities* (Leidne · Boston: Brill Publishing, 2013), 116.

29 Jennifer A. Herdt, *Putting on Virtue: The Legacy of the Splendid Vices* (Chicago: University of Chicago Press, 2008), 3.

30 *De civitate Dei*, II.3.

31 *De civitate Dei*, V.15.

32 Brian Harding, *Augustine and Roman Virtue* (New York: Continuum International Publishing Group, 2008), 93.

33 *De civitate Dei*, III.14.2.

34 Jean Porter, "Virtue Ethics" Robin Gill ed., *The Cambridge Companion to Christian Ethics* (Cambridge: Cambridge University Press, 2001), 100.

35 De civitate Dei, XIX.25.

36 Bonnie Kent, 'Reinventing Augustine's ethics: the afterlife of City of God', in ed. by James Wetzel, Augustine's City of God: A Critical Guide (Cambridge: Cambridge University Press, 2012), 233.

37 Peter Brown, 『아우구스티누스』, 443.

38 문시영, '아우구스티누스의 카리타스', 『기독교사회윤리』5(2002), 209~231.

39 Peter Brown, 『아우구스티누스』, 222.

40 참고로, '사회적 영성'에 관해서는 다음 글을 수정하고 보완하여 반영했음을 밝혀둔다. 문시영, "제자도에 근거한 사회적 영성의 모색," 「선교와 신학」50(2020), 45~71.

41 박명림, "사회적 영성, 내면 윤리의 사회적 구성," 〈복음과 상황〉 제315호, 웹으로 읽었다. *http://www.goscon.co.kr/news/articleView.html?idxno=29838(2019.12.9.접속)

42 박정은, "사회적 영성의 정의와 방법론," 김진호 외, 『사회적 영성』(서울: 현암사, 2014), 177.

43 이정순, "그리스도인의 사회적 실천과 영성지도," 「신학과 실천」제62권(2018), 190.

44 윤주현, "영성의 바탕으로서의 철학적 인간학," 「신학전망」제189권(2015), 206.

45 백소영, "힐링담론과 사회적 영성," 김진호 외, 『사회적 영성』, 65.

46 송재룡, "영성 사회학 테제의 가능성: 쟁점과 전망," 「사회이론」제44권(2013), 260.

47 황진미, "세월호 국면에서 나타난 사회적 영성," 김진호 외, 『사회적 영성』, 93.

48 정용택, "도덕이 사라지는 그곳으로 영성은 가야한다," 김진호 외, 『사회적 영성』, 155.

49 이에 관해서는 다음 책을 추천한다. 김진호 외, 『사회적 영성』(서울: 현암사, 2014)

50 이 표현은 다음 책의 뒷 표지에 기재된 '책 소개'에서 인용했다. Jesuit Centre for Faith and Justice, eds., *Windows on Social Spirituality* (Dublin, Ireland: Columba Press, 2003)

51 송창현, "사회적 영성으로의 초대," 「가톨릭평론」제1권(2016), 222.

52 신문궤, "공감의 학제적 담론에서 공감신학의 실천으로," 「신학과 실천」제52권(2016), 827~866.

53 박영범, "함께 즐거워하고 우는 자들과 함께 울라!"(롬12:15)-공감교회론의 철학적 · 교회론적 기초 다지기," 「신학과 선교」제53집(2018), 41~81.

54 문시영, "제자도에 근거한 사회적 영성의 모색: 하우어워스를 중심으로," 「선교와 신학」제50권(2020), 45~71.

55 이에 대해서는 다음 책을 참고하라. Hans Boersma, *Violence, Hospitality, and the Cross*, 윤성현 역, 『십자가, 폭력인가 환대인가』(서울: CLC, 2014)

56 이에 관해서는 다음 책을 참고하라. Joshua W. Jipp, *Saved by Faith and Hospitality*, 송일 역, 『환대와 구원 혐오: 배제, 탐욕, 공포를 넘어 사랑의 종교로 나아가기』(서울: 새물결플러스, 2019)

7장 그리고, 순례하라

1 *De civitate Dei*, XIX.17.

2 네이버 사전(https://terms.naver.com/)을 참고했다. *2019.2.15.접속

3 Stefano Zamagni, *Avarizia*, 윤종국 역, 『인류 최악의 미덕, 탐욕』(서울: 북돋움, 2014), 13~27.

4 권택영, "해설: 라캉의 욕망이론", Jacques Lacan/ 권택영 외 편역, 『욕망이론』(서울: 문예출판사, 1994), 11~37.

5 *De civitate Dei*, XIX.17.

6 *De civitate Dei*, XIX.21.1.

7 Karl von Clausewitz / 김홍철 역, 『전쟁론』(서울: 삼성출판사, 1982), 80~87.

8 문시영, '폭력의 악순환에 갇힌 현대의 종교,' *Muslim-Christian Encounter*, 8(2015), 11~36.

9 강학순, "'근본주의'의 극복에 관한 철학적 고찰", 72.

10 고세훈, "종교의 폭력성, 폭력의 종교성: 이 책을 말한다.『거룩한 테러』", 「기독교사상」제563호(2005. 11), 82.

11 "종교는 왜 폭력적인가?," 한국경제신문, *https://www.hankyung.com. *2019.5.2.접속

12 "예루살렘, 폭력과 광기가 빚어낸 전장," *https://www.yna.co.kr *2019.5.2.접속

13   김명희, "종교, 폭력, 평화: 요한 갈퉁의 평화이론을 중심으로", 『종교연구』제56집(2009. 9), 134.

14   4) Richard Wasserstrom, "전쟁의 도덕성: 예비적 고찰", James Rachels, ed., 『사회윤리의 제 문제』황경식 외 공역(서울: 서광사, 1983), 368.

15   김진혁, "세계 신학자와의 대화(12): 현대사회를 위한 기독교윤리, 스탠리 하우어워스", 『 기독교사상』658호(기독교사상사, 2013.10), 146.

16   Stanley Hauerwas, *After Christendom?* (Nashville: Abingdon Press, 1991), 39.

17   같은 책, 18.

18   같은 책, 171.

19   *De civitate Dei*, XIX.17.

20   *De civitate Dei*, XIX.17.

21   Lee C. Barrett, *Eros and Self-emptying: The Intersections of Augustine and Kierkegaard*, 115.

22   *Confessiones*, I.1.1.

23   왕대일, '나그네(게르)-구약신학적 이해', 「신학사상」113(2001), 115.

24   *Confessiones*, I.1.1.

25   Miles Hollingworth, *The Pilgrim City: St. Augustine of Hippo and his Innovation in Political Thought* (New York, NY: T&T Clark International, 2010), 208.

26   Mark Ellingsen, *The Richness of Augustine: His Contextual and Pastoral Theology*, 134.

27   Eugene H. Peterson, *Long obedience in the same direction*, 김유리 역, 『한 길 가는 순례자』(서 울: IVP, 2000), 17.

28   Peter Brown, 『아우구스티누스』, 460.

29   Lee C. Barrett, *Eros and Self-emptying: The Intersections of Augustine and Kierkegaard*, 86.

30   *De civitate Dei*, XV.15.1.

31   'Resident Aliens'는 Stanley Hauerwas and William Willimon, *Resident aliens: life in the chris-tian colony* (Abingdon Press, 2007)에서 응용했다. 우리말로는 김기철 역, 『하나님의 나그 네 된 백성』(서울: 복있는사람, 2008)으로 번역되었다.

32   Stanley Hauerwas and Samuel Wells, eds., *The Blackwell Companion to Christian Ethics* (Mal-den, MA: Blackwell Publishing, 2006), 44.

33   Stanley Hauerwas, *After Christendom?* (Nashville: Abingdon Press, 1991), 39.

34   Stanley Hauerwas, *A Community of Character: Toward A Constructive Christian Social Ethic*, 문 시영 역, 『교회됨』(성남: 북코리아, 2011), 7.

35   Stanley Hauerwas, 『교회됨』, 30.

36   Stanley Hauerwas, 『교회됨』, 253.

37   Stanley Hauerwas and Samuel Wells, ed., *The Blackwell Companion to Christian Ethics* (2006), 41.

38   참고로, '사회적 증인됨'의 단락은 다음 글을 수정하고 보완하여 반영했음을 밝혀둔다. 문시영, "제자도에 근거한 사회적 영성의 모색," 「선교와 신학」50(2020), 45~71.

39   Stanley Hauerwas, *War and the American Difference: Theological Reflections on Violence and National Identity* (Grand Rapids; Baker Academic, 2011), preface. IX.

40   이 부분은 하우어워스가 듀크대학에 재직할 때 진행된 대학신문 인터뷰에 나오는 내용이다. "Faith Fires Back"(2002.1.31.) http://dukemagazine.duke.edu/article. 2019.10.20접속

41   Stanley Hauerwas and Jean Vanier, *Living Gently in a Violent World: The Prophetic Witness of Weakness*, 김진선 역,『화평케 하는 자는 복이 있나니』(서울: IVP, 2010), 58.

42   Stanley Hauerwas, "Making Connection: By Way of a Response to Wells, Herdt, and Tran", Charles M. Collier, ed., The Difference Christ Makes (Eugine: CASCADE books, 2015), 84.

43   Stanley Hauerwas,『교회됨』, 107.

44   Stanley Hauerwas,『교회의 정치학』, 129~150.

45   Mark Coffey, *The Theological Ethics of Stanley Hauerwas: A Very Concise Introduction*, 한문덕 역,『스탠리 하우어워스: 시민, 국가 종교, 자기만의 신을 넘어서』(서울: 비아, 2016), 16.

46   *De civitate Dei*, XXII.30.1.

47   *De civitate Dei*, XIV.25

48   *De civitate Dei*, XIX.11

49   *De civitate Dei*, XXII.21.

50   *De civitate Dei*, XXII.30.1.

51   문시영, '탐욕의 길 vs. 제자의 길: 본회퍼 윤리의 한 응용',「한국기독교신학논총」98(2015), 193.

52   Stanley Hauerwas, *Prayers Plainly Spoken*,/정다운 역,『신학자의 기도』(서울: 비아, 2018), 82.

에필로그

1   James J. O'Donnell, *Augustine: Confessiones* (Oxford: Oxford University Press, 2012), 'introduction', XXii.